教育部高等教育司高等教育中外教材比较研究项目成果

21世纪经济管理新形态教材·电子商务系列

电子商务基本原理

Basic Principles of E-commerce

帅青红　李忠俊　编著

张　赟　吴敬花

清华大学出版社

北　京

内 容 简 介

《电子商务基本原理》首先从电子商务的起源与发展出发，系统梳理了电子商务的发展历程；其次，基于中国电子商务发展的特点分析了有为政府与有效市场的结合，以及在新时代背景下，电子商务如何赋能双循环高质量发展；再次，从技术发展视角分析了电子商务应用技术；最后，从产业链的生产、交易、流通、分配4个环节入手，分别展开分析与阐述，并对典型电商渠道与平台进行了分析。

本书体例新颖、知识性强、典型案例丰富，采用数学语言与公式来规范，从新工科视角来撰写电子商务新文科知识体系，是对电子商务基础类、概论类教材的完善与升级。

本书适合作为电子商务及相关专业本科生和研究生的教材。

图书在版编目（CIP）数据

电子商务基本原理 / 帅青红等编著. —北京： 清华大学出版社，2023.5
21世纪经济管理新形态教材.电子商务系列
ISBN 978-7-302-63350-1

Ⅰ.①电…　Ⅱ.①帅…　Ⅲ.①电子商务—高等学校—教材　Ⅳ.①F713.36

中国国家版本馆CIP数据核字（2023）第061235号

责任编辑：徐永杰
封面设计：汉风唐韵
责任校对：王荣静
责任印制：刘海龙

出版发行：清华大学出版社
网　　　址：http://www.tup.com.cn，http://www.wqbook.com
地　　　址：北京清华大学学研大厦 A 座　　邮　编：100084
社 总 机：010-83470000　　　　　　　　邮　购：010-62786544
投稿与读者服务：010-62776969，c-service@tup.tsinghua.edu.cn
质量反馈：010-62772015，zhiliang@tup.tsinghua.edu.cn
印 装 者：三河市铭诚印务有限公司
经　　销：全国新华书店
开　　本：185mm×260mm　　印　张：20.75　　字　数：345千字
版　　次：2023年7月第1版　　印　次：2023年7月第1次印刷
定　　价：66.00元

产品编号：099240-01

教育部高等学校电子商务类专业教学指导委员会规划教材编写委员会

前　言

党的十八大以来，党中央高度重视教材工作。党的二十大报告指出："教育、科技、人才是全面建设社会主义现代化国家的基础性、战略性支撑。必须坚持科技是第一生产力、人才是第一资源、创新是第一动力，深入实施科教兴国战略、人才强国战略、创新驱动发展战略，开辟发展新领域新赛道，不断塑造发展新动能新优势。"

为此，教育部电子商务类专业教学指导委员会教材组积极响应习近平总书记及党中央号召，特组织编写了本系列教材，以提高教材质量，促进不同教学手段、不同类型教材的协调发展，努力打造一批经典性、原创性、创新性教材，逐步形成具备中国特色、世界水平的教材体系。

当下，新的科技革命、新的发展格局，构建孕育着学科发展的巨大可能，大数据的应用已成为经济运行机制迭代、社会生活方式更新、国家治理能力升级过程中最重要的撬动性力量。人工智能作为引领未来的战略性技术和推动产业变革的核心驱动力，已成为全球战略必争的科技制高点。在"世界百年未有之大变局加速演进，世界进入新的动荡变革期"的时代背景下，高校迫切需要回答好"世界怎么了、人类向何处去"的时代之问，而高质量的教材建设尤为重要。吾辈学人也当"以中国为观照，以时代为观照，立足中国实际，解决中国问题"，打破学科界限。

大数据、人工智能、区块链、物联网等新一代信息技术广泛被使用，学科交叉已成为高水平教学科研与顶尖人才的重要特征。电子商务正是"新工科"与"新文科"交叉的产物，农村电商、跨境电商、电子商务及法律也都是"新工科""新医科""新农科""新文科"交叉与融合的体现。目前，全国有630余所大学开设电子商务类专业，进入国家一流专业建设点的学校有100所，这为电子商务类专业发展奠定了深厚的基础。我国电子商务的市场规模与影响力位居世界前列，社会相关机构、行业都需要大量的电子商务人才，而高等院校是人才培养最集中、最规范、最系统的供给方。

电子商务是一门应用性较强的学科。随着大数据、云计算、区块链、物联网等技术的发展与应用，以及在"新工科＋新文科"和"四新"的背景下，电子商务类专业得到了快速发展，我国电子商务教育从电商大国走向电商强国，配套的研究成果、专著、教材也在快速建设中。由于电子商务学科对时效性、交叉性、创新性的要求不断提升，以及行业应用、社会接受度的迅速普及，《电子商务基本原理》具有较强的时代特性。

《电子商务基本原理》共 10 章，适合作为"电子商务概论"等专业基础课程教材，也适合作为研究生教材，对社会从业者、研究者以及相关机构从业人员而言，也是一本极具价值的参考读物。

本书的编写得到了国内电子商务领域不少专家及行业同仁的大力支持与帮助！在本书的编写过程中，编者参考、借鉴了国内外大量的文献与资料，在此，谨向原作者表示由衷的敬意与感谢。全球电子商务发展十分迅速，其理论、技术、应用乃至文化都在不断地发展和完善，加之电子商务又是由信息技术、管理、法律等诸多学科交叉形成的新学科，因此有许多未知的领域尚待进一步开发与探索。由于编写水平有限，书中难免存在不尽如人意的地方，真诚地希望读者提出宝贵意见，也希望得到同行的批评与指正，以利于今后的修改和订正，使之更臻完善。

"电子商务基本原理"课题组

2022 年 10 月 20 日

于光华园

目　录

第1章　电子商务发展基础

学习目标

1. 了解电子商务的产生、国际电子商务的发展历程及中国电子商务的发展现状。

2. 熟悉中国电子商务从萌芽期、起步期、发展期、高速发展期到迭代期的整个历程。

3. 理解并掌握基于渠道（网络）、人、货、场的分类方式，以及中国新兴的电子商务模式。

能力目标

1. 了解电子商务发展史。

2. 熟悉电子商务架构。

3. 掌握电子商务在发展进程中形成的相关概念与中国电子商务发展中的重要时间节点。

思政目标

1. 了解科技变革在电子商务发展中的重要作用。

2. 了解在世界大变局下中国电子商务发展需要解决的问题。

3. 熟悉电子商务发展为中国社会和国际社会带来的影响和变革。

4. 掌握电子商务在中国环境中发展形成的特色，思考中国特色社会主义如何推动和助力电子商务新发展。

本章知识图谱

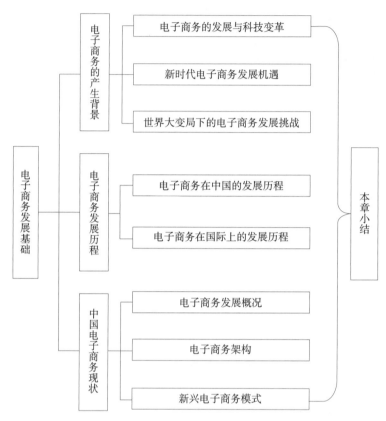

导入案例

电子商务与世界发展

20世纪60年代，EDI技术引起了全世界的关注，这种电子化的通信方式催生了最初的EDI电子商务。随后出现的因特网为电子商务的实现提供了更加简便易行的方式，在其急速发展的推动下，一种基于互联网、以买卖双方为主体、以各种电子工具为手段、以网络信息技术为依托的全新商务贸易模式——电子商务出现并发展起来。

1987年9月20日，"中国互联网之父"钱天白（1945—1998）发出了第一封来自中国的电子邮件，从此中国正式与互联网接轨。经过长达十年的互联网探索，中国互联网慢慢成长，中国电子商务的征程拉开了帷幕，1999年被认为是"中国电子商务元年"。随着中国互联网普及率的提高和大数据、人工智能等技术的发展和成熟，电子商务呈现出无与伦比的生机与活力，在此后的20多年里实现了一次又一次的腾飞。

在适应各地区不同的社会需求的过程中，新一轮科技革命和产业变革交汇孕育的电子商务呈现出不同的发展形态：欧美地区的电子商务起步早、应用广；亚洲地区的电子商务体量大、发展快；拉丁美洲、中东及北非地区的电子商务规模小、潜力大……不同地区不同形式的电子商务形成了多样化的电子商务全球形态。

各地区电子商务的发展为全球经济作出了重大贡献，并始终处于蓄力状态，各国重视并持续出台相关政策以刺激电子商务的进一步发展。在电子商务发展的过程中，复杂的社会环境和全球形势催生了不同的需求，衍生出了具有不同特色的电子商务新模式，进一步推动了全球经济的发展。

电子商务已成为 21 世纪各国社会经济发展的核心，本章以电子商务产生的背景为起点，采用大量的数据和图表来阐述电子商务的发展历程，探讨在新形势、新环境中，电子商务的机遇与挑战。

思考：

1. 简述新时代下的电子商务发展机遇。

2. 电子商务在推动经济社会发展过程中发挥了哪些重要作用？

1.1　电子商务的产生背景

1.1.1　电子商务的发展与科技变革

习近平总书记指出，16 世纪以来，人类社会进入前所未有的创新活跃期，几百年里，人类在科学技术方面取得的创新成果超过过去几千年的总和；回顾近代以来世界发展历程，可以看到，一个国家和民族的创新能力，从根本上影响甚至决定国家和民族的前途命运；中国要强盛、要复兴，就一定要大力发展科学技术，努力成为世界主要科学中心和创新高地。回溯人类从农业社会、工业社会到信息社会的发展历程，人类社会的生产方式、生活方式和管理方式都发生了巨大变革（图 1–1）。由此可见，科技革命是技术革命和产业革命的先导和源泉，每一次科技革命都会引发众多颠覆性技术创新，产生一大批彪炳史册的重大科技成果，孕育出颠覆产业结构的新兴产业，深刻改变世界的发展面貌和格局；抓住科技革命历史机遇的国家，社会发展就驶入了快车道，经济实力、科技实力迅速增强，甚至一跃成为世界强国。

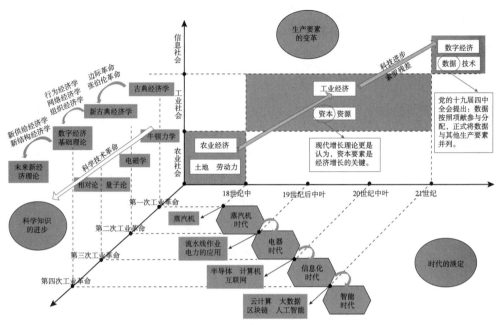

图 1-1 科技发展变化图

人类文明从蒸汽机时代进入电气时代，再进入信息化时代，如今，被带入崭新的智能时代。在经济全球化的浪潮中，科技的不断创新呼唤着新秩序、新方式，而电子商务的发展与出现就是新方式的重要表现形式之一：一方面，互联网的广域性可以打破时间和空间上的双维约束，以互联网为依托的电子商务自然具有随时性和全球性的天然优势；另一方面，电子商务可以融合工业革命带来的科技成果，与时俱进，实现科技与生活的衔接与交融。

1. 农业经济

农业经济具有悠久的发展历史，可以分为的三个重要阶段，如图 1-2 所示。

图 1-2 农业经济的发展历程

（1）原始农业经济阶段。这种较为传统的农业经济主要出现在原始时代，当时的社会生产力非常低，人类的生存能力也很弱。原始社会的农业生产特征有：①原始社会的人使用的是非常简单的石器、木棍类的工具等。②以稻谷和陶器的出现为原始农业产生的标志，最突出的科技成果是驯化野生动物和使用动物。③原始社会的农耕方式是粗放的，采用的是最原始的刀耕火种。④农业生产以单纯的集体劳动来维持较低的生活水准。生态环境问题是原始农业经济发展面临的最大挑战。

（2）传统农业经济阶段。以人力、畜力、铁器、手工工具等为主要劳动形式，依靠世代传承的农业技术实现自给自足，是以封建租佃和小农生产为经营方式的相对稳定、静态的经济。传统的农业经济产生于奴隶社会和封建社会。我国传统农业经济的特征主要表现在：①土地的流动频繁。土地的管理模式在很长一段时间内是固定的。土地流转指土地承包经营权的流转。我国传统的农村土地所有权制度虽然兴起较早，但在土地经营方面的应用并不成熟。农民因自身的利益需要而改变土地所有权，而农民家庭主导的经营模式对我国的农业经济发展和提高十分不利。②商业和商业的交流与和农业的联系是相互支撑的。农业劳动生产率的提高使一部分人得以脱离农业，转到非农行业，这促进了工商业的发展，同时也为发展农业及农业技术提供了有利条件。我国人口多、耕地面积小、农业工业结构不完善，这造成了我国农业资源的合理分配。农工商相结合的发展既有风险，又有较高的投资，还有技术创新的问题。

（3）现代农业经济阶段。在"互联网+"的背景下，我国的农业经济得到了持续发展。因此，必须对其进行全面的建设与发展：①要根据我国当前的发展状况制定完善的扶持政策，以提高农民收入。②要加大对农业电子商务的投资，根据我国目前的农业电子商务发展状况，借鉴国外的一些经验，促进我国的农业电子商务模式更加适应农业经济发展，为我国农产品的专业化经营奠定良好基础。③希望各大企业积极参与建设电子商务的平台，加强与物流公司的合作，以确保我国农产品的迅速流通，拓展其经营领域及业务范围。要做好农产品的电子商务，就必须要把信息化技术运用到农产品的物流和运输管理中去。④要重视区域电子商务平台的建设与发展，并依据不同的经营模式，构建与健全大型超市与企业之间的联系，推动农产品的整体流通，为促进乡村经济的快速发展夯实基础。

2. 工业经济

当今世界正处于第四次工业革命时代，其特点是智能化。如果说第一次工业革命（工业1.0）使生产方式由手工生产转为机械生产，第二次工业革命（工业2.0）使大规模批量生产成为可能，第三次工业革命（工业3.0）让生产实现自动化，那么，到了工业4.0即第四次工业革命时代，由第一次与第二次工业革命所创造的"物理系统"将与第三次工业革命所创造的"信息系统"有机地结合在一起，成为全新的"信息物理系统"，这将使生产走向智能化与定制化，同时也将让更高效节能、绿色环保的智能工厂成为现实。

（1）工业革命1.0。蒸汽技术带来机械化。工业革命1.0的标志是蒸汽机的出现，开创了以机器代替人工的工业浪潮。第一次工业革命使用的机器以蒸汽或水力作为动力驱动，首次用机器代替人工，具有非常重要的划时代意义，人类社会由此进入了"蒸汽时代"。

（2）工业革命2.0。电气技术带来电气化。工业革命2.0的标志是内燃机、电力的运用，新的能源和机械驱动了二次工业革命。在这个时代，机械已经具备了充足的动力，汽车、飞机、轮船等交通工具的发展日新月异，各类机器的使用范围不断扩大。此外，手机技术的进步使得通信变得更加方便，因此，信息的传播也成为第三次工业革命的基石。

（3）工业革命3.0。信息技术带来自动化。以计算机、航空航天、原子能为代表，第三次工业革命相对于第二次工业革命发生了更加巨大的变化：①使得传统工业更加机械化、自动化，降低了工业成本，改变了整个社会生产的运作模式，逐步转向规模化生产。②原子能、航天、电子计算机、人造材料、遗传工程等都在不断进步。因特网在资讯科技上的发展与运用使所有人都能联结在一起。

（4）工业革命4.0。融合创新技术带来智能化。以人工智能、无人驾驶、清洁能源等为代表，第四次工业革命的具体开始时间比较模糊，到今日，第四次工业革命的成就尚未覆盖第三次工业革命的规模，我们现如今应处于第三次工业革命到第四次工业革命的过渡期。未来，物联网技术和大数据在第四次工业革命中承担核心技术支持，越来越多的机器人会代替人工，推动人类社会从"信息化"向"智能化"转变。随着物联网、大数据等技术的发展，第四次工业革命的关键技术支撑将由"信息化"转向"智能化"。

3. 数字经济

数字经济以数字技术为主要动力、以数字技术为载体，借助数字化技术与实体经济的深度融合，以及网络化、数字化、智能化水平，来加快重构经济发展与治理模式的新型经济形态，如图1-3所示。

纵观全球的数字经济发展历程，数字经济从20世纪40年代开始兴起，到现在已有80余年的发展历史。如图1-4所示为全球数字经济的发展时间线。根据数

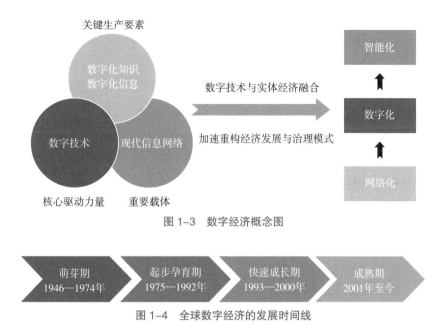

图 1-3　数字经济概念图

图 1-4　全球数字经济的发展时间线

字经济技术及相关产业的发展进程，数字经济的发展可划分为四个时期[①]。

（1）萌芽期（1946—1974 年）。在萌芽期，数字经济诞生的主要标志为计算机的发明和软硬件以及应用领域技术的出现。计算机的出现正式开启了数字经济纪元。1946 年，世界上首台计算机诞生。1947 年，晶体管的应用掀起了微电子革命，晶体管代替电子管使计算机向小型化发展。1954 年，IBM 公司发明了第一台应用晶体管的计算机 TRADIC，这使计算机的运算能力相比之前有了大幅提升。1968 年，Intel 公司在硅谷创立，主要研制 CPU 处理器，并在日后引领了全球的计算机和互联网革命。1971 年，Intel 公司开发出 DRAM 存储器，集成电路时代正式开启。同年，Intel 公司推出全球第一个微型处理器 4004，小型计算机纪元正式开启。

（2）起步孕育期（1975—1992 年）。数字经济在萌芽阶段的发展主要表现为计算机技术的日趋成熟和应用领域的扩大。在起步孕育期，IT 行业逐渐成型，软硬件也迅速发展。与此同时，数字技术的应用也从科学研究、军事等方面延伸到商务、生活等各个方面。在该时期，无论是硬件、软件还是应用，都有很多知名的企业出现，它们共同促进了数字技术的发展。1975 年，在软件领域，比尔·盖茨和保罗·艾伦一起创立微软集团，并于 1985 年发行了 Windows 操作系统系列的第一个产品 Microsoft Windows 1.0。1981 年，在硬件领域，IBM 公司开发出世界上第

---

① 中国信息通信研究院 . 全球数字经济新图景（2020）。

一台个人电脑 IBM5150，标志着个人电脑时代的到来。1977 年，在应用领域，埃里森与罗伯特创建了甲骨文公司，开发出了商用的 SQL 数据库。

（3）快速成长期（1993—2000 年）。在快速成长期，数字经济产业快速发展。随着网络技术和个人电脑软硬件技术的成熟，网络经济发展迅速，数字经济领域内的电子商务等产业也相继诞生。1993 年 9 月，美国政府公布"国家信息基础设施行动计划"，旨在推动美国信息基础设施建设和数字技术发展，也标志着全球正式步入数字经济时代。"信息高速公路"战略的落地奠定了美国在全球数字经济领域"领头羊"的地位。这一时期，许多著名的互联网公司应运而生，它们是数字经济发展的潮流，并将其推向了高速发展时代。

1994 年，网景通信公司正式成立，同年 12 月，网景浏览器 1.0 版"网景导航者"正式发布，成为当时最为热门和流行的网页浏览器。1995 年创立的亚马逊公司作为最早开展网上电子服务的公司之一，拉开了全球电子商务时代的序幕。1998 年谷歌正式创立，开启搜索服务领域的探索。我国当前的三家互联网巨头公司腾讯、阿里巴巴和百度分别于 1998 年、1999 年和 2000 年成立，拉开了我国互联网时代的序幕。

（4）成熟期（2001 年至今）。21 世纪以来，各国越来越重视数字经济的发展。与此同时，数字技术变革也使得数字经济迈入移动网络时代，开启了新一轮的互联网热潮。从 21 世纪初开始，各国逐渐加大对数字经济发展的支持力度，陆续颁布相关政策来促进数字经济在本国的发展。许多发达国家在 21 世纪初便开始布局数字经济，美国更是在 20 世纪 90 年代初便已经开始布局。日本最早在 2001 年出台了 e-Japan 战略，目标是大力开展数字化基础设施建设，促进数字经济产业的发展。随后，日本又相继发布 u-Japan 和 i-Japan 等战略文件。英国于 2009 年发布了"数字英国"计划，旨在增加数字经济在公众当中的渗透率，推广数字技术的应用，并为各个市场主体提供更好的数字保护。相比之下，发展中国家多数在近几年才开始着手布局数字经济发展。以印度为例，印度于 2015 年推出"数字印度"计划，投入大量资金以普及宽带上网，建立全国数据中心并促进电子政务发展。

2018 年，特朗普政府出台《美国重建基础设施立法纲要》，重点指出将在人工智能、5G、物联网、云计算、区块链等新兴技术上加大投资力度，随后在 2019—2021 年特朗普政府美国工业发展领域研发优先事项中，又将人工智能、通信网络、智能制造等技术领域列为优先布局事项，不断加强在新型基础设施建设领域的战略部署。2020 年 12 月，欧盟连续出台了《数据治理法案》《数字服务法案》《数字市场法案》等，明确数字服务提供者的责任，从而加强对包括社交媒体、电子商务平台等在内的各大在线平台的监管力度。2020 年，新型冠状病毒感染疫情暴发，疫情派生的"宅经济"极大地激发了线上消费的潜力，数字经济背景下对人工智能、大数据等新兴技术的应用，实现了对消费者的快速响应，持续强化了数字化供给的优势。近年来，数字经济的发展速度之快、辐射范围之广、影响程度之深前所未有，正在成为重组全球要素资源、重塑全球经济结构、改变全球竞争格局的关键力量。

1.1.2　新时代电子商务发展机遇

1. 电子商务助力双循环新发展格局构建

2020 年 5 月 14 日，习近平总书记提出，构建国内国际双循环相互促进的新发展格局。双循环新发展格局是根据我国当下的发展环境提出的，也是契合我国新发展阶段的战略选择。这是对国内国际复杂形势的准确研判，为我国经济高质量发展明晰了战略方向。双循环战略也被写进了《中华人民共和国国民经济和社会发展第十四个五年规划和 2035 年远景目标纲要》[①]。构建双循环新发展格局，是党中央为适应新发展阶段而作出的重大战略抉择与战略部署。双循环新发展格局提出后，得到学界的广泛关注。学界普遍认同双循环是我国应对国内外新发展态势的战略选择，具有十分重要的现实意义；双循环新发展格局的关键在于构建双循环的内生动力，培育国际合作和竞争新优势。推进双循环新发展格局，需从需求侧改革出发，重视消费的拉力、产业的支撑及现代流通体系的建设。随着数字经济的飞速发展，数字经济成为畅通双循环的重要抓手，能有效地助力双循环新发展格局的构建。电子商务属于数字经济范畴，伴随信息技术、互联网技术及数字技术的应用而快速发展，并与社会经济活动、传统产业及外贸深度融合，日趋成为推动双循环新发展格局的重要动力源。顺应电子商务发展的大趋势，抓住电子商务发展的机遇，不仅能够推动我国在数字经济时代主导状态下实现后发赶超、突破低端锁定、弥合数字鸿沟，还有利于我国以电子商务发展为抓手，通过构建内需体系，疏通国内国际融合通道，实现双循环新发展格局。

2. 电子商务助推经济社会高质量发展

电子商务是近几年快速发展起来的一种新型的惠民生、稳消费的新动力，在

---

① 中华人民共和国国民经济和社会发展第十四个五年规划和 2035 年远景目标纲要 [EB/OL]. （2021-03-13）[2021-08-03]. http://www.gov.cn/xinwen/2021-03/13/content_5592681.htm。

高质量发展、高水平对外开放的大格局中也越来越突出。数商兴农战略不断推动乡村振兴，丝路电子商务在"一带一路"建设中的地位日益凸显，绿色电子商务推动了"双碳"的发展，数字商务已成为数字经济的重要组成部分，电子商务将紧紧围绕服务建设新发展格局，更好地服务高水平开放，助力高质量发展。

　　电子商务将发挥先导性作用，贯彻创新、协调、绿色、开放、共享的发展理念，推动经济社会高质量发展：①紧抓消费升级、技术革新与模式迭代机遇，实现更大范围、更广领域、更深层次的融合创新。持续推动品质消费、定制消费、品牌消费、时尚消费、个性消费，促进消费产业链的提升，以满足人们对美好生活的向往。②要积极构建开放、共享的电子商务成长环境，依法合理地研究数据要素。运用数据要素，推动产业可持续增长，推动电子商务服务资源跨企业、跨行业、跨区域开放共享，强化产业协作，促进区域协调发展。③倡导绿色电子商务。推进绿色、低碳的发展模式，提升流通环节的绿色包装应用水平，提倡绿色低碳网购消费方式，构建有利于人和自然和谐共生的电子商务产业链。

　　3. 电子商务借力元宇宙新赛道

　　元宇宙（metaverse）是一个虚拟时间、空间的集合，由一系列的增强现实（AR）、虚拟现实（VR）和互联网（internet）所组成，是互联网的下一个阶段，即由 AR、VR 等技术支持的虚拟现实的网络世界。Roblox 提出了元宇宙包含的八大要素：身份、朋友、沉浸感、低延迟、多元化、随时随地、经济系统和文明。维基百科对元宇宙的定义是：通过虚拟增强的物理现实，呈现收敛性和物理持久性特征的，基于未来互联网的，具有连接感知和共享特征的 3D 虚拟空间。

　　科技领域的相关专家总结了元宇宙的三个特点：①元宇宙必须能够永远存在，就像真实世界一样，只要文明永不熄灭，元宇宙就会一直存在，元宇宙的用户可以更替，玩法可以更改，规则可以调整，但是元宇宙的世界会一直存在。②元宇宙必须是去中心化的，假如元宇宙的归属权、话语权只能归属于某个公司或者国家，则均不可行，元宇宙是开源的、共享的。③元宇宙必须能与现实相连，元宇宙中的经济系统也必须和真实世界中的经济系统直接挂钩，即在元宇宙中的身份所产生的影响力，必须是真实而非虚幻的。

　　从本质上来说，元宇宙是一场现实世界与虚拟世界的接口革命，沉浸式体验将会战胜抽象的程序界面，现实世界也将会通过沉浸式体验与数字世界无缝链接，可以预想，未来元宇宙将成为人们的主要生活和工作的方式，就像移动互联网一样，会越来越普及并深入人们生活的各个领域。
元宇宙在未来的发展中，似乎会涉及所有的产
业，那元宇宙和电子商务行业又将会有什么样的
联系？简单预测以下三点内容，如图 1-5 所示。

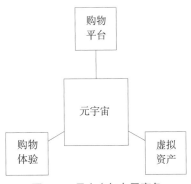

图 1-5　元宇宙与电子商务

（1）元宇宙 + 购物平台。各电子商务平台可
以进军元宇宙，在其内形成独特的虚拟电子商务
平台，在元宇宙的蓝海空间中占据一席之地，在
虚拟世界里建立自己的虚拟商城，为整个元宇宙
的用户提供服务，为他们开辟一个新的世界。

（2）元宇宙 + 购物体验。消费者可以通过元宇宙中的各种虚拟商店、电子商
务平台进行消费。用户可以使用自己的虚拟形象，在元宇宙中试衣服、试口红色
号，在现实世界中，本人不用出门就能有满意的试穿体验。在元宇宙里，电子行
业也会以游戏的形式出现，通过沉浸式的体验，创造出一种全新的购物和生活方
式，让消费者以购物的方式享受游戏和娱乐。另外，元宇宙并不是非要有一套独
立的经济系统，而是可以在元宇宙里继续使用微信、支付宝，或者使用数字人民
币，元宇宙与现实是高度链接的。

（3）元宇宙 + 虚拟资产。所有的用户都可以在元宇宙中建立自己的虚拟资产，
如购置房产，或许未来可以购置一套别墅、一套写字楼、一片田园等。总之，在元
宇宙里购置的虚拟资产，说不定未来在现实世界里也可以进行资产兑换或资金交易。

综上，元宇宙世界的大门已开启，它在未来必将与世界发生真实的关系，而
元宇宙对于电子商务行业来说，或许在未来有更大的创造奇迹的可能性，元宇宙
也许会助力电子商务行业创造更多的奇迹，包括虚拟世界的交易额。

1.1.3　世界大变局下的电子商务发展挑战

1. 国际视角

2020 年突然暴发的新型冠状病毒感染疫情，不仅对全球的政治、经济秩序产
生了深远的影响，还对全球经济和贸易的发展产生了深远影响。疫情影响了全球
供应链的供给与合作，上游原材料短缺、核心零部件短缺、生产成本上涨、下游
消费需求疲弱，影响了通用产品的出口。一些公司为规避地区风险，采取了加速
产业结构调整等措施。受全球经济衰退等诸多因素影响，社会不稳定性、不确定

性因素也日益增多。国际关系和国际秩序的重构、就业压力的增加、人才流动的限制，使许多数字经济的发展因素都受到了冲击。总体来看，世界经济系统性风险上升，贸易保护主义进一步抬头，地缘政治冲突进一步加剧，数字经济发展面临的国际环境更加复杂、挑战更加严峻。

当前，世界正处于前所未有的巨变之中，新兴经济体和发展中国家快速崛起，新的技术和工业的变革将导致前所未有的新陈代谢和激烈的竞争，以及前所未有的不适应和不对称的全球治理体制。世界范围内的新型冠状病毒感染疫情加剧了世界经济、科技、文化、安全和政治格局的深刻变化。全球经济进入第二次世界大战后的一次大萧条。在这样的大环境下，电子商务、在线教育、远程医疗、远程办公等业态蓬勃兴起，传统行业加速了数字化转型，数字经济成为疫情下支撑经济发展的重要力量。各国的发展重心逐渐由土地、人力、机器的数量与品质转变为数字技术、数字发展，由实体空间加速到数字空间，并很快形成以数字空间为主导的格局，数字经济将是各国经济复苏、经济转型的重要方式。

2. 中国视角

2018 年 6 月，习近平总书记在中央外事工作会议上指出："当前，中国处于近代以来最好的发展时期，世界处于百年未有之大变局，两者同步交织、相互激荡。"在党的十九大报告中，习近平对中国发展的战略环境作出了科学研判："当前，国内外形势正在发生深刻复杂变化，中国发展仍处于重要战略机遇期，前景十分光明，挑战也十分严峻。"大变局之"变"，主要有三条基本脉络：①新一轮科技革命和产业变革重塑各国竞争力消长和全球竞争格局。②经济全球化退潮和全球供应链调整收缩推动全球经济治理体系重构。③国际力量对比变化和大国博弈加剧是我国外部环境最大的不确定因素。2020 年年初暴发的新型冠状病毒感染全球大流行加速了这个变局，使我国面临的外部环境更加复杂严峻。在疫情肆虐和国际经贸形势严峻的双重因素影响下，跨境电子商务交易额在疫情期间保持稳定增长，成为稳外贸的重要力量。2020 年"双 11"期间，跨境电子商务交易量、每秒处理清单峰值等指标均创新高，海关总署数据显示：全国通过海关跨境电子商务进、出口统一版系统共处理进出口清单 5227 万票，较 2019 年增加 255%；处理清单峰值达 3407 票/s，增长了 113.2%[①]。跨境电子商务监管方式不断创新。海关

---

① 中华人民共和国国务院新闻办公室. 疫情期间跨境电子商务进出口贸易额不降反升成稳外贸重要力量 [EB/OL].[2021-01-14].http：//www.scio.gov.cn/xwfbh/xwbfbh/wqfbh/44687/44744/zy44748/Document/1696988/1696988.htm.

总署增设"9710""9810"贸易方式，将跨境电子商务监管创新成果从 B2C 推广到 B2B 领域，实施"一次登记、一点对接、优先查验、允许转关、便利退货"等通关便利化措施。中小微企业单票价值低的货物可选择更加便捷的通关渠道，广交会等线上展会成交货物也可活用新规。2020 年 9 月 1 日起，试点范围进一步扩大到 22 个直属海关。疫情期间，海关总署及时出台支持中欧班列发展的 10 条措施，支持利用中欧班列运力开展跨境电子商务、邮件等运输业务。支持邮政部门开通进出境临时邮路，累计开通临时出境口岸 15 个、临时进境口岸 13 个，积极疏运进出境邮件和跨境电子商务商品。

跨境电子商务独立站异军突起。2020 年，全球社交媒体用户数量已达 42 亿，年增速 13%。在社交媒体蓬勃发展的背景下，依托社交私域流量，外加海外用户多渠道网购习惯，跨境电子商务独立站应运而生。跨境电子商务独立站具有非常独特的竞争优势：①能够凸显品牌的影响力，有利于用户更好地判断与识别，提高用户的黏性及产品的购买率。②方便用户自行收集、运用用户资料，开展会员管理、积分优惠等多种促销活动。③更多的快捷建站工具，大大减少了公司的建站门槛。2021 年以来，面对复杂严峻的国内外形势，在以习近平同志为核心的党中央坚强领导下，商务部按照党中央、国务院决策部署，立足新发展阶段，完整、准确、全面贯彻新发展理念，服务构建新发展格局，坚持稳中求进的工作总基调，扎实推进稳外贸工作，促进外贸创新发展。2021 年，对外贸易快速增长，货物进出口规模创历史同期新高，贸易结构持续优化，增长新动能加快积聚，高质量发展稳步推进，对国民经济的带动作用进一步增强，为全球抗疫和贸易复苏作出重要贡献。[①]

1.2　电子商务发展历程

1.2.1　电子商务在中国的发展历程

1. 萌芽期（1997—2002 年）

1997 年，中国化工信息网正式提供服务，开拓了网络化工的先河。1997 年 12 月，中国化工网（英文版）正式发布，成为国内第一家垂直 B2B 电子商务的商业网站。中国制造网（英文版）于 1998 年 2 月在南京推出。阿里巴巴于 1998 年

---

① 中华人民共和国商务部 . 中国对外贸易形势报告（2021 年秋季）[EB/OL].（2021–11–29）[2022–08–25]. http://zhs.mofcom.gov.cn/article/cbw/202111/20211103221875.shtml.

12 月正式在开曼群岛建立。1999 年 3 月,我国的阿里巴巴成立于杭州。全国首个
C2C 电子商务平台 8848 于 1999 年 5 月正式上线。同年 8 月,eBay 创立。1999 年
9 月,招商银行率先在全国范围内推出了"一网通"在线银行业务,并在全国范围
内率先开通了"网上银行"。1999 年 11 月,当当正式上线。在此期间,我国的电
子商务产业尚处在发展初期,真正的互联网应用市场尚未成型,电子商务的发展
还很不成熟,而网上零售业的发展也仅仅是一个开始。2000 年 6 月,网易在纳斯
达克上市。2002 年,eBay 以 3000 万美元的价格,收购易趣网 33% 的股份。此时,
我国的互联网得到了飞速发展。百度打败了谷歌,移植于 ICQ 的腾讯 QQ 甩开了
MSN,开创出了一个帝国。开心网、校内网、新浪微博、优酷和土豆可以肆意生
长。中国电子商务的发展历程,如图 1-6 所示。

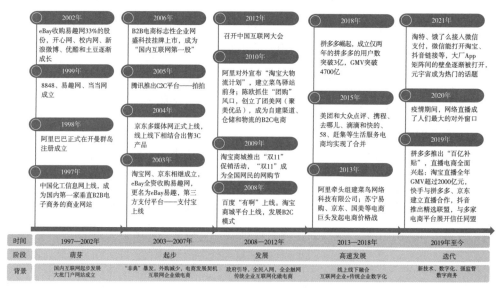

图 1-6　中国电子商务的发展历程

2. 起步期(2003—2007 年)

2003 年,淘宝和京东这两大我国电子商务历史上最具影响力的公司先后诞生,
而易趣和淘宝之间的竞争,是互联网历史上首次激烈的竞争,淘宝凭借其免费战
略,与易趣展开了三年的竞争。在此期间,C2C 逐渐成为我国传统的 B2C、C2C
的主要商业模式。阿里巴巴旗下的 C2C 交易平台——淘宝于 2003 年 5 月正式推
出;6 月,eBay 全资收购易趣网,并将其改名为 eBay 易趣;8 月,亚马逊以 7500
万美元的价格收购了卓越,正式进军我国市场;10 月,支付宝作为第三方支付平

台正式上线，用于解决在线支付的问题。2004 年，京东传媒网络正式上线，以线上和线下的方式销售 3 C 产品。腾讯于 2005 年 9 月推出 C2C 平台拍拍。2006 年 9 月，拍拍的注册用户已经突破 2500 万名，网上的产品也突破了 500 万种，成为全国三大 C2C 巨头，排在了淘宝和 eBay 的后面。2006 年 12 月，网盛科技作为全国 B2B 电子商务的代表，正式挂牌，成为"全国互联网公司"，上市后开创了"小型门户 + 联盟"的新发展模式，成为中国电子商务发展的风向标。

3. 发展期（2008—2012 年）

2008 年，百度"有啊"上线。随着易趣的沉沦，百度、阿里、腾讯三巨头开始共同争夺 C2C 市场；4 月，淘宝商城平台上线，发展 B2C 模式。2008 年，我国成为全球网民最多的国家，电子商务交易额突破 3 万亿元；2009 年，网购人数突破 1 亿。2009 年，淘宝商城推出"双 11"促销活动，当天交易额突破 5200 万元，是当时日常交易的 10 倍，"双 11"成为全国网民的网购节。2010 年，阿里对外宣布"淘宝大物流计划"，建立菜鸟驿站前身；陈欧抓住"团购"风口，创立了团美网（聚美优品），随后成为自建渠道、仓储和物流的 B2C 电子商务。2012 年 9 月，以"开放·诚信·融合——迎接移动互联新时代"为主题的中国互联网大会召开。

4. 高速发展期（2013—2018 年）

阿里于 2013 年 5 月领导各物流公司、资本金融机构成立菜鸟网络技术有限公司，并将其定位为社会化协作平台；2011—2014 年，电子商务业务持续快速发展，电子商务巨头（如苏宁易购、京东和国美）展开了最激烈的价格战，行业在激烈的竞争中快速发展。2015 年，各大电子商务平台开始联合，包括美团、大众点评、携程、去哪儿、滴滴、58、赶集等。2018 年，拼多多强势崛起，仅仅两年时间，其用户数量已经超过了 3 亿，GMV 也超过了 4700 亿名。

5. 迭代期（2019 年至今）

2019 年，拼多多推出"百亿补贴"，成为电子商务发展中的一个具有重要意义的营销活动，也掀起了电子商务领域的新一轮竞争；同年，电子商务直播全面爆发：淘宝直播一年的 GMV 突破 2000 亿元，快手与拼多多、京东、抖音等多个电子商务平台结成了互惠互利的联盟，电子商务领域出现了新的变革。在疫情暴发的 2020 年，网上直播成为最大的对外传播窗口。1 月，通过网络直播观看了雷神山医院和火神山医院的建设。2 月，全国各地开始复课，学生们直播了云课堂，大人们也开始了云会议。3 月，书店直播、旅游直播、房屋直播、云逛街直播，都是家喻户晓的。4 月，第一名主播的直播间刷新了纪录。电子商务平台已成为 2020 年最热门的话题。抖音电子商务在 2021 年 1 月 4 日开启第一个春节抢购节。天猫于 2021 年 4 月 13 日发布了自 2009 年度的开业新规，从 4 月 19 日开始，商家进入天猫将会简化对店铺的资质审查，改为 7 个月的试运行。快手电子商务总裁于 2月 22 日正式发布"造风者"计划，旨在打造 100 个年 GMV 超过 10 亿元的服务商，以及 200 个 GMV 过亿元的服务商。8 月 24 日，拼多多宣布将成立一个专门的农业技术项目，具体金额为 100 亿元。9 月 9 日，工信部组织"网络屏蔽问题行政指导会议"，要求阿里、腾讯、字节跳动、百度及其他公司，从 9 月 17 日起，按照相关规定进行处理。淘特、饿了么、微信、淘宝、抖音，各大 App 之间的隔阂，正在慢慢地被打破。元宇宙成为 2021 年的热点。

1.2.2　电子商务在国际上的发展历程

传统商业模式随着电子商务对经济增长的刺激而不断改革与发展。目前，电子商务已在世界经济中占据很大的比重，其发展也受到世界各国的高度关注，这不仅表现为各国对本国电子商务发展蓝图的规划，还表现为各国为实现国家间的电子商务合作而作出的努力。

1. 美国

美国是世界上最早发展电子商务的国家，同时也是电子商务发展最成熟的国家，其电子商务发展大致经历了 4 个阶段，如图 1-7 所示。

第一阶段为 1991—1994 年，是电子商务的萌芽期，美国政府向社会开放互联

图 1-7　美国的电子商务发展历程

网并提出建设信息高速公路计划，网络基础设施建设快速推进，众多互联网公司纷纷兴起。

第二阶段为 1995—1999 年，B2C 兴起。1995 年 7 月，亚马逊创立，到 2000 年已经拥有 1800 万顾客，年销售额达 31 亿美元。这一时期，美国政府先后制定了全球电子商务市场框架和各类免税政策：1997 年 7 月，发布了《全球电子商务纲要》，1998 年通过了《互联网税收自由法案》，为电子商务发展带来了契机。根据美国商务部的数据，1999 年第四季度，美国零售电子商务规模为 53.9 亿美元，占当季美国社会商品零售总额的 0.7%。

第三阶段为 2000—2007 年，B2B 兴起，企业之间通过电子商务方式进行交易以节约成本和提高效率，许多传统企业相继开展电子商务业务。2000 年，全球最大的三家汽车制造商联手建立汽车业专用网络市场，通过这一市场采购每年所需的近 2500 亿美元的零部件和其他商品。根据美国制造商协会的调查数据，2001 年，80% 的美国制造商拥有自己的网站，电子商务方式的使用率为 32%，采购商对电子商务的使用率为 38%。与此同时，网络零售规模快速增长，美国商务部的数据显示，2003 年，美国零售电子商务的规模为 549 亿美元，同比增长 26.3%，比同期美国社会商品零售总额的增长高 20.9 个百分点。

第四阶段为 2008 年至今，全球金融危机发生后，世界经济复苏乏力，电子商务模式不断创新，对整体经济的影响持续深入。2008 年，美国 Groupon 网站成立，开创网络团购模式，C2B 兴起。中国信通院 2020 全球数字经济新图景显示，美国数字经济规模蝉联全球第一。从单个国家的数字经济发展情况来看，美国凭借其技术创新优势，走在全球数字经济前列，2019 年达到 13.1 万亿美元。

2. 欧洲

欧洲的电子商务起步于 1995 年，稍晚于美国，其发展大致分为三个阶段，如图 1-8 所示。

第一阶段为 1995—2000 年，此时，欧洲国家的因特网发展状况并不平衡。欧盟通过一系列的举措来促进电子商务的发展。1997 年，欧盟出台《欧盟电子商务行动方案》，为电子商务提供了一个基本的信息架构和业务的基本准则。同年 12 月，欧盟和美国就电子商务问题发布了联合声明，商定了关于跨境电子商务的相关原则。2000 年，为消除欧盟国家之间的技术障碍，明确了企业与消费者的权利与义务，制定了《电子商务指令》。

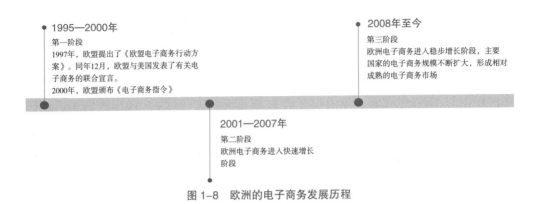

图 1-8　欧洲的电子商务发展历程

　　第二阶段为 2001—2007 年，欧洲电子商务进入快速增长阶段。从销售额来看：2002 年，德国 B2B 营业额达到 783 亿欧元，2005 年达到 2890 亿欧元，增长了 2.7 倍；2005 年，德国 B2C 营业额达到 320 亿欧元，是 2004 年的 3 倍。从企业和消费者的参与来看：德国个人网上购物的比例从 2002 年的 17% 上升到 2005 年第一季度的 32%，2004 年进行网上销售的企业占比为 17%；2005 年，英国进行网上销售的企业占比为 14.6%，比 2004 年上升 2.6 个百分点。

　　第三阶段为 2008 年至今，欧洲电子商务进入稳步增长阶段，主要国家的电子商务规模不断扩大，形成相对成熟的电子商务市场。

　　3. 日本

　　日本的电子商务起步晚于欧美国家，但发展异常迅速，尤其是在移动电子商务领域一枝独秀，其发展过程可以分为 4 个阶段，如图 1-9 所示。

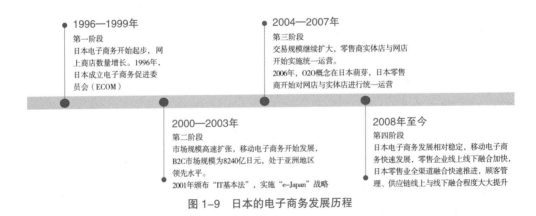

图 1-9　日本的电子商务发展历程

　　第一阶段为 1996—1999 年，日本电子商务开始起步，网上商店数量增多。1996 年，日本成立电子商务促进委员会（ECOM），加强与美国在电子商务方面的切磋与合作。根据日本野村综合研究所和庆应大学的统计，日本于 1996 年新开设网上商店 2200 多家，1997 年，新开设网上商店超过 4200 家，到 1998 年 3 月底，日本网上商店总数达 8900 多家。

第二阶段为 2000—2003 年，日本电子商务进一步发展，市场规模高速扩张，移动电子商务开始发展。eMarketer 的数据显示：2000 年，日本 B2B 市场规模达到 21.6 万亿日元，B2C 市场规模为 8240 亿日元，处于亚洲地区领先水平。就发展电子商务的初始条件而言，日本电脑普及率低于欧美，移动电话普及率相对较高；1999 年，日本率先开通移动上网服务；2000 年，日本移动电子商务交易额达到 4 亿美元。日本政府高度重视电子商务，2000 年提出 IT 国家基本战略，2001 年颁布"IT 基本法"，实施 e-Japan 战略。

第三阶段为 2004—2007 年，日本电子商务进一步成长，交易规模继续扩大，零售商实体店与网店开始实施统一运营。根据日本经济产业省的数据：2004 年，日本 B2B 市场规模达到 102.7 万亿日元，同比增长 33%，增速比 2003 年下降 34 个百分点；B2C 市场规模达到 5.6 万亿日元，同比增长 28%，规模为 1998 年的 87.5 倍。2006 年，O2O 概念在日本萌芽，日本零售商开始对网店与实体店进行统一运营。

第四阶段为 2008 年至今，日本电子商务发展相对稳定，移动电子商务快速发展，零售企业线上线下融合加快。从市场规模来看：2014 年，日本 B2B 市场规模达到 195.6 万亿日元，同比增长 5%，规模为 2008 年的 2.1 倍；B2C 市场规模达到 12.8 万亿日元，同比增长 14.7%，规模为 2008 年的 1.2 倍。从移动端交易情况来看，2014 年，日本最大的电子商务平台"乐天市场"移动端销售份额占销售总额的 65%，雅虎、千趣会等主要电子商务平台的移动端销售额均占销售总额的 50% 左右。从线上线下融合来看，2011 年以来，伴随技术研发的突破，日本零售业全渠道融合快速推进，顾客管理、供应链线上与线下融合程度大大提升。

与此同时，日本于 2001 年、2004 年和 2009 年分别提出了 e-Japan 战略、u-Japan 战略和 i-Japan 战略。总体来说，e-Japan 战略为信息化建设奠基[1]，u-Japan 战略创造了上网环境[2]，i-Japan 战略转动了公共部门的网络齿轮[3]，三者

---

[1] ITStrategyHeadquarters.e-JapanStrategy[EB/OL].（2001-01-22）[2022-04-29].https：//japan.kantei.go.jp/it/network/0122full_e.html.

[2] MinistryofInternalAffairsandCommunications.Theu-JapanConcept[EB/OL].（2005-07-07）[2022-04-29].https：//www.soumu.go.jp/menu_seisaku/ict/u-japan_en/new_outline03.html.

[3] ITStrategyHeadquarters.I-JapanStrategy2015[EB/OL].（2009-07-09）[2022-04-30].https：//japan.kantei.go.jp/policy/it/i-JapanStrategy2015_full.pdf.

共同书写了日本信息化战略的发展与变革。在三大信息化战略的基础上，日本持续出台了《日本复兴战略》[①]《科学技术创新综合战略 2016》[②]《科学技术创新综合战略 2020》[③]《综合创新战略 2022》[④] 等，持续推进"IT 新战略""数字新政"，不断加快数字化转型和数字经济发展，为电子商务升级营造了良好的创新环境。

1.3　中国电子商务现状

1.3.1　电子商务发展概况

1. 电子商务的交易额

（1）全国电子商务交易额。国家统计局数据显示，2021 年，中国的网上零售额为 130884 亿元，其中：实物商品的网上零售额为 108042 亿元，增长 12.0%，占社会消费品零售总额的比重为 24.5%；在实物商品的网上零售额中，吃类、穿类和用类商品分别增长 17.8%、8.3% 和 12.5%。2021 年，我国电子商务交易额达 42.3 万亿元，较 2020 年增加了 5.10 万亿元，同比增长 13.71%（图 1-10）。

图 1-10　2011—2021 年全国电子商务交易总额
（数据来源：国家统计局）

① 走进日本 . 安倍经济学的"经济增长战略"（日本复兴战略）[EB/OL].（2013-12-09）[2022-05-02]. https：//www.nippon.com/cn/features/h00042/.

② 中国科学院科技战略研究所 . 日本科学技术创新综合战略 2016 提出五大政策措施 [EB/OL].（2016-08-02）[2022-05-03].http：//www.casisd.cn/zkcg/ydkb/kjzcyzxkb/2016/201608/201703/t20170330_4768733.html.

③ 周斐辰 . 日本科技创新战略重点及施策方向解析：基于日本《科学技术创新综合战略 2020》[J]. 世界科技研究与发展，2021，43（4）：440-449.

④ 客观日本 . 日本内阁会议通过《综合创新战略 2022》，进入由初创企业引领创新的时代 [EB/OL].（2022-06-21）[2022-06-25].https：//keguanjp.com/kgjp_keji/kgjp_kj_etc/pt20220621000003.html.

（2）全国电子商务进出口总额。如图 1-11 所示，海关统计数据显示，2021 年我国跨境电子商务进出口 1.98 万亿元，增长 15%，其中出口 1.44 万亿元，增长 24.5%。并且，我国保持贸易顺差的态势，企业出口不断增加。2021 年，跨境电子商务进出口达 1.98 万亿元。跨境电子商务正在迸发着源源不断的活力。商务部对外贸易司在 2021 年 1 月 25 日商务运行情况新闻发布会上介绍称，2021 年，跨境电子商务进出口规模达到 1.98 万亿元，增长 15%。国家税务总局表示，将继续支持跨境电子商务等外贸新业态新模式发展。商务部数据显示：2020 年，我国跨境电子商务进出口额达到 1.69 万亿元，增长 31.1%；而 2021 年的跨境电子商务进出口规模达到 1.98 万亿元，增长 15%。不难看出，跨境电子商务正迎来全新的历史机遇。

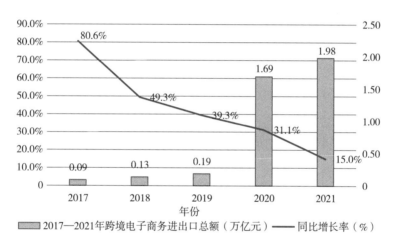

图 1-11　全国跨境电子商务进出口总额及增速
（数据来源：海关总署）

2. 电子商务的发展特点

电子商务的发展特点，如图 1-12 所示。

（1）电子商务抗疫取得突破。电子商务网购、在线服务等新业态在抗疫中发挥了重要作用，要继续出台支持政策，全面推进"互联网 +"，打造数字经济新优势。电子商务成为抗疫保供生力军。自新型冠状病毒感染疫情开始，电子商务在防疫物资筹措、民生供应保障、稳定就业、助力复产复工，解决农产品滞销等方面发挥了重要作用。电子商务企业积极响应"保价格稳定、保质量可靠、保供应有序"的号召，取得积极成效。许多电子商务企业主动捐助抗疫物资，并参与物资调配工作，一些电子商务平台协助地方政府搭建了应急物资供应链管理平台，发挥数字化优势，整合抗疫物资信息，进行统一管理分配。杭州、成都等城市依

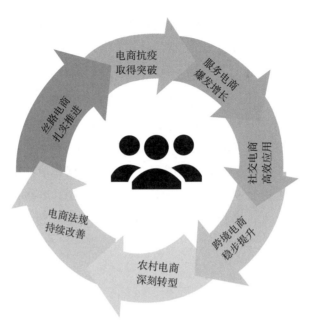

图 1-12　电子商务的发展特点

托跨境电子商务综合试验区建设，打通了依托跨境电子商务在全球范围内应急采购防疫物资的新通道。部分电子商务平台创新性地推出"无人车配送""无接触配送"等模式，在避免密切接触、保障消费者安全的前提下提供基本生活物资。一些电子商务公司采取了灵活的措施，为受疫情影响而失业的餐饮业职工提供临时工作。与此同时，部分平台也紧急开设了"抗疫助农"专区，整合平台资源，团结多方力量，实现了供需对接，以及疫情后农产品的上行通道。在抗击新型冠状病毒感染疫情期间，主要电子商务平台的商品供应基本正常，商品价格基本有序，为广大群众抗击疫情提供了坚实的物质基础保障。

网上零售业首先恢复了活力。在国家抗击新型冠状病毒感染疫情的斗争中，取得了重要的战略成果，网上零售业的迅速发展，带动了消费的快速增长。自疫情暴发后，通过电子商务、网上超市购物的人数不断增加，商家通过小程序、微信社群、直播带货等多种方式拓展线上销售新渠道。同时，为了刺激经济复苏，在网络平台上举办了"双11网上商城""五五购物节"等促销活动。在商务部、国家邮政局等相关部门的指导下，全国一百多家电子商务企业推出了"双品电子商务节"专场、专区，通过直播带货、拼团秒杀、新品首发、以旧换新等多种方式，激活疫情防控常态化时代的消费潜力。

（2）以在线医疗为代表。在在线医疗方面，商务部数据显示，截至2021年12月，我国在线医疗用户规模达2.98亿名，较2020年12月增长8308万名，占网民整体的 28.9%。2021 年，在线医疗行业持续保持高速发展。在人工智能等前沿技术的支持下，病毒追踪、药物研发等取得重大突破。与此同时，国家主管部门出台相关政策，对在线医疗行业进行进一步规范。

在线医疗行业持续保持高速发展，更多互联网企业加入竞争：①互联网医院发展迅速。②互联网企业医疗业务营收持续增长。③更多互联网企业加入在线医疗竞争。

前沿技术助力医疗行业，推动医疗数字化迈出坚实步伐。随着以人工智能为代表的前沿技术不断深入发展和在医疗行业的落地应用，医疗数字化进程不断加快：①技术助力病毒追踪。②技术助力药物研发。③技术助力临床医疗。

国家主管部门出台政策措施，进一步规范在线医疗行业的发展。2021 年 10 月，国家卫生健康委员会发布《互联网诊疗监管细则（征求意见稿）》，指出省级卫生健康主管部门应将互联网诊疗纳入当地医疗质量控制体系，开展线上线下一体化监管，确保医疗质量和医疗安全，并建立网络安全、个人信息保护、数据使用管理等制度。相关政策的出台将对规范在线医疗行业发展，保护患者个人信息、数据安全，推动在线医疗行业行稳致远到积极作用。

（3）数字生活与工作模式迎来发展的春天。自疫情发生以来，许多企业选择通过远程办公的方式复工复产，腾讯会议、钉钉等移动办公平台活跃用户快速增加，为企业"云办公"提供支撑服务。为应对疫情下客流惨淡的局面，一些传统商场组织导购在微信群、小程序或直播平台开展直播业务，引导消费者"云逛街"，部分在线旅游平台或热门景区纷纷推出"云旅游"服务。通过短视频平台或自建 App，消费者能通过虚拟现实的方式观赏景区自然风光。连锁餐饮企业积极探索"云聚会"服务，在部分门店设立云包间，消费者可以通过视频设备与其他城市的亲朋边吃饭边聊天，实现远程聚餐，开辟了消费新场景。

（4）社交电子商务高效应用。直播带货量增长。新型冠状病毒感染疫情推动了直播带货模式的发展，人们纷纷参与到电子商务的直播中，共同推进电子商务的发展。根据商业大数据的监测，2021 年 1—12 月份，重点监测的电子商务平台累计直播场次超过 2400 万场，累计观看超 1200 亿人次，直播商品数量超 5000 万个，活跃主播数量超 55 万人。线下实体店借助直播获得了线上流量，王府井百货、西单大悦城等传统购物中心发起了导购、合作品牌的多场直播，各行业的 CEO 也亲自上阵为自家产品代言，参与到如火如荼的直播带货浪潮中；市、县、乡镇各级地方党政领导干部参与直播，推荐区域品牌和农产品。直播电子商务具有线下导购、广告代言、电视购物的推广功能，优化了售前服务与购物流程，升级了零售议价能力和购物娱乐体验，得到了市场的高度认可。

　　截至 2021 年 12 月，我国网络直播用户规模达 7.03 亿名，较 2020 年 12 月增长 8652 万名，占网民整体的 68.2%。其中，电子商务直播用户规模为 4.64 亿名，较 2020 年 12 月增长 7579 万名，占网民整体的 44.9%[①]。

　　电子商务直播领域的发展变化主要集中在三个方面：①主体多元化。随着电子商务直播业态的发展，越来越多的中小商户将自建直播渠道作为重点。②商品本土化。电子商务直播对本土商户产品宣传方面的积极影响在 2021 年得到良好体现。从老字号品牌到地方特色农产品商户，都通过电子商务直播渠道获得了良好营销效果。央视联合拼多多在"双 11"期间开设大型直播带货专场，大力推荐优质国货和农货品牌。③运营规范化。《关于加强网络直播规范管理工作的指导意见》《网络直播营销管理办法（试行）》等相关政策在 2021 年陆续推出。随着规章制度的实施，电子商务直播监管体系得到逐渐完善，消费者权益保护力度进一步提升。

　　在线拼团购物方式更加丰富。相关数据显示，在线拼团购物的交易规模在社交电子商务中的占比已超过 50%，成为拉动网购消费的重要模式，各大电子商务企业纷纷推出在线拼团业务，在 2020 年涌现出兴盛优选、小鹅拼拼、团好货等拼购平台。自疫情暴发以来，社区团购模式迅速发展，从 2020 年 6 月开始，橙心优选、美团优选、多多买菜等平台相继进驻市场，通过创新预售模式、配置前置仓、优化中心仓等方式提升服务能力。2021 年，我国互联网产业持续展现发展活力和韧性，社区团购等新业态持续发展，有效缓解了区域发展的鸿沟问题，让人们不断从网络经济、社会和文化中获得利益和满足。

　　线下门店加速布局私域流量运营。实体商户通过网络营销、小程序、企业微信等方式，积极开拓线上客户群体，挖掘潜在的消费潜能。受疫情的冲击，消费者的购买习惯发生了巨大的改变，"宅"在家里的人大多选择了网上购物，网络销售也呈现出井喷式的增长态势，很多商家都开始了提前布局，想要占领网络。苏宁易购的订单增加了 85%，主要是水果、蔬菜、肉类和消毒水等卫生产品；2021年春节，物美多点的新注册用户同比增长 2363%；盒马鲜生的订单数量暴增，甚至出现了人员短缺的情况，盒马鲜生已经和一些线下的餐饮公司达成协议，将这些公司的员工都集中到自己的工作岗位上，以缓解人手不足的问题。2020 年，小程序商城服务商有赞和微盟的付费商户数量增长率分别达到 18.0% 和 23.2%。据中国互联网络发展状况统计报告显示，截至 2021 年 12 月，我国网上外卖用户规模达 5.44 亿名，较 2020 年 12 月增长 1.25 亿名，占网民整体的 52.7%。一方面，线

①　http://www.cnnic.net.cn/hlwfzyj/hlwxzbg/hlwtjbg/202202/P020220721404263787858.pdf.

下门店拓展"即时零售"服务模式，提升配送技术；另一方面，传统线下门店平台发展即时配送，开展"即时零售"业务，提供"线上下单、门店发货、小时级分钟级送达"的零售服务。

（5）跨境电子商务稳步提升。跨境网络零售增长迅速，在疫情肆虐和国际经贸形势严峻的双重因素影响下，跨境电子商务交易额保持稳步增长，逐渐成为稳外贸的重要力量。

跨境电子商务的监管模式也在不断创新。截至 2021 年年底，中欧班列运行线路多达 78 条，通达欧洲 23 个国家的 180 个城市，国际市场网络加快拓展。[①]同时，由 2021 年国务院新闻办公室全国进出口情况新闻发布会可知，我国跨境电子商务的进出口规模达 1.98 万亿元，同比增长 15%。2021 年 7 月，国务院办公厅发布《关于加快发展外贸新业态新模式的意见》，针对跨境电子商务发展提出多项举措，助力行业发展。同期，在全国海关适用企业对企业模式（Business-to-Business，B2B）直接出口、跨境电子商务出口海外仓监管模式，助力企业开拓国际市场。

跨境电子商务独立站异军突起。2020 年，全球社交媒体用户数量已达 42 亿名，年增速 13%。在社交媒体蓬勃发展的背景下，依托社交私域流量，叠加海外用户多渠道网购习惯，跨境电子商务独立站应运而生。跨境电子商务独立站具有独特的竞争优势：①可突出品牌实力和影响力，有利于用户认知、识别、提升黏性和复购。②便于自主积累和应用客户数据，开展会员管理、优惠积分等多样化营销活动。③较为丰富的快速建站工具，极大地降低了企业建站门槛。跨境电子商务独立站快速发展，2020 年成为跨境电子商务多渠道、多平台、品牌化发展的重要转折点。

（6）农村电子商务深刻转型。疫情暴发后，农村电子商务成为农副产品销售和生活必需品的有力助手。据商务部统计，2020 年全国 832 个贫困县的网上零售额为 30145 亿元，较 2019 年同期增加 26%。全国贫困县的农产品网上销售收入 406.6 亿元，比 2019 年同期增加 43.5%，增加 14.6 个百分点。很多农民工和大学生在春节期间返乡，由于疫情影响，他们无法按时返校，通过电子商务实现了就地就近就业。到 2020 年末，全国贫困地区的网络企业数量达到 306.5 万家，比

---

① 中国经济网 . 中欧班列助力沿线国家互利共赢 [EB/OL]. （2022-02-14）[2022-08-25].http：//www. ce.cn/cysc/ztpd/2021/mswt_345823/df/202202/14/t20220214_37327787.shtml.

2019 年增加 36.6 万家，同比增长 13.7%。农村电子商务物流日趋完善，农产品上行带动农民创业就业。国家邮政局数据显示，2021 年，全国"快递进村"的比例超过 80%，苏浙沪等地基本实现"村村通快递"，新增 15.5 万个建制村实现邮快合作；电子商务扶贫累计带动 771 万名农民就地创业就业，带动 618.8 万名贫困人口增收。

特色农产品电子商务发展模式多样。农村电子商务进一步促进农业标准化、品牌化发展。中国电子商务扶贫联盟在商务部电子商务司的指导下，积极培育农产品品牌，中华人民共和国农业农村部制定了品牌培育方案，开展了品牌推广活动，通过打造区域公用品牌，举办农品节庆，引进龙头企业，打造特色农产品品牌。通过举办节庆、品牌推荐会等活动开展产销对接，发挥带货作用，引导企业建设特色产业电子商务孵化园。区域产业规模效益的提升离不开各地政府、企业、协会等单位的协同合作。

（7）电子商务法规持续改善。在互联网时代下，数据要素所反映的法律关系成为电子商务法律的关键，电子商务法律在构建公平有序的数据交易及竞争规则、正确认定网络平台的边界和责任等方面发挥了保障作用，司法机关对现有制度的运用和执行以及对新法规的探索表现出四个特点，如表 1-1 所示。

规范电子商务市场秩序。针对消费者反应强烈的直播带货领域乱象及商家投诉平台"二选一"等突出问题，有关部门出台政策，完善直播电子商务新业态监管，实施反垄断调查。2020 年 11 月 5 日，国家市场监督管理总局发布《市场监管

表 1-1　电子商务法律的发展特点

特点	主要内容
1. 不断完善网络空间下的知识产权保护规则	为完善知识产权保护规则，划定新技术应用保护边界，加强创新成果司法保护，激发数字经济市场活力，《中华人民共和国专利法》《中华人民共和国侵权责任法》《中华人民共和国电子商务法》等法律法规对网络环境中的保护专利权作出规定
2. 不断确立网络交易规则	由于网络交易案件复杂多样，因此，为规范互联网商业竞争秩序，优化数字经济营商环境，在《中华人民共和国电子商务法》的基础上，司法机关不断通过判例确立网络交易的规则
3. 不断打击垄断与不正当竞争	《中华人民共和国反垄断法》《中华人民共和国反不正当竞争法》等针对电子商务平台内和电子商务平台间的不正当竞争行为进行了约束和规范
4. 不断加强个人信息和数据安全保护	近年来，为保护个人数据信息安全，规范数字经济数据要素市场，相关的法律法规密集出台，覆盖了我国法律体系中的各个层级，如《中华人民共和国个人信息保护法》《中华人民共和国网络安全法》等

总局关于加强网络直播营销活动监管的指导意见》；11 月 12 日，国家广播电视总局官网发布《国家广播电视总局关于加强网络秀场直播和电子商务直播管理的通知》，多部门联合推进直播电子商务的相关规范和监管工作，整治直播电子商务行业中刷单炒信、假冒伪劣、服务配套不完善等问题；11 月 10 日，市场监管总局就《关于平台经济领域的反垄断指南（征求意见稿）》公开征求意见；12 月，市场监管总局依法对多个电子商务平台的"二选一"行为展开反垄断调查。近年来，我国网络交易蓬勃发展，"社交电子商务""直播带货"等新业态新模式不断涌现、快速壮大，为网络经济增添了新的活力，为稳增长、促消费、扩就业发挥了重要作用。与此同时，也出现了不少问题。2021 年 2 月，中国服务贸易协会批准发布《社交电子商务企业经营服务规范》团体标准，并于同日实施。该标准规定了社交电子商务服务体系、社交电子商务服务要求、基础保障服务要求、交易过程服务要求和客户关系服务要求等。此项团体标准适用于规范社交电子商务企业在社交电子商务经营活动的各个环节中提供的服务，也适用于消费者了解社交电子商务活动。这是首部直接提及社交电子商务涉及传销模式合规的标准，对社交电子商务企业避免碰触《禁止传销条例》的传销红线提出了积极的意见和建议，这将有利于企业合规经营以及行业正向发展，对未来社交电子商务企业有很强的指导意义。

加速公共服务创新。商务部深入推进电子商务大数据部省共建共享工作，建立统计监测分析制度体系。创新开展"电子商务公共服务惠民惠企行动"，在不断优化全国电子商务公共服务平台现有服务事项的基础上，整合、汇聚了一批优质社会服务资源，免费开放给广大电子商务企业使用。截至 2020 年年底，已有 10 家电子商务公共服务合作伙伴加入，涵盖数据分析、电子商务培训、诚信建设、人才招聘、市场咨询等诸多方面。地方政府也积极开展电子商务产业公共服务探索，加快资源整合。研究制定产业扶持政策，完善公共服务体系。"十四五"规划纲要提出要"推进网络强国建设，加快建设数字经济、数字社会、数字政府，以数字化转型整体驱动生产方式、生活方式和治理方式变革"。2021 年，我国各省（区、市）积极探索、持续推进互联网政务服务建设发展，努力提升公共服务、社会治理等数字化、智能化水平。通过中央网络安全和信息化委员会办公室信息化发展局官方网站可知，截至 2021 年 11 月，全国已有 20 多个省（区、市）相继出台数字政府建设的有关规划，为中国互联网政务服务发展注入新的活力。

推进示范体系建设。2020 年，国家电子商务示范基地创建活动继续深入开展，新增补国家电子商务示范基地 15 家，国家电子商务示范基地数量扩容至 127 家。2022 年，商务部电子商务和信息化司对现有 141 家国家电子商务示范基地和各地新推荐的 72 家其他优秀电子商务园区进行综合评价。根据综合评价结果，并经综合考量，择优选出 14 家，增补为国家电子商务示范基地。在商务部等有关部门的指导下，加快产业整合、出台产业支持政策、健全公共服务系统、构建产学研合作机制，建设好电子商务示范基地在培育中小微企业、激励新技术应用、促进模式创新、助力精准扶贫和传统产业数字化转型、带动创业就业等方面发挥了重要作用；组织建立电子商务示范单位；制定《电子商务示范企业创建规范（试行）》《电子商务示范企业遴选（综合评价）指标体系》，并根据电子商务平台、电子商务品牌、电子商务服务、综合电子商务、其他创新型电子商务企业五种类型，组织开展电子商务示范企业创建活动，鼓励和引导电子商务企业促融合、促民生、促发展、促环境、促开放，助推电子商务高质量发展。商务部按照党中央、国务院的决策部署，在数字经济发展的大背景下，率先提出了发展数字商务的新思路，强化顶层设计与理论研究，并制定了《数字商务企业发展指引（试行）》。数字化商业企业的发展将会进一步激发企业利用现代信息技术发展，加速数据赋能，引导市场主体向数字化、网络化、智能化方向发展。

（8）丝路电子商务扎实推进。丰富丝路电子商务的合作水平。我国已经与 22 个国家签订了"丝路电子商务"战略合作备忘录，并在此基础上建立了与伙伴国家的双边合作机制。扩大双方的合作范围，提高双方的合作信心。2020 年，我国组织了工作组会议、政企对话、圆桌会议等，加强了与伙伴国家的政策交流，推动了当地的经济联系和企业的合作。支持意大利、智利等合作伙伴在我国的主要电子商务平台设立"国馆"；在"双商品网上购物节"中，奥地利、新西兰、柬埔寨、卢旺达等国家的特色商品销售显著增长。创新合作模式，开设"丝路电子商务"大讲堂，邀请国内的专家进行在线讲座，包括政策、法规、发展趋势、创新实践、操作技巧等，深受伙伴国家的好评。"丝路电子商务"大讲堂从 2021 年第四季度开始，已经举办了数十场，网上的精品课程已经有超过 10 万人次。积极推进各大电子商务企业充分发挥采购渠道、物流网络等优势，为有关国家的疫情防控提供有力支持，并积极提供政策指引，不断更新 192 个国家和地区的防疫管控措施，为企业复工复产和开展跨境电子商务业务做好服务保障。2021 年 10 月，我国首个跨境电子商务海外仓国家标准正式启动，为"丝路电子商务"的进一步发展奠定了良好的制度和政策基础。

（9）推进电子商务国际规则构建。2020 年 11 月 15 日，东亚三大经济体与东南亚各大经济体的地区全面经济合作协议（RCEP）正式签订。这个协议是东盟 10 国于 2012 年开始的，邀请中国、澳大利亚、印度、日本、韩国和新西兰等 6 个国家共同参加。我国政府通过不断加强顶层设计和推进跨境电子商务规则、制度及模式变革，来对接和引领国际规则，着力培育贸易竞争新优势。截至 2021 年年底，我国连续 7 年在《政府工作报告》中提出促进跨境电子商务等新业态发展，并陆续设立 105 个跨境电子商务综合试验区，推动相关配套政策措施的先行先试及落地实施。[①]2022 年 1 月 1 日正式实施的《区域全面经济伙伴关系协定》（RCEP），其关于电子商务的章节是亚太地区达成的第一个综合性、高水平的电子商务多边规则。

RCEP 的电子商务章节是亚太地区第一次就电子商务规则制定的内容广泛、水平较高的结果，涉及促进电子商务的利用和合作，主要内容包括推进电子商务的应用和合作，包括电子商务的推广、电子认证和电子签名的推广、电子商务用户的个人信息保护、在线消费者的权益保护、加强对非自愿商业电子信息的监管合作等，将为各国加强电子商务领域合作提供制度保障，有利于营造良好的电子商务发展环境，增强各成员电子商务领域的政策互信、标准化互认和企业互通，电子商务国际合作迎来新的机遇期。

1.3.2　电子商务架构

电子商务经过不断的发展，目前已经相对成熟，电子商务系统也越来越庞大复杂，人们对电子商务的认识也随着电子商务本身的发展变化而越来越深入。

分类，是人们认识和管理事物的一种方法。电子商务的概念和内涵相当丰富和繁杂，本书创新性地从渠道（网络）、人、货、场视角进行分类，基于各类别加以梳理，可以使读者对电子商务有更深入的认识，具体内容详见本书第 5 章。

1. 渠道（网络）的视角分类

从渠道（网络）的视角出发，按照使用网络分为 EDI、互联网电子商务、内联网电子商务和移动电子商务四类，该分类方式反映了互联网发展的历程。

---

① 李宏兵，王丽君，赵春明 .RCEP 框架下跨境电子商务国际规则比较及中国对策 [J]. 国际贸易，2022（4）：30-38. DOI：10.14114/j.cnki.itrade.2022.04.002.

近几年，由于移动电子产品的迅速发展和普及，基于移动网络的电子商务获得了新的发展机会和发展空间。移动电子商务是创新化的一种经营方式，它在利用手机网络和消费升级的基础上，拥有传统电子商务发展的优势。

2. 人的视角分类

随着国民经济的发展和人们收入水平的提高，消费者的消费偏好和需求也随之发生新的变化；除此之外，大数据、区块链、人工智能等新技术的飞速发展也让更多的商家无限接近消费者内心的诉求；再加上传统的生产商与零售商占据价值链的主导地位模式已难以为继，所以"人"成为数字经济时代的核心要素。本书从人的视角出发，按电子商务活动的交易对象，将电子商务交易模式分为 B2B、B2C、C2B、C2C、O2O，以及 D2C、BAB、BUC 等其他新型电子商务模式。

3. 货的视角分类

2022 年，随着疫情防控的常态化，直播电子商务、生鲜外卖、即时配送等"宅经济"得到高速发展。"宅经济"带动的新业态对我国仓储物流业提出了新要求。为此，头部快递企业立足国家政策的大力支持及自身优势，在全国范围内加速布局高标准仓储设施，并逐步晋升为我国仓储物流市场中一股不可小觑的新生力量。电子商务小批量、多款式、快周转的需求特征，对供应链的服务能力和配送时效要求越来越高。电子商务仓储客户纷纷将货品提前下沉来提升配送速度，如在直播前就将产品分仓至靠近消费者的前置仓，以多仓发全国的方式提升配送速度。本书从货的视角出发，将电子商务分为前置仓型电子商务、产地仓型电子商务、销地仓型电子商务。

4. 场的视角分类

随着电子商务的迅速发展和网络的普及，人们对网络的普遍使用和对资金流动的需要将会出现广阔的发展前景，并逐步打破支付服务壁垒，互联互通进入新发展阶段。第三方支付是一种新技术、新业态、新模式。2021 年，以支付宝、微信支付为代表的第三方平台率先向云闪付等支付机构开放，在线上、线下场景，支付、服务两个层面推进更深入的互联互通。根据电子商务平台的发展历程，本书从货的视角出发，将电子商务分为第一方平台、第二方平台、第三方平台。

1.3.3 新兴电子商务模式

在中央网信办下发的指导我国未来五年信息化发展方向的纲领性文件

《"十四五"国家信息化规划》中，国家把促进社交电子商务等新业态、新模式写入政策纲要，并列入十大重点任务和重点工程。商务部对外公布的《"十四五"电子商务发展规划》也提出，要全面促进消费。针对新型消费，《"十四五"电子商务发展规划》提出要运用新技术打造数字消费新场景，培育更多"小而美"的网络品牌，拓展直播电子商务、社交电子商务等应用面。

社交电子商务（social commerce）是一种全新的电子商务形式：它通过社交网络、微博、微信等社交媒体进行社交互动，通过用户自生等方式辅助商品或服务的销售行为，同时将关注、点赞、分享、评论互动等社交化元素应用于交易过程的购物模式；它是电子商务和社交媒体的融合，以信任为核心的社交交易模式是新型电子商务的主要表现形式。社交电子商务包括以下四种模式。

（1）拼购型社交电子商务。将低价作为核心竞争力，围绕两人及以上的用户，通过拼团然后降价的模式，激发用户分享，形成自传播。

（2）会员制社交电子商务。S2B2C 模式，平台提供商品、仓库、配送、售后服务等全产业链，以分销的方式激励用户成为经销商，并利用自己的社交网络进行分享，从而达到"自购省钱，分享赚钱"的目的。

（3）社区型社交电子商务。以社区为单位，用户在社区中注册后，可以通过微信等工具下单，在规定的时间内，将产品送到团长那里，消费者可以自己去拿，也可以让团长来完成"最后一公里"的配送。

（4）内容型社交电子商务。通过各类内容影响，引导消费者进行购物，同时通过内容进一步了解用户偏好，实现商品与内容的协同，提升营销转化效果。

直播电子商务是一种典型的社会化电子商务模式，它是一种以主播（明星、网红、创作者等）为代表的新型电子商务平台，通过直播来推广商品，从而达到"品效合一"的效果。我们可以从四个角度来认识这个概念：①直播电子商务是一种与传统的电子商务形式相结合的新媒体。②主播的成员来源广，不管是明星、网红，还是 KOL、KOC、创作者甚至是政府官员，都能成为主播。③直播电子商务的交易效率将远超以往。④可以更好地"品效合一"，直播电子商务可以更好地完成交易，也可以通过建立消费者的价值观，实现品牌的传播。

直播电子商务的实质是消费升级。在当今社会，物以稀为贵，人们习惯于根据产品的价值和功能参数进行消费，而不是以产品的价值为基础。消费者更注重心理的整体体验，而更多的人则是想要获得更多的知识性、专业性的信息，以作为决策的参考。所以，直播电子商务的本质就是消费升级，而在消费升级的背后，是用户的需求在不断提升。直播电子商务则是通过消费数据和消费者的导向，将商品和情感的传递、人性结合得更加紧密，从而更好地满足用户的需求。

直播电子商务的主要特征有：①互动能力强。直播电子商务平台是一种"直播＋同场＋互动"的模式，它可以让主播和用户在一个平台上进行交流，让所有人都能和主播进行实时交流，这比以前的电子商务、社交平台要好很多，也更容易赢得用户的信任。②IP的强大特性。IP（intellectual property）是知识产权的缩写，即主持人拥有强大的IP特性，在使用者心中拥有独一无二的标识，同时也是一种情感的寄托。③高度分散。电子商务平台上的主播数量更多、种类更多，而主播本身也有自己的粉丝，所以相比于电子商务而言，直播电子商务更加分散，也给更多的主播提供了更多的机会和可能性。

1.4　本章小结

我国电子商务持续快速发展，各种新业态不断涌现，在增强经济发展活力、提高资源配置效率、推动传统产业转型升级、开辟就业创业渠道等方面发挥了重要作用。本章回顾了电子商务从农业经济、工业经济到数字经济的发展过程。当前，全球经济正处于低迷状态，贸易保护主义、单边主义、逆全球化思潮不断抬头，给我们的发展带来了空前的风险和挑战。在抗击新型冠状病毒感染疫情的斗争中，电子商务充分利用"非接触"的优势，创造出更多的网上服务新形式，加快了整个社会的数字化进程，显示出强大的生命力和韧性。在疫情防控进入常态化阶段后，电子商务在现代流通体系中发挥先导性、战略性作用，成为服务构建新发展格局的关键力量。本章立足于国际和中国两个视角来分析世界大变局下的电子商务发展挑战，从政策、市场及技术三个层面总结出新时代下的电子商务发展机遇。

本章建设性地归纳梳理了国际及我国电子商务的发展历程，将我国电子商务发展历程划分为萌芽期、起步期、发展期、高速发展期、迭代期五个阶段。同时，创新性地从渠道（网络）、人、货、场视角进行分类。本章从宏观角度带领读者了解新兴的电子商务模式。社交电子商务相对于传统的电子商务来说，拥有发现式购买、去中心化、场景丰富、用户黏性强的独特优势，不但可以帮助传统企业解决销售问题，大大提升其线上渠道的运营效率，还可以成为助农扶农的有效渠道，而在"十四五"规划的开局阶段，社会化电子商务在推动农村发展的过程中，也将继续扮演着重要的角色。

"十四五"时期，电子商务发展继续以习近平新时代中国特色社会主义思想为指导，全面贯彻党中央、国务院的决策部署，坚持稳中求进的工作总基调，坚持新发展理念，坚持高质量发展，坚持以供给侧结构性改革为主线，进一步推进电子商务融合创新发展，促进普惠均衡发展，加强国际合作，深化要素市场化配置，提高电子商务的管理水平，促进电子商务全面发展，步入高质量新阶段。

1.5　复习思考题

1. 基于农业经济、工业经济、数字经济视角，简述电子商务的发展与科技变革。

2. 数字经济的生产要素、核心驱动力量、重要载体分别是什么？

3. 根据数字经济技术以及相关产业的发展进程，数字经济的发展可划分为哪几个时期？

4. 从国际与中国两个视角出发，简述世界大变局下的电子商务发展挑战。

5. 结合标志性事件，简述我国电子商务发展经历的阶段。

6. 根据中国、美国、欧洲、日本的电子商务发展历程，简要分析中外电子商务发展的异同。

7. 简述电子商务发展的几大特点。

8. 跨境电子商务独立站具有哪三个独特的竞争优势？

9. 电子商务法律发展有哪些特点？

10. 简述本书是如何基于渠道（网络）、人、货、场视角进行分类的。

11. 结合具体事件，谈谈你对电子商务发展的感悟。

第2章 电子商务基本理论

 学习目标

1. 了解电子商务中的政府理论所包含的法律法规、政策等知识。

2. 了解电子商务中的市场理论所包含的需求端、供给端、平台端等知识。

3. 掌握电子商务中的政府理论与市场理论对电子商务的影响。

 能力目标

1. 了解电子商务中政府理论的作用原理。

2. 了解电子商务中市场理论的作用原理。

3. 掌握电子商务基本理论的整体框架,并能自行表述。

 思政目标

1. 了解电子商务领域中的"有效市场""有为政府"是如何发挥其重要作用的,以此加强学生对国家发展战略的认识和理解。

2. 熟悉"有效市场""有为政府"的运作机制,帮助学生认识电子商务领域的法律法规政策、市场运作原理,以及未来的新趋势、新走向。

3. 掌握电子商务理论下的"有效市场""有为政府"对我国成为经济大国、实现中国梦发挥的推动作用,开拓战略视野。

本章知识图谱

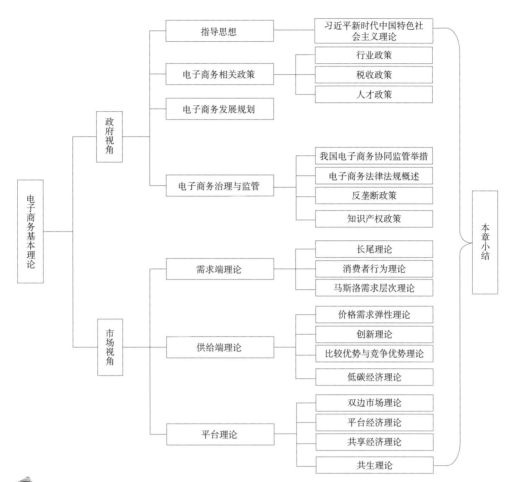

导入案例

2022 年，为深入贯彻落实党中央、国务院的决策部署，充分发挥电子商务联通生产消费、线上线下、城市乡村、国内国外的优势，统筹做好疫情防控和春节消费促进工作，保障人民群众度过一个安全健康、欢乐祥和的新春佳节，商务部会同中央网信办、工业和信息化部、市场监管总局、国家邮政局、中国消费者协会共同指导电子商务及相关企业举办"2022 全国网上年货节"，活动将遵循"政府指导企业为主、市场化运作"的原则，按照全国"一盘棋"一体推进、重点地区重点打造的"1+N"组织模式进行。总体来看，"年货节"呈现出以下特点。

（1）货品服务品类多、供应足。各地将指导电子商务平台企业确保米、面、油、肉、蛋、奶、果、蔬等重要民生商品和防疫物资供应充足。同时，推出更多品牌、品质、健康、智能的商品，以及适合不同人群的餐饮套餐和定制年夜饭，并提供"线上预定、配送到家""春节不打烊、年货送到家"等服务。

（2）配套活动花样多、有特色。各地将"年货节"作为促进消费和产业发展的重要平台，拿出真招实招开展配套活动。

（3）政策措施优惠足、实惠多。聚焦吃、住、行、游、娱、购。一些地方和企业通过多种让利形式，加大促销、推广和服务力度。参与平台企业也将推出新品首发、以旧换新、满减、秒杀、直降等活动，加大投入，让消费者真正得到实惠。

（4）消费者权益保障强、环境优。参与"年货节"的各类活动将加挂统一标识，让消费者一目了然。商务部将联合指导单位，按照职能分工，全力保障商品丰富、质量高，数字营商环境优，经营规范秩序佳，配送顺畅及时达，消费权益保障好。

（5）疫情防控措施实、更有力。各地将督促指导参与"年货节"的企业强化疫情防控主体责任，加强人员防护和日常监测，规范商品入库、分拣、配送等环节的防疫程序，特别是要严格落实冷链的全过程防疫措施。同时，充分发挥新终端零售设施作用，减少人员接触，降低疫情传播风险。

思考：

1."年货节"呈现出的五大特点给人民的生活带来了怎样的便利？

2.政府和市场在"年货节"中扮演什么样的角色？

从蒸汽机时代到信息时代，一共经历了三次工业革命，极大程度地推动了历史的发展。在历史的洪流中，第四次工业革命悄然发生，这一次是人与机器、人与智能之间的变革。作为推动国民经济和社会发展的重要力量，电子商务将紧抓第四次工业革命的机遇，以互联网与线下的双线联通、生产与消费的快速升级、城市与农村的同步发展、国内与国际协同推进为特点，使之成为壮大国内市场、增强国际市场话语权、推动新发展、构建新格局的强大助力。为发挥电子商务领域的比较优势，需要"有效市场"和"有为政府"共同作用。

"有效的市场"指市场基于资源配置方式的决定性作用，在此基础上形成价格体系，用以反映要素的稀缺性，从而引导企业按照其比较优势来选择、投入到符合其自身发展的产业与技术。竞争优势的形成需要企业充分发挥自身的市场主体地位，并在一系列的市场理论的共同作用下发展电子商务。

"有为政府"指在习近平新时代中国特色社会主义理论指导下，政府制定一系列与电子商务相关的规划、政策、规则、监管方针等，为企业提供适合其自身发展的制度安排和基础设施，支持企业把自身的比较优势转变为竞争优势。

　　一个国家只有同时用好市场和政府这两只手才能实现快速、包容、可持续的增长。同理，也只有在"有效市场"与"有为政府"的共同作用下，企业才能在电子商务这条赛道上实现更长远的发展，如图 2-1 所示。

图 2-1　无形的手和有形的手共同作用

2.1　政府视角

　　在习近平新时代中国特色社会主义思想的指导下，政府以新发展阶段、发展理念和发展格局为基础，将电子商务的重要定位作为辅助手段，从而制定与电子商务相关的规划、政策、监管规则等，充分运用"有为政府"这只"有形的手"为企业提供合适的基础设施与制度安排，通过提高电子商务行业内各企业的核心竞争力，优化电子商务相关产业，努力做大做强，为电子商务在各领域融合创新发展、赋能经济社会数字化转型、推进现代流通体系建设打下坚实基础。

2.1.1　指导思想

1. 习近平新时代中国特色社会主义理论

　　以习近平同志为主要代表的中国共产党人，坚持把马克思主义基本原理同中国具体实际相结合，同中华优秀传统文化相结合，坚持毛泽东思想、邓小平理论、"三个代表"重要思想、科学发展观，深刻总结并充分运用党成立以来的历史经验，从新的实际出发，创立了习近平新时代中国特色社会主义思想。习近平新时代中国特色社会主义思想是当代中国马克思主义、21世纪马克思主义，是中华文化和中国精神的时代精华，实现了马克思主义中国化的新的飞跃。[①]

在习近平新时代中国特色社会主义思想的引领下，电子商务的建设也进入了新的阶段，开启了新的局面，如表2-1所示。

表2-1　以习近平新时代中国特色社会主义思想为指导的电子商务建设

项目	主要内容
1. 坚持党的领导，确保新时代电子商务事业发展的正确政治方向	党的领导"是中国特色社会主义最本质的特征，是中国特色社会主义制度的最大优势"，是新时代中国特色社会主义展现出更加强大生命力的最根本保证。电子商务建设与发展要始终把坚持党的绝对领导作为最高原则，增强"四个意识"、坚定"四个自信"、做到"两个维护"，从事电子商务的组织、机构、企业及从业者要在政治立场、政治方向、政治原则、政治道路上同以习近平同志为核心的党中央保持高度一致。始终把以人民为中心作为根本立场，电子商务的建设与发展要主动适应社会主要矛盾变化，解决好人民群众最关切的权益保障、公共安全、公平正义等问题，不断增强人民群众的获得感、幸福感、安全感，把总体国家安全观作为电子商务建设与发展的战略指引，坚持人民安全、政治安全、国家利益至上，全力维护我国社会安全稳定和发展利益
2. 建设完备的理论体系，为新时代电子商务发展奠定理论基石	以习近平新时代中国特色社会主义思想为指导，明确电子商务在新时代国民经济社会发展中的新使命，以立足新发展阶段、贯彻新发展理念、服务构建新发展格局为主线，推进电子商务理论体系建设工作。扎实推进电子商务科研机构建设，电子商务学科建设，电子商务教材建设，电子商务人才培养，电子商务理论研究。将马克思主义基本原理、方法、理论运用到科学研究中，高度重视科学研究与实践相结合，用科学的理论指导电子商务实践，在丰富的实践基础上提出新的理论，为新时代电子商务发展奠定理论基石
3. 做大、做强、做优电子商务产业，为全面建设社会主义现代化国家提供新动能	坚持以习近平新时代中国特色社会主义思想为指导，立足新发展阶段，贯彻新发展理念，构建新发展格局，以推动高质量发展为主题，以深化供给侧结构性改革为主线，以改革创新为根本动力，以满足人民日益增长的美好生活需要为根本目的，统筹发展与安全，立足电子商务连接线上线下、衔接供需两端、对接国内国外市场的重要定位，通过数字技术和数据要素双轮驱动，提升电子商务企业核心竞争力，做大、做强、做优电子商务产业，深化电子商务在各领域融合创新发展，赋能经济社会数字化转型，推进现代化流通体系建设，促进形成强大国内市场，加强电子商务国际合作，推动更高水平对外开放，不断为全面建设社会主义现代化国家提供新动能

2.1.2　电子商务相关政策

1. 行业政策

作为中国社会主义市场经济的特色，在经济发展的不同时期，我国政府均颁布了国家总体的五年规划，为国民经济发展远景规定总体目标和方向。2007年，电子商务行业出台第一个五年规划。每一个电子商务五年规划既对上一个五年进

[①]　中国政府网.中共中央关于党的百年奋斗重大成就和历史经验的决议[R].2021-11-16.

行深刻总结，也为下一个五年指明目标和方向。在每一个发展阶段，我国电子商务的发展都是在五年规划的指引下，结合各时间点的实际，出台一系列配套政策予以支持、鼓励、引导。以五年规划为主线，研究我国电子商务发展，可以明晰电子商务的发展脉络，以及行业政策走向。

（1）"十一五"期间。2007 年 6 月，国家发展和改革委员会、国务院信息化工作办公室联合发布我国首部《电子商务发展"十一五"规划》，并提出了六项主要任务和六个重点工程，如表 2-2 和表 2-3 所示。

表 2-2　"十一五"期间总目标、六项主要任务和六个重点工程

项目	主要内容
"十一五"期间，我国电子商务发展的总目标	到 2010 年，电子商务发展环境、支撑体系、技术服务和推广应用协调发展的格局基本形成，电子商务服务业成为重要的新兴产业，国民经济和社会发展领域的电子商务应用水平大幅提高并取得明显成效
六项主要任务	一是普及深化电子商务应用，提高国民经济运行效率和质量；二是大力发展电子商务服务业，形成国民经济发展新的增长点；三是着力完善支撑环境，促进电子商务协调发展；四是鼓励电子商务技术创新，提高自主发展能力；五是加强市场监管，规范电子商务秩序；六是加大宣传教育力度，促进电子商务普及应用。 其中，前两个任务是"十一五"期间的发展重点，是实践新型工业化道路和贯彻科学发展观的关键举措，后四个任务是"十一五"期间的基础支撑，是形成有利于电子商务发展社会环境的基础条件
六个重点工程	一是政府采购电子商务试点工程；二是公共电子商务服务工程；三是国际贸易电子商务工程；四是移动电子商务试点工程；五是物流公共信息服务工程；六是电子商务支撑体系建设工程。 六个工程的具体部署体现了在"十一五"电子商务发展中：要发挥政府应用电子商务的示范作用；要着力完善电子商务支撑环境改善电子认证、在线支付和信用服务等；要普及深化电子商务应用，以大型骨干企业为龙头，中小企业要积极运用第三方电子商务服务平台，全面推行各种生产经营活动的业务外包，提高企业的管理水平和经济效益，进一步增强电子商务应用的渗透性

表 2-3　"十一五"期间的电子商务发展

项目	主要内容
"十一五"期间的电子商务发展	"十一五"期间，电子商务的发展以信息化为基点带动工业化发展，以工业化促进信息化为主线，以构建电子商务支撑体系为核心，以促进模式、管理和技术创新有机结合为着力点，以大力发展第三方电子商务服务为切入点，紧紧围绕转变经济增长方式，优化产业结构，提高国民经济运行效率和质量的中心任务，统筹发展全局，立足自主创新，突破瓶颈制约，强化政策导向，突出建设重点，按照政府推动与企业主导相结合、营造环境与推广应用相结合、网络经济与实体经济相结合、重点推进与协调发展相结合、加快发展与加强管理相结合的发展思路，推进电子商务全面融入经济社会发展的各个环节，形成国民经济新的增长点，促进产业结构优化调整，带动就业增长，走出一条有中国特色的电子商务发展道路

（2）"十二五"期间。2012 年 3 月，工业和信息化部制定发布《电子商务"十二五"发展规划》，这是我国"十二五"时期进一步推动电子商务发展的指导性文件，提出"十二五"时期的总体目标。同时，为保障"十二五"时期的目标实现，文件中提出了九大重点任务以及对应的九个专栏，如表 2-4 所示。

表 2-4　"十二五"期间的总目标、九大重点任务以及对应的九个专栏

项目	主要内容
"十二五"期间，我国电子商务发展的总目标	到 2015 年，电子商务进一步普及深化，对国民经济和社会发展的贡献显著提高。电子商务在现代服务业中的比重明显上升。电子商务制度体系基本健全，初步形成安全可信、规范有序的网络商务环境。具体目标包括：电子商务交易额突破 18 万亿元，其中，企业间电子商务交易规模超过 15 万亿元，网络零售交易额突破 3 万亿元
九大重点任务	一是提高大型企业电子商务水平；二是推动中小企业普及电子商务；三是促进重点行业电子商务发展；四是推动网络零售规模化发展；五是提高政府采购电子商务水平；六是促进跨境电子商务协同发展；七是持续推进移动电子商务发展；八是促进电子商务支撑体系协调发展；九是提高电子商务的安全保障和技术支撑能力。 《电子商务"十二五"发展规划》还以专栏形式提出了每一任务的重点发展方向

"十二五"期间，我国实现了移动电子商务在各领域的应用和推广，加速了电子商务在各行各业的试点应用，也实现了关键智能核心技术的自主研发。电子商务在我国的应用催生了各种各样的行业和领域，为脱贫攻坚提供了新思路，开拓了国内外合作与竞争的新格局，在多重意义上推动了经济的增长。

（3）"十三五"期间。2016 年 12 月，商务部、中央网信办和发展改革委三部门印发《电子商务"十三五"发展规划》，并提出发展目标、五大主要任务和四个工作方面的 17 个专项行动，如表 2-5 所示。

"十三五"期间，我国电子商务推动实体经济与数字经济在各个维度上进一步深化融合、共同发展，其规模大、增速快、范围广的特点加速了重大社会事件的解决。数字生活和工作模式促使在线服务电子商务爆发式增长，电子商务的各个模式得到快速发展。[①]

（4）"十四五"期间。2021 年 10 月，商务部、中央网信办、发展改革委联合发布《"十四五"电子商务发展规划》，将我国电子商务行业发展情况和未来发展趋势进行了深入解读，同时分析了行业面临的机遇与挑战。基于此，提出了电子商务在这一时期发展的目标和完成目标所应该实现的七大主要任务。

---

① 商务部电子商务和信息化司 . 中国电子商务报告（2020）[R]. [2021-09-15].

表 2-5　"十三五"期间总目标、五大主要任务和四个工作方面的 17 个专项行动

项目	主要内容
"十三五"期间，我国电子商务发展的总目标	电子商务全面融入国民经济各领域，发展壮大具有世界影响力的电子商务产业，推动形成全球协作的国际电子商务大市场。电子商务进入规模发展阶段，成为经济增长和新旧动能转换的关键动力。电子商务全面覆盖社会发展各领域，带动教育、医疗、文化、旅游等社会事业创新发展，电子商务成为促进就业、改善民生、惠及城乡的重要平台。预计 2020 年，电子商务交易额超过 40 万亿元，网络零售额达到 10 万亿元左右，电子商务相关从业者超过 5000 万人
五大主要任务	一是加快电子商务提质升级；二是推进电子商务与传统产业深度融合；三是发展电子商务要素市场；四是完善电子商务民生服务体系；五是优化电子商务治理环境。五大任务充分体现了"创新、协调、绿色、开放、共享"的发展理念，是"十三五"期间电子商务发展的框架体系
专项行动	围绕电子商务信息基础设施建设、新业态与新市场培育、电子商务要素市场发展、电子商务新秩序建设等四方面重点计划，共部署 17 项行动。17 项行动体现在"十三五"期间政府工作的具体部署。首次提出"专项行动"概念，是因为电子商务已成为关系国民经济和社会发展多领域、涉及政府多部门的综合经济工作。为满足新时期电子商务工作的系统性和协调性要求，每个专项行动都需要多个部门根据分工方案共同配合实施

表 2-6　"十四五"期间的主要目标和七大主要任务

项目	主要内容
主要目标	到 2025 年，我国电子商务高质量发展取得显著成效。电子商务新业态新模式蓬勃发展，企业核心竞争力大幅增强，网络零售持续引领消费增长，高品质的数字化生活方式基本形成。电子商务与一二三产业加速融合，全面促进产业链供应链数字化改造，成为助力传统产业转型升级和乡村振兴的重要力量。电子商务深度链接国内国际市场，企业国际化水平显著提升，统筹全球资源能力进一步增强，"丝路电子商务"带动电子商务国际合作持续走深走实。电子商务法治化、精细化、智能化治理能力显著增强。电子商务成为经济社会全面数字化转型的重要引擎，成为就业创业的重要渠道，成为居民收入增长的重要来源，在更好地满足人民美好生活需要方面发挥重要作用
七大主要任务	一是深化创新驱动，塑造高质量电子商务产业；二是引领消费升级，培育高品质数字生活；三是推进商产融合，助力产业数字化转型；四是服务乡村振兴，带动下沉市场提质扩容；五是倡导开放共赢，开拓国际合作新局面；六是推动效率变革，优化要素资源配置；七是统筹发展安全，深化电子商务治理

　　"十四五"期间，电子商务结合各行业的特性进行不断渗透融合，进一步发展表现出多种模式、行业间交叉纵深的特点，成为新兴经济模式的代表，推动我国经济发展。基于电子商务对国家经济的正面影响，国家也在不断加强政策利好，为电子商务的发展予以帮助和支持。

　　"十四五"期间的电子商务发展将以习近平新时代中国特色社会主义思想为指导，以立足新发展阶段、贯彻新发展理念、服务构建新发展格局为主线，聚焦电

子商务连接线上线下、衔接供需两端、对接国内国外市场的三个定位，赋予电子商务推动"数字经济高质量发展"和助力"实现共同富裕"的新使命。

2. 税收政策

电子商务是随着科技和网络的发展而创新的一种交易模式。从交易的角度，它与传统商务实质相同。在传统的税收体制下，电子商务理应属于纳税范围。但由于具有虚拟性、隐匿性和无形性等特点，因此，传统的税收体制在这种新兴的交易模式中不能完全适应。同时，由于各地方政府通过财税政策给电子商务企业的优惠政策不同，导致实际征管中没有统一的标准，因此，最终表现为线上和线下的税负不同，让人产生误解。

随着电子商务交易规模的扩大，电子商务税收漏征漏管问题与税收公平原则越来越受到重视。2016年11月，《国务院办公厅关于推动实体零售创新转型的意见》明确提出"加快构建生产与流通领域协同、线上与线下一体的监管体系"和"营造线上线下企业公平竞争的税收环境"。也就是说，任何一种贸易形式都应该平等地承担同等税负，拥有公平的税收环境和市场竞争环境。2018年8月，第十三届全国人大常委会第五次会议表决通过的《中华人民共和国电子商务法》，对电子商务的税收规范具有重要作用，如表2-7所示。

表2-7　《中华人民共和国电子商务法》中与税收有关的条例

条款	主要内容
第四条	国家平等对待线上线下商务活动，促进线上线下融合发展，各级人民政府和有关部门不得采取歧视性的政策措施，不得滥用行政权力排除、限制市场竞争
第十条	电子商务经营者应当依法办理市场主体登记。但是，个人销售自产农副产品、家庭手工业产品，个人利用自己的技能从事依法无须取得许可的便民劳务活动和零星小额交易活动，以及依照法律、行政法规不需要进行登记的除外
第十一条	电子商务经营者应当依法履行纳税义务，并依法享受税收优惠。依照前条规定不需要办理市场主体登记的电子商务经营者在首次纳税义务发生后，应当依照税收征收管理法律、行政法规的规定申请办理税务登记，并如实申报纳税
第二十八条	电子商务平台经营者应当按照规定向市场监督管理部门报送平台内经营者的身份信息，提示未办理市场主体登记的经营者依法办理登记，并配合市场监督管理部门，针对电子商务的特点，为应当办理市场主体登记的经营者办理登记提供便利。 电子商务平台经营者应当依照税收征收管理法律、行政法规的规定，向税务部门报送平台内经营者的身份信息和与纳税有关的信息，并应当提示依照本法第十条规定不需要办理市场主体登记的电子商务经营者依照本法第十一条第二款的规定办理税务登记

3. 人才政策

电子商务产业的发展离不开电子商务人才的支持，在《"十四五"电子商务发展规划》中，明确提出要"梯度发展电子商务人才市场"，以完善的人才培养体系强化人才培养模式，提供更好的人才就业环境，进而加强多元化人才供给。通过多种途径提高电子商务行业和领域在各方面的吸引力。[1]

（1）人才产业政策：迭代优化，释放效能，引导高质量电子商务人才培养。[2]电子商务的高质量发展建立在电子商务人才高质量发展的基础上。在顶层设计上，进一步加强电子商务高质量人才培养高端引领的发展理念，将电子商务领域中岗位的分类、职业标准，以及电子商务相关能力评价标准体系进行完善。从政策制定、责任到位，到育人用人机制逐步完善，推动我国电子商务高质量人才培养工作取得丰硕成果。在政策优化上，进一步加强部门协作，形成政策合力，探索出台相应的电子商务人才扶持政策，打造利于人才发展的环境，鼓励人才实现多样化就业，保障人才就业权益，并进一步精准施策、释放效能，将电子商务高质量人才培养的条块激励政策向统筹激励政策转向，使激励政策的效用最大化。在示范带动上，着眼于电子商务行业内如何拔高人才水平，提升业内龙头企业发挥领头作用，从而吸引更多高层次、高水平的高端人才进入行业。同时，通过政策引导，面向返乡农民工、大学生、退伍军人等各类返乡人员，开展分层次培养，培养出可以引领农村电子商务发展的新电子商务人。

（2）区域各方协作：双线互动，搭建高效能电子商务人才市场。电子商务人才市场是电子商务人才就业的重要渠道，应通过多种灵活手段，建立起多元化的、高效的电子商务专业人才市场。在区域协作上，依托东部省份电子商务产业及人才优势，面向中西部及其他电子商务产业相对薄弱的地区，展开东西合作、南北合作等多区域协作，加大产业助力及人才支持，加大力度培育电子商务在中西部地区地市县及农村的人才市场，优化电子商务行业内就业流程，如创业孵化园、就业资源对接等服务。在双线互动上，充分利用线上电子商务人才市场资源，快捷对接校企资源，提供全天候的电子商务人才就业服务。在线下方面，各级电子商务协会与学会、各地人才交流市场要熟悉电子商务的企业需求，在电子商务人

---

① 商务部，中央网信办，发展改革委 ."十四五"电子商务发展规划 [R]. [2021-10-9].
② 中国国际电子商务网。

才对接方面应进一步发挥其巨大作用。同时，高校作为人才输出的重要平台，定期举办多场次人才市场，协同解决电子商务人才的输出问题。

（3）产学研多方协作：六位一体，构建多层次电子商务人才体系。电子商务高质量人才需要六位一体，多资源协同，鼓励院校、研究机构、培训机构、电子商务企业采用订单培养、嵌入式培养、在线培养等多种方式，铸就电子商务人才体系的层次化，最终实现人才间的联动。

在高校层面，作为培养电子商务人才的主力军，高校应进一步深入把握《"十四五"电子商务发展规划》的精髓，开展目标性与前瞻性培养。高校院系建设、专业建设、专门人才培养应与时俱进，与产业发展共鸣，发挥其"十四五"时期电子商务发展中的突出作用。在企业层面，鼓励电子商务平台企业加大教育培训的力度，发挥平台企业与市场连接紧密、人才聚集效应明显的优势，加大电子商务知识与技能教育培训的力度，积极开发电子商务应用课程，提高培训覆盖面和实效性。鼓励电子商务企业与高校深度合作，采用订单培养、嵌入式培养等多种灵活方式，定向满足企业人才需求。

在数字技术赋能下，推动政府、高校、培训机构等电子商务优质教育资源数字化、在线化，加大面向社会的开放力度，鼓励通过网络直播等多种方式实现全天候电子商务教育。同时，面向中西部、农村等开展在线公益课堂，赋能下沉市场的电子商务发展。

（4）创新驱动，创业带动，提升高素质电子商务人才的能力。创新创业对电子商务人才综合能力的提升具有重要作用，应进一步强化创新驱动战略，鼓励务实创业，提升高素质电子商务人才能力：一方面，需要进一步强化创新创业在电子商务人才培养中的引领作用；另一方面，需要社会各方积极协调资源，在电子商务的各个领域与环节，有效融入创新创业的理论、方法、技术与手段，强化创新驱动，强调创业带动，融入思政教育，以有效提升电子商务人才的综合能力。

创新创业竞赛能在很大程度上催化电子商务人才的培育。故应强化我国"互联网+"大学生创新创业大赛、"挑战杯"全国大学生创业大赛、全国大学生电子商务"创新、创意及创业"挑战赛等的校内外协同，从城市到农村，以赛促学，以赛促行，以赛促创，调动各类创新创业人员的积极性，提升电子商务创新创业的示范带动能力。

2.1.3　电子商务发展规划

"十三五"期间出现的新型冠状病毒感染疫情使全球环境日趋复杂，党和国家面临重大挑战，但在此期间，《电子商务"十三五"发展规划》的主要目标任务顺利完成，电子商务的蓬勃发展壮大了国内市场，也带动了人才创新创业，进而为脱贫攻坚和提升对外开放水平提供了强大助力。进入"十四五"时期，电子商务将继续在党中央、国务院的领导下，以习近平新时代中国特色社会主义思想为指导，实现"十四五"期间的发展目标，完成"十四五"期间的主要发展任务。

（1）"十四五"期间的电子商务发展目标。在"十四五"期间，根据新的国内外发展形式，提出了新的电子商务发展目标。

我国电子商务的高质量发展到 2025 年将取得显著成效。电子商务行业的发展提高了相关企业的竞争力，推动了网络零售进一步增长。[①] 电子商务作为重要引擎推动社会数字化转型，为人才就业及创业提供关键渠道，亦是提高居民收入的重要来源，能够满足人民美好生活的需要。

电子商务到 2035 年将真正成为中国经济、科技以及综合实力大幅跃升的重要驱动，渗透进人民的日常生活，推动产业链、供应链资源高效配置，成为我国现代化经济体系的重要组成部分，为经济全球化提供强大助力。

"十四五"期间我国电子商务发展的主要指标，如表 2-8 所示。

表 2-8　"十四五"期间我国电子商务发展的主要指标

类别	指标名称	2020 年	2025 年	备注
总规模	电子商务交易额 / 万亿元	37.2	46	预期性
	全国网上零售额 / 万亿元	11.8	17	预期性
	相关从业人数 / 万	6015	7000	预期性
分领域	工业电子商务普及率 /%	63.0	73	预期性
	农村电子商务交易额 / 万亿元	1.79	2.8	预期性
	跨境电子商务交易额 / 万亿元	1.69	2.5	预期性

（2）"十四五"期间我国电子商务发展的主要任务。"十四五"期间我国电子商务发展的主要任务，如表 2-9 所示。

---

① 商务部，中央网信办，发展改革委 ."十四五"电子商务发展规划 [R]. [2021-10-9].

表 2-9　"十四五"期间我国电子商务发展的主要任务

项目	主要内容
深化创新驱动，塑造高质量电子商务产业	明确提出电子商务的发展方向为技术应用创新、模式业态创新、协同创新、绿色低碳发展四个方面，明确"十四五"时期，我国电子商务创新发展的主攻方向。进一步引导电子商务企业从依靠流量增长转变为依托创新促增长的发展模式，更好地服务创新驱动发展、区域协同发展和碳达峰碳中和等国家重要战略
引领消费升级，培育高品质数字生活	作为引领居民消费增长和升级的重要力量，电子商务在推动我国构建完整的内需体系、提升产业供需动态平衡方面作出更大贡献。《"十四五"电子商务发展规划》明确，通过打造数字生活消费新场景、丰富线上生活服务新供给、满足线下生活服务新需求，多措并举推动数字技术全面融入社会交往和日常生活，把扩大消费同提升人民生活品质结合起来，构筑美好数字生活新图景
推进商产融合，助力产业数字化转型	《"十四五"电子商务发展规划》明确实施制造强国战略，以电子商务为纽带推进制造业产业基础转型升级，产业链智能化、现代化，推动制造业高质量发展，促进先进制造业和现代服务业深度融合。把电子商务作为产业数字化的重要牵引力，积极培育产业互联网新模式和新业态，助力制造业形成更强创新力、更高附加值、更安全可靠的产业链、供应链
服务乡村振兴，带动下沉市场提质扩容	党的十九大报告中提出实施乡村振兴战略，电子商务作为城乡互动的重要渠道，使得工业品下乡、农产品上行，是丰富乡村商品供给、促进农民增收的重要工具。发展高水平的农村电子商务，有利于形成工农互促、城乡互补、协调发展、共同繁荣的新型工农城乡关系，对加快农业农村实现现代化，实施乡村振兴战略具有重要意义
倡导开放共赢，开拓国际合作新局面	电子商务突破了空间对商业活动的限制，使得全球市场和全球产业链与供应链实时联通，为推动经济全球化和全球市场协作作出了重大贡献。《"十四五"电子商务发展规划》明确提出，发展跨境电子商务，推动数字领域的电子商务国际合作，推进数字领域的国际规则构建，为电子商务助力实现高水平对外开放指明了具体路径。通过鼓励电子商务企业实施全球化经营，积极发展"一带一路电子商务"，发挥电子商务在数字国际规则制定中的核心作用等，推动全球经济从产业间合作向产业链深度协作方向升级发展，助力推动全球治理体系朝向更公正合理的方向发展
推动效率变革，优化要素资源配置	《"十四五"电子商务发展规划》提出，促进数据要素高水平开发利用，明确数据资源对电子商务的重要意义。通过发展数据要素市场、激活数据要素潜能、建立健全数据要素市场规则，为电子商务依法合规高效地应用数据要素提供重要保障。此外，《"十四五"电子商务发展规划》补充完善了梯度建设电子商务人才市场，优化了载体资源，多维度加强了金融服务
统筹发展安全，深化电子商务治理	近年来，电子商务领域是我国发展最为迅猛、技术迭代最为快速的经济领域之一。电子商务的迅猛发展对政府治理和市场监管提出了更高的要求。《"十四五"电子商务发展规划》强调，完善电子商务的法规标准体系，全方位提升电子商务的监管能力和水平，构建起电子商务的监管治理的多元共治格局。《"十四五"电子商务发展规划》全面统筹安排，建设科学高效的电子商务治理体系，形成强效的治理能力

2.1.4　电子商务治理与监管

1. 我国电子商务协同监管举措

21 世纪初，网络信息技术的迅猛发展在中国催生出大规模的电子商务活动及新的市场交易方式，新兴的电子商务市场活动对原有的传统市场秩序、政府的监管方式和理论形成了新的挑战。新的政府监管需要突破原有主体的边界范围,从而防范市场的公共价值失灵,有效保障市场效率。新的市场监管协同治理理念是在协同和治理两个理论的基础上融合纵深发展而来,强调多元、平等、协同和有序的治理主体。一般来说,协同治理理念的主体是由政府群众媒体等各方主体形成的共同管理机制。通过这些主体对电子商务活动进行多方位监督。

从 2019 年 1 月 1 日开始实施的《电子商务法》提出:建立符合电子商务特点的协同管理体系,推动形成有关部门、电子商务行业组织、电子商务经营者、消费者等共同参与的电子商务市场治理体系。这是协同监管理论在电子商务监管中的具体实践。为确保这种实践得以成功实施,就需要多主体间的共同努力。

(1)电子监管的核心价值是各方参与主体要达成的共识,即核心价值认同,并让这些核心价值成为各方参与主体的共同目标和行为规范。

(2)各参与主体之间要坚持多元治理,协同目标导向,明确相互之间的责任与分工。目前,我国社会治理强调"党委领导,政府负责,社会协同,公众参与",政府是第一责任人。强化"体制内"监管机制也是贯彻落实监管目标的重要保障。由于电子商务监管涉及众多部门,如商务部中央网信办、国家互联网信息办公室、市场监管总局、国家邮政局、农业农村部、海关总署、公安部、金融部门等 20 余个部门。因此,各个部门需要确立一个核心的统筹协调部门,同时也应该严格依照相关的法律法规明确和落实各自的监管权利与义务。加强行业自律机制,行业组织是政府部门与企业组织之间的桥梁,让行业组织切实发挥对企业的引导监督作用,是协同监管的又一重要保障。加强对电子商务平台的监管及电子商务平台对商家的监管:一方面,要防止平台依靠流量数据和市场优势损害商户和消费者权益;另一方面,平台企业拥有电子商务的第一手交易资料、商户信息,同时有先进的计算机技术,具有对商户和交易的监管优势,要引导平台发挥正向的监管作用。强化公民监督,公民虽然不能依法行使管理权,但他们享有知情权、表达权和参与权,对电子商务中的不法行为可以进行举报和监督。通过政策引导,推动社会各方协同努力,做到全民监管。

(3)依靠信息技术实现"智慧网监"。"智慧网监"改善了传统监管分散、重点、静态和人工的局限,基于新的理念和技术实现协同监管、全面监管、动态监管和智慧监管。政府监管部门与多方联合,以信息共享为核心,搭建协作监管机制;建设异地协作信息化网络平台,实现线上协查、办案、移送、流转一体化办理。

2. 电子商务法律法规概述

《电子商务法》是一部囊括了所有调整以数据电文方式进行的商务活动的法律规范。除此之外，我国还有很多电子商务相关的法律法规。

（1）《电子商务法》。《电子商务法》是电子商务领域的综合性法律：涵盖电子商务的各个环节，规定了电子商务主体进入、退出的条件和机制，具有主体法的内容；规范了主体之间在电子商务中的法律关系及交易行为，具有行为法的内容；规范了政府及社会对电子商务的纠纷解决及监管内容。同时，还具有促进电子商务交易、推动电子商务发展的促进法内容。

（2）其他部门法律。为避免与已有法律发生冲突，《电子商务法》仅对电子商务领域的特殊事项进行了规范。对于电子商务主体而言，因从事电子商务活动而涉及的民事、商事及其他领域的行为，还需要用相关法律法规予以调整。因此，调整电子商务的法律体系就包括《电子商务法》《中华人民共和国民法典》《中华人民共和国消费者权益保护法》《中华人民共和国著作权法》《中华人民共和国电子签名法》等法律法规。

（3）《电子商务法》与其他部门法律之间的关系。落实《电子商务法》，前提是做好其与相关法律法规间的衔接和协调。根据上位法优于下位法的原则，《电子商务法》如果与不同位阶的其他法律在某一内容上的规定重合，则采用上位法。若《电子商务法》与其他相关部门法均对电子商务中涉及的某一内容作出规定，且这两个部门法属于同一位阶，则需要根据特别法优于一般法、新法优于旧法这两个原则进行判定。根据有规定优于无规定的原则，若《电子商务法》没有对某一电子商务涉及的内容作出规定，而其他相关法律有规定，那么，应该据其进行调整。

3. 反垄断政策

《反垄断法》规定的垄断行为包括：经营者达成垄断协议，经营者滥用市场支配地位，具有或者可能具有排除、限制竞争效果的经营者集中。近年来，世界各国纷纷立法回应数字经济的反垄断问题。一般情况下，数字经济中的龙头企业规模大、实力强，在企业竞争中为市场带来的负外部性也更强。互联网平台经济在我国已进入高速发展阶段，因此，许多行业中催生了大体量的互联网平台企业，包括一些电子商务平台，它们是这些数字巨头中的一员。

为了获得更多市场份额进而取得最大利益，平台管理者在创新商业模式的同时，竞争与博弈日趋白热化。"二选一""大数据杀熟""平台算法合谋"等现象在平台竞争中逐渐显现，其中，最典型的是平台对其内部经营者实施的限定交易行为"二选一"。"二选一"是互联网平台要求平台内部的经营管理者不能按照自主意愿任意选择交易对象，由此所形成的一种固定排他交易关系的客观表述。由于技术手段的介入，这种限定交易行为显得更为复杂，不仅隐蔽，而且不易取证，对不遵守"二选一"规定的经营者，电子商务平台往往采取多种技术惩戒措施，如限制电子商务平台流量、降低搜索引擎中的检索权重等，通过上述手段让内部经营者快速断流。限定交易行为不利于我国电子商务产业的健康发展，多次引起争议，关注度极高。

2019 年 8 月，国务院办公厅印发《国务院办公厅关于促进平台经济规范健康发展的指导意见》，明确指出要对互联网电子商务平台要求"二选一"行为进行严厉打击，保障市场主体公平参与竞争。2020 年 12 月，依据《反垄断法》，国家市场监管总局针对阿里巴巴集团进行调查，并于 2021 年 4 月对其作出行政处罚决定。2021 年 2 月，国务院反垄断委员会制定发布《国务院反垄断委员会关于平台经济领域的反垄断指南》，进一步明确了国家在平台经济领域反垄断的基本原则，旨在通过完善的监管规则引导平台经济高质量有序发展。

在法律方面，《反垄断法》是国家在预防和制止垄断行为上制定的法律条例，该法律旨在维护国内市场中的平等竞争和社会上所有消费者的合法权益，最终达到提高经济运行效率和推动社会经济健康发展的目的。电子商务平台经营者是《电子商务法》的重点关注对象，在该法令第二十二条中明确指出任何平台经营者不得利用自己在市场中的支配地位，通过各种手段妨碍市场中的其他平台经营者的正常市场运营。《反不正当竞争法》则由于其内容特征，即针对任何不正当竞争都无须认定市场支配地位，而成为多项处理的重要倚靠，该法令在第十二条规定中表示技术手段对市场环境的影响不可小觑，由于鉴定困难，需要与其他多重因素相结合，共同考虑。

4. 知识产权政策

互联网的存在使知识产权的流通更加方便快捷，但由于其虚拟性，互联网侵权事件层出不穷。在著作权侵权方面，网络用户很容易获得权利人的作品信息，进行各种利用并加以迅速传播，侵害权利人的信息网络传播权等各项合法权利。由于专利的授予应当综合考虑新颖性、实用性和创造性等问题，技术要求更高，侵权也就更加难以鉴别。[①]尤其是三个要素中的创造性，由于没有固定的测量标准，因此导致在电子商务行业内，大量违规侵权的商品仍然被大量买卖，尤其是专利方面的侵权，大都难以处理。与此同时，业内商标侵权现象也非常严重，知名商标对商品销量的带动作用非常明显，同时商标权的地域性使同一商标独立于不同国家。在网络虚拟交易的加持下，电子商务贸易中的商标假冒等侵权现象泛滥。

《电子商务法》中明确提到了我国电子商务平台知识产权保护法律制度。该法令规定了平台经营者、平台内经营者的义务和职责，知识产权权利人在侵权行为发生时的维权途径，侵权者在侵权后应当承担什么样的法律责任，等等。第四十二条和第四十五条阐明平台经营者在消极处理知识产权侵权行为后应该承担的连带责任，这一条款让平台不敢再坐视不理，能够主动承担平台应负的责任以及应当发挥的作用，在电子商务知识产权保护参与各方主体中起到中心作用，充分发挥其在网络交易中的技术优势和治理优势。

加强电子商务产权保护需要政府、平台、社会、企业以及个人的共同参与，从法治、平台治理、技术治理、自主产业培育等方面提升我国知识产权保护的整体水平。

在法治方面，我国不断完善法律法规体系，进行电子商务知识产权保护建设。《民法典》确立了我国加强知识产权保护的向标；《专利法》第四次修改已经完成；新《商标法》及配套政策出台。法律体系建设和完善夯实了电子商务知识产权保护的基础。

在平台治理方面，需要完善平台规则体系，包括审核体系、信用评价体系、违规处罚体系、数据监控体系等，多体系结合实现平台有效调控和管理，保障平台经济有序、高效运行。

在技术治理方面，进入数字经济时代，我国在人工智能、云计算等互联网技术上逐渐走向世界舞台的中心，此时更要充分利用科技打造智能化的知识产权保护体系，提升防控水平，使用高科技建设知识产权保护系统。

在自主产业培育方面，我国的高科技企业在自主核心技术开发方面需要加大投入，争取企业自身的自主知识产权，并结合数字信息技术进行产业优化和升级，从而实现我国多领域、多产业持续升级，全方位提高中国制造水平。

---

① 《中华人民共和国专利法》第二十二条。

2.2　市场视角

在结构变迁过程中，"有为的政府"在基础设施方面需要不断完善升级，解决外部问题，"有效的市场"也在形成企业的比较优势与竞争优势，即通过市场发挥决定性作用的资源配置方式，形成价格体系来反映要素稀缺性，基于企业的比较优势进行选择，将符合自身发展的产业和技术投入生产。而在企业形成竞争优势的过程中，需要其充分发挥自身的市场主体地位，并在一系列的市场理论的共同作用下发展电子商务。该部分主要从需求端理论、供给端理论、平台理论三个理论进行展开。

2.2.1　需求端理论

1. 长尾理论

Chris Anderson 在 2004 年提出"长尾"这个概念[①]，借助该词分析多个网站的经营模式，结果表明，在具有一定流动和仓储的情况下，非热卖商品（销量少的产品）占据的市场总份额可以媲美少数热卖商品（单品销量多的产品）。其内容是：当存储和流通的通道足够多时，即便是市场很小的产品也一样能产生巨大的收益，当一个个小型市场组合时，就可以形成与大型市场相匹敌的市场能量。另一个极大的数 Q= 一个极大的数（长尾中的产品 P_i）× 一个相对较小的数（每一种长尾产品的销量 Q_i），即总销量 $Q=P_1Q_1+P_2Q_2+P_3Q_3+\cdots=\sum_{i=1}^{n}P_iQ_i$，这就为互联网时代提供了久违的商机。

伴随计算机网络技术的进步，网络真正实现了对时间和空间的超越，使人们的需求愈发呈现多样化，长尾理论诞生了。然而，在市场中，人们往往注意到长尾曲线中的头部部分，而忽视后面平缓的尾部部分（图 2-2），这意味着尾部部分

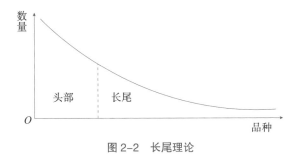

图 2-2　长尾理论

① 克里斯·安德森. 长尾理论 [M]. 乔江涛，译. 北京：中信出版社，2006.

的市场需求并没有被满足，仍然存在获取利益的基础。在长尾理论中，头部部分的市场一般具有价格较高、品质较好、容易被消费水平较高的群体所接受等特点。相反，尾部部分的市场一般具有价格较低、品质不高、品种较多等特点。

消费升级在我国经济飞速发展的背景下成为当前消费市场的关键词，尤其是在广大的农村市场，价格低廉的商品同样有着极为广阔的市场需求（MD）：①数字电子商务（EC）通过社群营销（SS）等方式，能够快速提升用户的广度，解决传统电子商务市场的长尾难题，能让广大用户群体获得电子商务红利，能最大程度地激活农村经济，完善农村电子商务生态。②数字电子商务为了满足长尾用户群体的消费体验，提供更多多样化、专业化的服务，得到总的市场需求。近年来，农村地区大力发展数字电子商务，这大大弥补了我国电子商务在这一领域的不足。为了解决长尾问题，企业要选择个性化产品作为"长尾"，深入挖掘用户的个性化多样需求，以获得市场青睐。电子商务企业"长尾"产品的首选无疑是边际成本递减、边际收益特征明显的数字化产品。例如，某知名互联网企业针对尾部市场的空缺，将目光对准了农村市场，打开了我国电子商务市场的竞争格局。同时，我国商品流通成本因区块链等技术在该领域的应用而逐渐降低，满足了长尾用户的需求，为尾部市场的发展提供了动能。

2. 消费者行为理论

消费者行为构成了电子商务业态的重要组成部分。个体或群体从选择到购买，从购买到使用，甚至包括推荐产品、评价产品、分享使用经验等环节都属于消费者行为。

消费者行为影响因素较多，包括学历层次、薪资、年龄段等。消费者行为影响因素研究大致可以分为两类：①以经典模型与理论为前提，诸如"刺激－机体－反应"模型（S-O-R）、理性行动理论（TRA）、技术接受模型（TAM）等。②改造经典行为模型或进行自行构建。1925年，斯特朗将 AIDA 模型引入广告效果评价中。AIDA 模型对消费者如何完成完整的购买过程进行了详细的解释，根据消费者在这个过程中反应程度的不同划分为知晓、兴趣、期望和行动四个阶段。1898年，刘易斯提出传统的消费者行为理论模型 AIDMA，即从注意、兴趣、欲望、记忆到行动五个阶段。随后，在互联网与移动应用的爆炸式普及下，消费者的行为模式也发生了转变，出现了消费者行为理论 AISAS 模型。AISAS 模型在原 AIDMA 模型的基础上进行了改进，这一模型置身于互联网情境进行讨论，是现代互联网消费行为研究的新型营销模型。它的基本思路就是"attention → interest → search → action → share（关注 $S^{(1)}$ →兴趣 $S^{(2)}$ →搜索 $S^{(3)}$ →行动 $S^{(4)}$ →分享 $S^{(5)}$）"的一个过程，如图 2-3 所示。

图 2-3　消费者行为理论 AISAS 模型的五个阶段

在 AISAS 模型中，第一阶段是关注 $s^{(1)}$，指的是平台或商家通过各种媒介传递商品信息和促销信息给消费者，消费者为改变现状而产生交易需求 d。在这一过程中，电子商务企业通过开展促销展销活动、增加媒体接触渠道、提升广告推广强度和增加商品多样性，将商品推向消费者，消费者通过各类方式获取满足自身需求的产品信息 $I^{S^{(1)}}$，即 $I^{S^{(1)}} = s^{(1)}(d)$。第二阶段是兴趣 $s^{(2)}$，是伴随注意产生的，指商品信息能够引起消费者的主动性关注，勾起消费者内心的潜在需求并予以满足，从而产生消费意愿和欲望 $D^{s^{(2)}}$，即 $D^{s^{(2)}} = s^{(2)}(I^{s^{(1)}})$。第三阶段是搜索 $s^{(3)}$，指的是消费者从各种渠道获得更加完善的商品信息，购买动机进一步增强，形成购买意向 $D^{s^{(3)}}$。在这一阶段，消费者的心理预期是否能够得到满足，除了与商品的内在特性有关外，即商品自身价值与消费者期望的匹配 $M_1^{s^{(3)}}$，还与商品的外部因素 $M_2^{s^{(3)}}$ 息息相关，如设施便利程度、支付方式、消费所需距离、消费者权益保护制度等。$D^{s^{(3)}} = s^{(3)}(D^{s^{(2)}}) = s^{(3)}(M_1^{s^{(3)}}, M_2^{s^{(3)}})$。第四阶段是行动 $s^{(4)}$，即消费者在了解产品信息、产生购买意愿或冲动、产品和服务满足其需求的情况下所产生的消费行动 $A^{s^{(4)}}$，是针对某一特定商品的行为，包括商品的支付、物流配送及售后服务等。消费行动除了受购买意向 $D^{s^{(3)}}$ 的影响外，还受消费习惯 $C^{s^{(4)}}$ 的影响：如消费者选择实体店还是互联网进行消费，又或者是线上线下结合；支付时采用现金支付还是使用第三方支付平台，又或者是通过银行转账。$A^{s^{(4)}} = s^{(4)}(D^{s^{(3)}}, C^{s^{(4)}})$。第五阶段是分享 $s^{(5)}$，指的是消费者借助电子商务平台社交区或第三方社交媒体上的评价，生成主观与客观的内容信息 $E^{s^{(5)}}$，吸引未来新用户的关注，即 $E^{s^{(5)}} = s^{(5)}(A^{s^{(4)}})$。在当下新媒体发展逐渐多样化的形势下，拉近了同一社群内用户之间的关系。除此之外，消费者不仅可以对所购商品进行评价，还可以将评价进行分享与传播，从而影响其他的潜在消费者。将这种购后

分享方式记为 $E_S^{s(5)}$，分享范围记为 $S(E_S^{s(5)})$，则

$$S(E_S^{s(5)}) = [S_{ij}(E_S^{s(5)})]_\infty = \begin{pmatrix} S_{11}(E_S^{s(5)}) & S_{12}(E_S^{s(5)}) \cdots \\ S_{21}(E_S^{s(5)}) & S_{22}(E_S^{s(5)}) \cdots \\ \vdots & \vdots \quad \vdots \end{pmatrix}$$

其中，$S_{ij}(E_S^{s(5)})$ 指第 i 个消费者的评价分享对第 j 个潜在消费者的影响。

综上所述，消费者行为的整体过程可描述为

$$E^{s(5)} = s^{(5)}(s^{(4)}(s^{(3)}(s^{(2)}(d)))) \tag{2-1}$$

如何有效巩固市场核心地位，电子商务企业应认真倾听来自消费者、用户的声音，认识到产品和服务的改进不是空穴来风。在搜集用户的意见和建议的同时，基于用户基本信息对其进行画像，将用户信息记录在案，这对企业而言能够更好地对商品进行策划，对售后服务进行改善，最终达到增加消费者黏性的效果。

3. 马斯洛需求层次理论

1943 年，马斯洛将需求层次理论由低到高划分为生理需求 H_1^N、安全需求 H_2^N、社交需求 H_3^N、尊重需求 H_4^N 和自我实现需求 H_5^N 五种类型。当较低层次的需求得到满足后，人们更高层次的需求就会渴求得到满足，前三种需求为基础需求，对人类生存而言不可或缺，而尊重和自我实现则属于高级需求（图 2-4）。

图 2-4 需求层次理论

在电子商务领域，处于不同需求层次的消费者会在消费过程中因作出不同反应而影响其决策。

（1）生理需求 H_1^N——电子商务产品日常功能。在现实社会中，人类最基本的

生理需求指人们为了生存而必须满足的一类需求。对于电子商务领域的消费者来说，最基本的需求就是实现电子商务产品的功能，满足用户的基本日常使用需求，包括衣食住行等。

（2）安全需求 H_2^N——电子商务产品质量保障。安全需求包括对人身安全、生理健康、生活稳定等的需求，是人生理需求得到满足之后需要被满足的第二重需求。对于电子商务领域的消费者来说，这一层次的需求主要围绕产品质量展开，如消费者越来越重视的产品溯源，包括产品的原材料、加工材料、产地环境等。

（3）社交需求 H_3^N——交流电子商务产品。社交需求包括对归属与爱的需求，这是需求层次的转折点，这个需求会促使人们去跟他人进行交流。当把这种需求延伸到电子商务领域时，消费者的社交需求体现在交流产品，具体而言，则是在与他人交流过程中对电子商务产品有进一步的了解，并促成消费者的下一步决策，如电子商务平台的产品的评论区和直播间、商家即时对话框等都体现了消费者对于电子商务产品的社交需求。

（4）尊重需求 H_4^N——电子商务产品个性。尊重需求包括自己对自己、他人对自己的认可、赞同与尊重。对于电子商务领域的消费者来说，尊重需求体现在其对电子商务产品的个性化需求，包括电子商务产品设计的个性化、电子商务产品的个性化定制、电子商务平台弹出的友情提示框、评论商品后可以收到他人点赞认可、电子商务平台的精选评价，都可使消费者获得满足感，这种满足感在一定情况下会转变成一种使用的成就感。

（5）自我实现需求 H_5^N——升华消费行为。当尊重需求获得满足之后，最高层次需求就会出现，即自我实现需求。自我实现需求是一种来自精神上的满足与价值感的获得，如直播里的有关"扶贫项目""一带一路"的电子商务促销，消费者在购买产品的同时，能获得帮助别人的心理感受，这一心理的形成也为购买商品这一行为附加了价值。

只有在低层次需求被满足之后，消费者才会对高层次需求表现出渴望，即：当消费者需求 $\supset H_k^N$ 时，则有，$D = H_1^N \cup \cdots \cup H_k^N$，$1 \leqslant k \leqslant 5$。当消费者无法满足高层次的需求时，就会依赖次高层次需求带来的假性快感，即消费者一定会尽力满足能力范围内的最高需求，此时，该层次需求带来的效用最大，则有 $H_1^N \prec H_2^N \prec H_3^N \prec H_4^N \prec H_5^N$。

2.2.2 供给端理论

1. 价格需求弹性理论

面对日益激烈的市场竞争，价格策略将极大地影响企业的产品销售。在营销中，我们经常会遇到这样一种现象：有时会采取促销策略，即通过下调产品价格来吸引消费者注意，从而增加销量和销售额，但是，一些产品降价后，吸引力并不显著，总体销售收入反而会减少。这两种结果截然不同的原因在于产品的需求价格弹性不同。因此，随着市场经济的快速发展，企业正确地将需求价格弹性理论运用在合适的领域，以探索和掌握市场发展规律，最终能赢得市场。

需求弹性一般指需求的价格弹性 Ed，它指的是价格变动 $\dfrac{\Delta P}{P}$ 所引起的需求量变动 $\dfrac{\Delta Q}{Q}$ 的程度，其公式为

$$Ed = \frac{\Delta Q / Q}{\Delta P / P} = \frac{\Delta Q}{\Delta P} \times \frac{P}{Q}$$

（2-2）

在电子商务领域中，产品需求价格弹性指电子商务市场中产品的需求量对产品价格变动的波动。需要注意的是，电子商务市场与传统意义上的自然市场不同，除普通市场外，电子商务市场中还包括电子商务平台，平台上的产品价格同时受供需关系及平台行为的双重影响。因此，电子商务平台上的产品价格也同时包含多重意义，即广义上的价格包括平台红包、折扣和满减等活动后的价格。基于产品需求价格弹性的加权平均值可以掌握电子商务市场的供需规模，加权后的需求价格弹性很大，说明产品价格的波动会显著影响市场的需求规模，买家对价格波动敏感。弹性较小，说明市场处于一个相对稳定的状态，消费者行为不会过多地受到价格变动的影响。而决定一种产品弹性大小 Ed 的因素是综合复杂的，一般而言，产品弹性 Ed 大小与消费者调节时间 Ed_1、产品的可替代品 Ed_2、产品的用途 Ed_3、产品的生活非必需程度 Ed_4、产品在家庭支出中所占的比例 Ed_5 等因素有关，即 $Ed=\{Ed_1,\ Ed_2,\ Ed_3,\ Ed_4,\ Ed_5,\ \cdots\}$，所考察的消费者调节时间 Ed_1 越长、产品的可替代品 Ed_2 越多、产品的用途 Ed_3 越多、产品的生活非必需程度 Ed_4 越大、产品在家庭支出中所占的比例 Ed_5 越大，消费者的需求价格弹性 Ed 越大。

我们用式（2-3）定义生产者的总收益 TR，其公式为

$$TR = P \times Q$$

（2-3）

其中，P 代表产品价格；Q 代表销售数量。

需求富有弹性（Ed＞1），即产品价格下降时，需求量上升的幅度大于价格下降的幅度，总收益会增加（图2-5），这是出现"薄利多销"现象的原因。需求缺乏弹性（Ed＜1），即当产品价格下降时，需求量增长的幅度小于价格下降的幅度，销售总收益会下降（图2-6）。

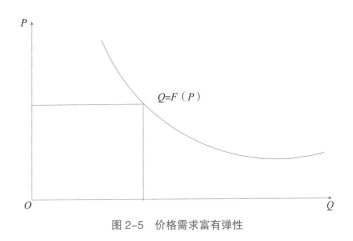

图 2-5　价格需求富有弹性

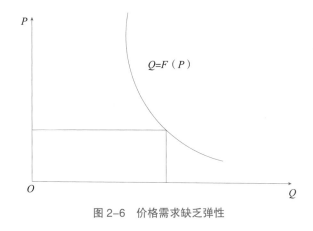

图 2-6　价格需求缺乏弹性

需要注意的是，对于不同的消费者而言，同一种类的产品需求弹性可能不同，有时甚至有很大区别。这意味着可以针对不同的客户群采取不同的定价策略。

2. 创新理论

创新理论最早在熊彼得的著作中出现，这一理论认为创新是经济发展的本质，企业会自发地进行各项创新性活动和工作，以占据更强的竞争优势并获取超额利润。熊彼得在其著作中提到：创新是重新组合生产要素和生产条件，将新的结合体引入生产体系，打造新产品、新市场、新组织、新生产方法和新的供应来源，从而获得更多的超额利润。在该学者提出创新理论之后，许多学者都尝试在此基础上进行进一步的验证和创新，主要集中在技术和制度两个方面。这两种理论争论的焦点在于经济增长的决定因素。传统的创新模式包括渐进式创新模式和突破性创新模式。科学技术的进步和社会环境的变化将创新及其内涵带到人们的视野中，创新有了更丰富、更多元化的含义，它所代表的不再仅是一个企业在某个生产或经营环节的个体行为，而是在创新主体之间所形成的交互网络中的任意空间中相互作用而产生的群体性行为。刘志迎、朱清钰等学者曾梳理了西方经典创新理论发展历程，指出企业层面的创新 $Inv^{(1)}$ 包含创新管理 $Inv_1^{(1)}$、创新模式 $Inv_2^{(1)}$、创新主体 $Inv_3^{(1)}$ 三个主题，即 $Inv^{(1)}=\{Inv_1^{(1)}, Inv_2^{(1)}, Inv_3^{(1)}\}$（图 2-7），并提出基于我国情景构建的创新理论可以从技术创新动态能力与技术战略、研发管理创新与开放创新、技术路径选择与可持续创新、企业数字化转型中创新等方面考虑。

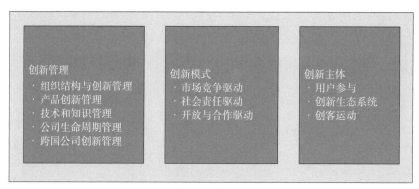

图 2-7　企业层面创新理论的三个主题

　　来自斯坦福大学的谢德荪教授提出了"源创新"的内涵，他认为"创新"分为科学创新和商业创新。

　　科学创新指发现新的自然规律，包括在科学理论、产品、技术等方面的创新。商业创新包括两种，它们是在科学技术的帮助下，创造新的价值的行为。科学创新包括的第一种创新是"流创新"，这种创新模式对现有的价值进行改进，不做其他原创性的改动，如优化现有产品、降低生产经营成本、改进管理等。第二种创新是"源创新"，是一种从头开始、从无到有的全新创新，是开发新的理念，创造新的价值。这种创新模式是通过结合现有资源实现需求的破坏性创新。

源创新理论适用于市场需求变化快、技术要求高、风险聚集性强的新兴产业的创新。因此，电子商务等与信息网络相结合的新兴产业可以解释为根据"源创新"理论构建的巨大生态系统 $\mathrm{Inv}^{(2)}$，关键要素包括五个方面，分别是新理念价值 $\mathrm{Inv}_1^{(2)}$、两面市场 $\mathrm{Inv}_2^{(2)}$、正向网络效应 $\mathrm{Inv}_3^{(2)}$、"流创新"与"源创新"间的互动创新 $\mathrm{Inv}_4^{(2)}$、生态系统 $\mathrm{Inv}_5^{(2)}$，如图 2-8 所示，用公式表示为

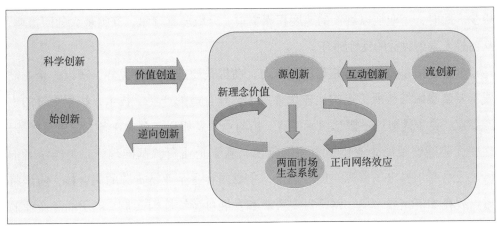

图 2-8　"源创新"生态系统

$$\mathrm{Inv}^{(2)} = \{\mathrm{Inv}_1^{(2)}, \ \mathrm{Inv}_2^{(2)}, \ \mathrm{Inv}_3^{(2)}, \ \mathrm{Inv}_4^{(2)}, \ \mathrm{Inv}_5^{(2)}\} \tag{2-4}$$

3. 比较优势与竞争优势理论

采用比较优势分析国家发展战略，结果表明，国家中各经济体的产业结构和技术结构被要素禀赋结构内生所左右，要素禀赋结构是国家在第一、二、三产业进行生产和服务的总预算。而要素禀赋结构 $E_n^{(e)}$ 是由自然资本 $F_1^{(e)}$、人力资本 $F_2^{(e)}$、物质金融资本 $F_3^{(e)}$ 及基础设施 $F_4^{(e)}$ 组成的特定要素禀赋 $F^{(e)}$，即 $F^{(e)} = \{F_1^{(e)}, F_2^{(e)}, F_3^{(e)}, F_4^{(e)}\}$。要想控制成本，提高整体竞争力，就要尽快将要素禀赋结构升级，而要做到这一点就必须遵循比较优势 $C_a^{(e)}$，也就是多使用本国相对丰裕的生产要素。放在企业层面亦是同理。

一般来说，在自由、开放、竞争的市场经济中，技术选择和比较优势越一致的企业自生能力越强，越不一致的企业自生能力越弱。林毅夫认为，在自由、开放和竞争的市场中，自生能力 $E_d^{(e)}$ 是能够赚取正常利润的企业所具备的能力。是否遵从比较优势，对一个企业的自生能力能否保持具有重要意义，没有遵循比较优势的企业往往会面临高成本和低效生产，这样的情况往往会使企业无法取得正

常利润，进而失去自生能力。也有部分企业由于产地所处地区不具备比较优势，而不具备自身能力。

　　因此，可以总结为企业的资源禀赋 $E_n{}^{(e)}$ 决定企业的比较优势 $C_a{}^{(e)}$，而企业的比较优势 $C_a{}^{(e)}$ 又决定企业的自生能力 $E_d{}^{(e)}$，即 $=C_a{}^{(e)}(E_n{}^{(e)}(F^{(e)}))$。从国家社会和企业两个层面来看，各主体均遵循比较优势，在此环境中选择单位产出要素成本最低的技术进行生产的企业，自身能力更强，利润更多，对外部资金的依赖更少。此时，企业能以最快的速度积累资本、升级要素禀赋，获得最大的回报率，从而进入发展收益的良性循环。

　　企业和国家要想具备相当的竞争力，前提是要遵循比较优势，所以，企业需要将要素禀赋结构所决定的比较优势用于选择合适的产业、技术，积累更好的生产要素。竞争优势这一概念内涵丰富，指与竞争者相比，企业在各方面更具优势，这些优势能够帮助企业创造更多的价值。基于企业资源基础理论，美国学者伯格·沃纳菲尔提出了资源–能力理论，主要内容是企业是资源的集合体，应该将重点放在如何拓展市场、网络重要资源和发展可持续性因素上。电子商务企业的竞争优势，如图 2-9 所示。

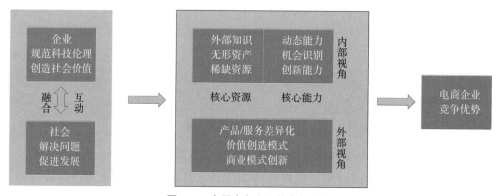

图 2-9　电子商务企业的竞争优势

　　资源基础理论 $R_S{}^{(e)}$ 的主要内容包括：①企业竞争优势的资源 $R_{s1}^{(e)}$，即特殊的异质性资源。②企业竞争优势的可持续性，关键要素在于资源的不可复制性 $R_{s2}^{(e)}$。③企业对特殊资源的获取与管理 $R_{s3}^{(e)}$。只有良好的管理才能够最大限度地发挥特殊资源的作用。因此，资源基础理论 $R_S{}^{(e)}$ 用公式可表示为

$$R_S{}^{(e)} = \{R_{s1}^{(e)},\ R_{s2}^{(e)},\ R_{s3}^{(e)}\} \tag{2-5}$$

资源 – 能力理论 $RA^{(e)}$ 在资源基础理论 $R_s^{(e)}$ 的基础上加入了能力 $A_b^{(e)}$ 概念。能力这一概念在企业学习资源和管理资源的过程中以流量的形式体现。资源 – 能力理论认为，经济租金的获得在企业内部可以从两个方面进行分析。首先，企业从各个领域搜集了很多有效的资源。其次，在拥有这些有效资源的基础上，公司必须拥有充分利用这些资源的实力，即拥有相应的专业知识与经验，这也就是公司的核心能力。而公司对核心能力的识别标准大致分为：①核心能力为公司创造了许多新产品市场的可能性 $A_{b1}^{(e)}$。②核心能力可为终端消费者提供更全面的使用价值，顾客对公司产品的信赖程度和信任程度提高 $A_{b2}^{(e)}$。③核心能力使公司的商品或业务更不易被人仿制 $A_{b3}^{(e)}$。因此，资源基础理论 $A_b^{(e)}$ 用公式可表示为

$$A_b^{(e)}=\{A_{b1}^{(e)}，A_{b2}^{(e)}，A_{b3}^{(e)}\} \tag{2-6}$$

进一步，资源 – 能力理论 $RA^{(e)}$ 用公式可表示为

$$RA^{(e)}=（R_s^{(e)}，A_b^{(e)}） \tag{2-7}$$

基于企业所掌握的资源和本身的能力有所不同，因而在进行电子商务要素融合时，选择的路径也不应相同。例如，实体电子商务企业就应当与其他企业达成合作，利用合作企业优势，优化自身电子商务平台，提高自身服务水平及信息处理和共享的能力，从而达到共赢的局面；基础业务型电子商务企业应通过合作打开业务范围，争取转型升级；手持资源型企业应将手头的资源好好进行利用，通过这些资源为搭建自主经营的电子商务平台作出努力，从而增加企业竞争力。

电子商务企业竞争优势构建的过程是多个利益相关者协作、整合及应用资源的结果。因此，为了建立并维持可持续发展的竞争优势，电子商务企业应积极打造数字化企业生态系统，吸引其他企业共同创造价值。除此之外，还需注意社会问题对企业行为和价值的巨大影响。由于二者之间具有强相互关系，因此电子商务企业必须利用好手边资源创造经济和社会价值，遵循共享价值创造的原则，同时把科技伦理规范融入核心竞争力范畴。企业规范科技伦理帮助企业提高核心竞争力，在社会价值这一崭新的维度上创造价值。创造社会价值是企业保持竞争优势的重要来源。

4. 低碳经济理论

进入 21 世纪，世界经济飞速发展，全球经济加速一体化，传统发展模式能耗高、污染大，与现如今的绿色可持续发展理念背道而驰，环境问题如何与发展兼

容协同是一个重要的课题。金齐希和卡门首先提出了"低碳经济"的概念。《能源白皮书》对低碳经济的定义是：低碳经济是一种以应用低碳技术和开发新能源为标志的新的经济发展模式，这一模式一边降低城市废物排放量和能源消耗，一边提供更多的低碳生产环境和可持续发展机遇。鲁宾斯坦认为低碳经济是一个存在于社会主义市场机制框架中，在制度创新与合理的政策制定环境中，以"低污染 x_{p1}、低消耗 x_{p2}、低排放 x_{p3}"为主的生产和消费方式 X_p，即 $X_p=\{x_{p1}, x_{p2}, x_{p3}\}$，实现人类社会"高效能 y_{d1}、高效率 y_{d2}、高效益 y_{d3}"的经济社会发展新模式 Y_d，即 $Y_d=\{y_{d1}, y_{d2}, y_{d3}\}$。将整个过程用公式可以描述为

$$Y_d=f(X_p) \tag{2-8}$$

目前，学者们对低碳经济内涵的解释主要有两种：①围绕低碳经济目标展开定义，认为低碳经济与经济增长无关，且这一经济模式的产生不应该使人类生活水平降低，其产生的目的是促使人类通过共同努力获得长期可持续发展。②认为低碳经济的关键是低碳技术，低碳经济领域的划分应该基于低碳技术的分类，指出要带动低碳经济的发展，就必须加强新能源的有效利用和技术更新。王梦夏也总结了企业的低碳路径选择，如图 2-10 所示。

图 2-10　企业的低碳路径选择

在产品低碳化方面，我国的产品在低碳化道路上经历了从绿色产品到节能产品，最后升级到环境标志产品的过程。未来，低碳产品应当先从发展最全面的环境标志产品中进行筛选、逐步完善。绿色产品是绿色科技应用的体现。刘越认为，绿色产品指选择了环境友好的材料、结构和工艺，在整个生产销售的周期中不产生或少产生对环境的毒副作用，对环境影响减至最小和生产资源消耗减至最小的产品。节能产品的发展应当同时满足能源、经济和环境三方面的需要。目前，我国节能产品的评定标准尚未覆盖产品的生产销售全流程，而我们知道，只有全过程节能了，才能称得上是真正的节能产品。低碳产品是低碳经济的终端。从终端

推动低碳经济发展的核心内容是制定相关标准，如节能产品标准、环境标志产品标准、低碳产品标准，同时大力推广、生产、销售节能环保低碳产品，以替代普通产品。通过提升节能环保低碳产品在总产品结构中的比例，促进产品结构和产业结构的优化，促进低碳经济和低碳城市的发展。

在低碳产业方面，更强调针对产业结构和比例、低碳技术的应用、先进设备的支持、流程优化等，开发和应用各项节能减排新技术、新工艺、新方法，以减少能源消耗和排放，降低成本，从而达到低碳的目的。低碳经济的中心思想是节能减排，目的是持续健康发展。在技术、制度和原料开发等方面下功夫，最大程度地给予环保支持，减少能源压力。在此基础上，推动社会经济协同生态环境保护共同发展。

电子商务企业要想持续健康发展，就需要保持核心竞争力，还需要对企业所有的资产、资源、整体结构进行正确的规划。而在电子商务企业顺应时代的发展当中，与低碳经济形成了一种特殊的竞争力，即低碳竞争力，这种竞争力包括资源能力、技术能力、管理能力和环保能力。

低碳经济不仅有利于电子商务企业在新经济环境中提升核心竞争力，还符合可持续发展中低碳环保的要求。一方面，在低碳经济这一理论环境下，电子商务企业的核心竞争力与低碳能力息息相关，它能保证企业在发展过程中持续性盈利。同时，企业可以通过响应政府号召的各项政策获得各方面的支持，顺应国际发展潮流，打破贸易壁垒，满足企业低碳要求，进而拓展合作范围，增强企业自身在国内外的竞争力。因此，电子商务企业的品牌信誉和影响力将会随着低碳能力的提高而提高，这二者将极大地提高企业的核心竞争力。另一方面，在电子商务企业中，有部分产业涉及高耗能环节，如物流产业中的产品运输环节，能量消耗大、有害气体排放多，不符合低碳经济的原则，因此需要利用先进的科学技术有针对性地进行处理。在电子商务发展的过程中，各企业需要坚持发展低碳经济，将环保意识放在首位，响应生态文明建设和发展的要求。在此背景下，电子商务的低碳发展将节约大量的资源，符合低碳环保与可持续发展战略要求，为减轻全球气候问题作出贡献。

2.2.3　平台理论

1. 双边市场理论

双边市场也称为双边网络，是一个或几个用户最终进行交易的平台，其通过对各方的适当收费使各方都保留在平台上。此后，通过研究者研究的深入，最终形成双边市场理论的"价格结构非中性说"。从网络外部性方面考虑，双边市场是由两部分异质参与者通过平台来连接并进行交易的市场，一部分参与者的收益与另一部分参与者的数量高度相关。总的来说，双边市场就是在互联网环境当中，以交易平台的形式为双方提供服务，作为中介，通过平台价格调整、买卖双方平台参与制度等手段将二者通过平台紧紧相连，一方的效益与另一方的数量息息相关。

双边市场存在三类市场主体，包括平台运营商 $b_i^{(t)}$，两种平台用户 $c_{ij}^{(t)}$（交易买卖双方，程序开发者与用户）。此外，双边用户在互动类型和参与者数量上比单边市场更具优势。平台企业与双边的平台用户构成双边市场，其结构如图 2–11 所示。可以看到，平台企业在双边市场中处于焦点位置，是双边市场得以维系的基础，平台用户群 A 和平台用户群 B 在市场中推动双边市场的正常运行，而最中央的平台则是作为双边市场进行沟通的中介。在电子商务领域中，函数 $r_{ij}^{(t)}(I)$ 的值域为 {0，1}，代表全信息集，信息集中包括所有信息，如平台的净资产、股权结构、净收益等，也包括平台用户的资产、对平台的了解程度等。因此，参考图 2–11，平台企业与用户群 A、B 的关系可分别示例表示为 $r_{i1}^{(t)}(I)$、$r_{i2}^{(t)}(I)$。

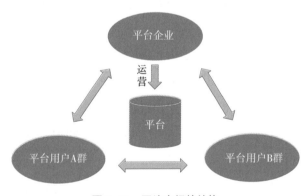

图 2–11　双边市场的结构

双边市场有三种类型，即受众创造型、市场创造型和协调需求型。受众创造型双边市场主要依赖用户数量，只有当平台用户数量达到一定规模时，才能吸引相关企业入驻平台。市场创造型双边市场是一种交易双方联系紧密的市场，一方用户数量增加，则平台和另一方效用增加，从而提高在平台上的交易效率。协调需求型双边市场主要用以满足双边用户的差异化需求。

双边市场具有的属性 $B^{(m)}$ 包括网络外部性 $B_1^{(m)}$、非对称定价性 $B_2^{(m)}$、需求的依赖性 $B_3^{(m)}$、供给的调节性 $B_4^{(m)}$ 和多平台接入性 $B_5^{(m)}$，即 $B^{(m)} = \{B_1^{(m)}, B_2^{(m)}, B_3^{(m)}, B_4^{(m)}, B_5^{(m)}\}$。①网络外部性 $B_1^{(m)}$。网络外部性指用户在使用某种产品或服务的过程中获得的效用与用户的总数之间成正相关。即用户数量越多，用户所获效用越高。在双边市场环境中的网络外部性又可以叫作交叉网络外部性，平台所连接的用户双方具有联系，一方数量的增加，会使另一边用户的效用增加。②非对称定价性 $B_2^{(m)}$。双边市场的定价模式不同于传统定价模式，影响因素包括三种：平台两边的边际成本、两边的网络外部性和需求价格弹性。平台一边的需求价格弹性越高，它对平台另一边的网络外部性就越低，而平台一边的边际成本越高，则这一边的定价就会越高。因此，我们常常能看到平台以低价吸引消费者，并作出承诺，与此同时，平台对商家收取费用。③需求的依赖性 $B_3^{(m)}$。平台两边的用户对平台所提供的产品或服务具有依赖性，其需求在平台以外的其他地方无法被满足或被实现。平台商家的需求是满足消费者需求的需要，消费者的需求是对商家的产品和服务的需要，两者之间因平台中的产品和服务而连结在一起，通过平台互相满足需求，缺少任何一方，这样的需求将不会存在，即平台提供的产品和服务没有独立性。④供给的调节性 $B_4^{(m)}$。双边市场中的平台要想追求更多的利益，实现平台自身追求，就需要满足双边用户的需求，降低交易费用，提高交易效率，在这一过程中，平台不必过多考虑双方用户的价值。但由于双边用户诉求不同，所以平台需要采用各种手段来把握需求不足和过度之间的平衡。同时，由于平台规模经济的存在，所以沉默成本较高，前期经营风险较大。⑤多平台接入性 $B_5^{(m)}$。在利益最大化的驱使下，平台双边用户常常在多个平台上进行交易，而这严重影响了双边市场中平台对产品的定价以及竞争策略的选择，产品和服务也会因为双边用户的非排他性而呈现出较强的替代性特征。如果双边市场没有多平台接入的特点，那么平台也会面临新的困境，即用户规模扩大的明显上限。

2. 平台经济理论

作为一种新的经济发展理念，平台经济是一切基于网络的经济活动关系的总和。对于参与到平台经济中的企业而言，该模式表现为一种通过信息对接方式形成有效的双边或多边市场，进而形成具有跨边网络效应的新经济发展模式，也可以看做是一种新的经济互动基础设施，其形成逻辑如图 2-12 所示。

在平台经济生态体系中，仍是以平台运营商 $b_i^{(p)}$，即平台企业为核心。其余参

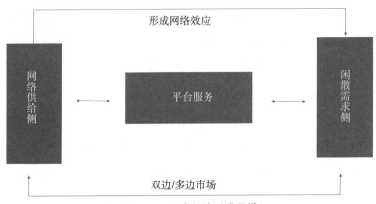

图 2-12　平台经济形成逻辑

与方无论是来自网络供给侧还是闲散需求侧，都统称为平台用户 $c_j^{(p)}$。在电子商务领域中，函数 $r_{ij}^{(p)}(I)$ 的值域为 {0,1}，代表全信息集，信息集中包括了所有信息，如平台的净资产、股权结构、净收益等，也包括平台用户的资产，对平台的了解程度等。$r_{ij}^{(p)}(I)=0$ 意味着在已知信息 I 的情况下，平台企业 $b_i^{(p)}$ 与平台用户 $c_j^{(p)}$ 无法进行电子商务交易；$r_{ij}^{(p)}(I)=1$ 意味着在已知信息 I 的情况下，平台企业 $b_i^{(p)}$ 与平台用户 $c_j^{(p)}$ 可以进行电子商务交易。

将平台企业 $b_i^{(p)}$ 与平台用户 $c_j^{(p)}$ 之间的交易关系定义为 $\boldsymbol{R}^{(p)}(I)$，矩阵中的第 i 行第 j 列的元素为 $r_{ij}^{(p)}(I)$。

$$\boldsymbol{R}^{(p)}(I)=\begin{pmatrix} r_{11}^{(p)}(I) & r_{12}^{(p)}(I) & \cdots & r_{1j}^{(p)}(I) \\ r_{21}^{(p)}(I) & r_{22}^{(p)}(I) & \cdots & r_{2j}^{(p)}(I) \\ \vdots & \vdots & \vdots & \vdots \\ r_{i1}^{(p)}(I) & r_{i2}^{(p)}(I) & \cdots & r_{ij}^{(p)}(I) \end{pmatrix} \qquad (2-9)$$

平台经济的主要特征包括：①规模经济。在建立起来的平台里增加新的服务，这样不会大幅度增加其边际成本。这样的做法不仅能让平台规模轻松做大，而且不会带来太高的边际成本。因此，大企业的生产率会更高，竞争力会更强。②范围经济。同时生产多种产品的与分别生产各个产品的企业相比，成本更低，由此可知，多产品企业的效率比单一产品企业的效率更高，业务范围更广。范围经济的存在使得平台一建立就开始扩展业务，这种情况变得非常常见。③网络外部性。这主要是需求端的规模经济，即消费者越多，人均使用价值就越高。网络效应外部性的原因主要有两种：一种是消费者的涌入使市场规模扩大，市场规模的扩大为消费者能够享受更优质的服务提供机会；另一种是市场规模扩大后，会进一步激励平台，创新性地提供更多更好的服务。④双 / 多边市场。平台不只面对买卖双方，还面向多边提供服务。例如，二手商品交易平台既要面对卖方，又要面对买方，还要面对第三方鉴定机构。由于平台对各对接方的价格与其收入反向相关，因此，平台在对一方定价的时候要考虑对另一方的影响。⑤大数据分析。数字平台在规模、速度、数据上显著优于传统平台，这些特点使平台可以突破时间、空间的限制。因此，数字平台在信息的传送、分析、收集和使用等方面拥有巨大的优势。

平台经济模式代表着数字经济时代下的新生产力，是互联网经济的综合。在传统电子商务产业中，平台发挥着连接生产者和消费者的作用，同时也在创造着价值。①平台经济下的电子商务模式因生产和组织方式更加灵活，从多方面满足消费者需求，包括升级需求和个性化需求等，而解决了传统经济模式中柔性制造规模太小就无法生产的难题。例如，数据分析和处理将产业链中各项资源进行分配，提升整体生产能力，将企业的生产范围扩大。②平台经济模式可以丰富电子商务产业链条，提供一站式服务，从根本上连接上下游企业，达成共赢。其中最受欢迎的策略就是生态圈策略，也就是平台除了基本的线上交易服务外，还向电子商务企业提供其他类型的产品和服务，且成本更低。同时，平台会根据用户规模改变策略，基于客户需求孵化新企业或新产业，能有效推动电子商务模式的创新。③平台经济的技术优势将赋予电子商务产业感知化功能，有利于企业的产品与服务创新。通过大数据、区块链、云计算等技术的加持，消费者信息数据的交互功能显现，将信息数据化后进行分析，可以使电子商务企业及时掌握消费者数据，帮助消费者优化购物体验。

3. 共享经济理论

共享经济也是协同消费经济，最早由美国社会学家费尔逊提出。共享经济是基于互联网，准确来说是在移动互联网的基础上建立起来的一种在网络中介平台上发布闲置资源或服务的使用权暂时转让信息，并以此获取一定的经济补偿的经济模式。共享经济能够精确且及时地为消费者提供更多个性的商品与服务，同时充分利用开发闲置资源。

共享经济的本质就是通过匹配供给和需求，来提升闲置资源或服务的利用率。从供给方的角度出发，共享经济就是识别自身供给需求，通过匹配，在指定的时间内将闲置的资源或服务的使用权转让，同时获取一定的经济收益；从需求方的角度出发，共享经济就是本身在不需要获得资源或服务的所有权的前提下具有相关需求，只需付出少许资金便可暂时获得其使用权。而共享经济的发展和演化，其实就是一个去中介化和再中介化的过程。去中介化指供需双方直接进行匹配和对接，无须第三方平台在二者之间发挥作用，就可以进行产品和服务的提供和接收；再中介化就是在去中介化的基础上，为了使供需双方能彼此了解、更加信任，于是将双方一起接入共享平台，实现对接的精准化和高效化。因此，再中介化的目的便是要扩大供需双方的接触频次和接触面积，更有效地提升供需匹配效率。

共享经济生态系统 $S^{(e)}$（图2-13）包括：①公众 $S_1^{(e)}$，目前主要以个人 $S_{11}^{(e)}$ 为主，将来会衍生到企业 $S_{12}^{(e)}$、政府 $S_{13}^{(e)}$ 等，即 $S_1^{(e)}=\{S_{11}^{(e)}, S_{12}^{(e)}, S_{13}^{(e)}, \cdots\}$。②闲置资源 $S_2^{(e)}$，主要包括资金、房屋、汽车等物品 $S_{21}^{(e)}$ 与个人知识 $S_{22}^{(e)}$、技能 $S_{23}^{(e)}$ 和经验 $S_{24}^{(e)}$ 等，即 $S_2^{(e)}=\{S_{21}^{(e)}, S_{22}^{(e)}, S_{23}^{(e)}, S_{24}^{(e)}, \cdots\}$。③社会化平台 $S_3^{(e)}$，主要指利用互联网技术实现大规模共享的平台。④获得收入 $S_4^{(e)}$，主要有三种基本模式：网络租借 $S_{41}^{(e)}$、网络二手交易 $S_{42}^{(e)}$ 和网络打零工 $S_{43}^{(e)}$，即 $S_4^{(e)}=\{S_{41}^{(e)}, S_{42}^{(e)}, S_{43}^{(e)}, \cdots\}$。这三者也是基本的共享模式。也就是说，这三种基本模式哪怕是缺了其中一种可能就不是我们关注的共享经济。必须注意的是，这里提及的三个模式，主要针对个人参与者而言。在国际上，已出现了企业和政府参与的现象，因而共享经济的内涵还会进一步丰富。因此，共享经济生态系统 $S^{(e)}$ 可用公式表示为

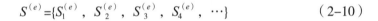

$$S^{(e)}=\{S_1^{(e)}, S_2^{(e)}, S_3^{(e)}, S_4^{(e)}, \cdots\} \qquad （2\text{-}10）$$

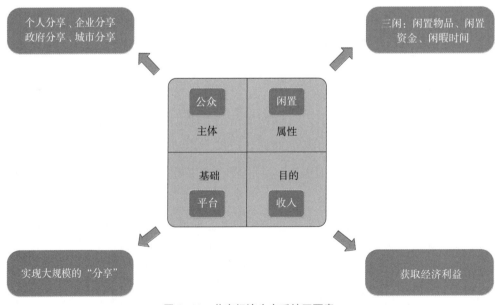

图2-13　共享经济生态系统四要素

从行业覆盖来看，共享经济也正加速渗透到人们衣食住行的诸多领域，深刻改变着人们的生产和消费方式。目前，共享经济涵盖教育教学、食品、物流仓储、物流交通、基础设施、城市建设以及金融等各个领域。参与共享的主体也从个人向企业发展。共享经济对国民经济的修复和重塑作出了重大贡献，也正撼动着传统经济理论的根基。人们越来越倾向于合作共享的思维，不再局限于产品服务的所有权，更多的是在强调产品服务的暂时拥有。

4. 共生理论

共生概念在生物界诞生。一般认为，共生指不同种属按某种物质联系生活在一起，形成共同生存、协同进化或者抑制的关系。共生包含的要素主要有：①共生单元，这是一种基本能量产生和交换的单位，是形成共生体的基本物质条件。②共生模式，反映了共生单元之间的物质信息交换、相互作用、结合与能量转换的关系。③共生环境，是除共生单元之外所有因素的集合。

共生系统 $S^{(s)}$ 是共生单元在一定共生环境中按照某种共生模式形成的系统。如图 2-14 所示，E_1，E_2，$\cdots$，E_i 表示共生环境，U_1、U_2，$\cdots$，U_j 表表示共生单元，M_1，M_2，$\cdots$，M_n 表示共生模式。在共生系统 $S^{(s)}$ 中，存在共生环境 E_i、共生单元 U_j 和共生模式 M_n 之间的差异，共生单元之间形成的共生关系可以通过共生单元之间的共生度来体现。共生系统 $S^{(s)}$ 用公式表示为

$$S_{ijn}^{(s)} = \{E_i,\ U_j,\ M_n\} \tag{2-11}$$

企业内部门间、企业间或是区域间的产业共生，都会涵盖许多共生单元。在共生性质的约束下，单独的产业模块甲或者乙或许都有可能独立存在，而当产业

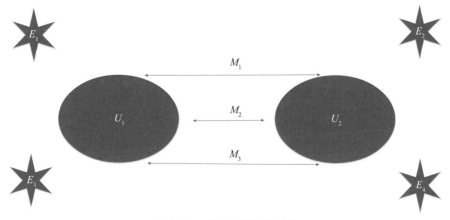

图 2-14　共生系统要素关系

模块甲和乙同时出现时，至少会出现一个产业模块甲或乙依赖于产业模块乙或甲的情况。共生模式包括共生组织模式和共生行为模式，依据共生组织和共生行为的不同，同一共生关系下的不同主体也分别具有对应的共生特征，如图 2-15、图 2-16 所示。

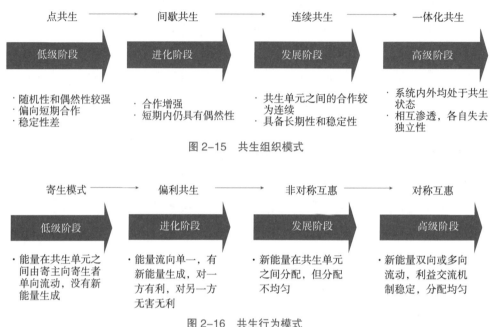

图 2-15　共生组织模式

图 2-16　共生行为模式

在电子商务领域，企业共生可以寻求的突破思路有：①推动生态系统开放，丰富物种，优化生态系统结构。与自然界物种多样性相似，电子商务生态系统也需要多元化的企业、模式和策略以优化系统结构。作为生态系统的领导物种，需要认识到平台的重要性，充分发挥其作用，根据发展的需要在战略上及时作出调整，使平台更加开放，生态系统更加多元化，同时鼓励共生系统中的企业基于各自优势，通过合理的市场定位和经营模式创新，提升生态系统的竞争力。例如，领导物种可以有效整合系统资源，通过新型流通模式，推动生态系统纵深发展、横向拓宽，以扩大市场空间，吸引并容纳更多物种参与，从而优化生态系统的结构，推动生态系统健康发展。②促进各类资源共享，改善物种间的关系，提升生态系统功能。在资源分离的情况下，企业共生的随机性强，相互依赖性和共生稳定性差，生态系统功能很难提升。而在共生系统中，企业的资源共享能够加强企业与企业之间的运作协同，有利于全供应链的形成，最终提升增值空间。因此，领导种群应打破不同物种之间的隔阂，促进共生系统中企业的共生界面由市场等纯粹的"外生界面"向信任及惯例等"强内生界面"转化。尤其是要推动减少其他物种对领导物种的依赖，将与领导物种的关系从从属型网络关系向自组织网络关系转变。这将使其他物种间的信息沟通、资源共享、价值传递快速形成，并基于此携手合作提高实力，甚至形成自组织集群的品牌效应。由此，生态系统内各物种基于资源共享与深度协作共同进化，提升生态系统功能，在实现规模经济和范围经济的同时，也能为消费者创造更多的价值。

2.3　本章小结

总体上看，信息流、资金流、物流三者的相互融合，贯穿电子商务始终。我国在电子商务领域具有一定的比较优势，扶持这些具有比较优势的产业，将其培育为具备核心竞争力的产业，需要"有效市场"这只"无形的手"和"有为政府"这只"有形的手"共同作用："有效市场"让企业能根据价格信号去做决策；"有为政府"以市场有效为依归，帮助企业克服市场失灵，对冲各种周期性的波动和冲击。

本章在习近平新时代中国特色社会主义思想指导下，对电子商务基本理论进行总结，全面梳理了政府这只"有形的手"所包含的法律法规、政策等理论，以及市场这只"无形的手"所包含的需求端、供给端、平台端等理论，深刻诠释了"有为政府"和"有效市场"的原理及如何共同作用于电子商务领域。一个国家只有同时用好市场和政府这"两只手"才能实现更快、更包容、更可持续的增长发展。也只有在"有效市场"与"有为政府"的共同作用下，企业才能在电子商务这条赛道上实现更长远的发展。

当下，电子商务为生产、交易、流通及消费注入了新的活力，内部运作要素发生巨大的变革创新。在生产端，企业依托新兴技术，运用大数据、云计算、物联网等工具，实现了电子商务生产模式自我革新及产品迭代创新，满足了消费者的个性化、多样化需求。在交易环节，电子商务平台与各类技术服务商形成互联，为生产者与消费者搭建了新的信息桥梁与交易渠道，同时，技术融合不断催生新的电子商务交易模式，电子商务生态圈不断扩大。在流通环节，电子商务重塑流通链路，变革"三流"模式，推动流通组织创新，流通环节降费增效明显。在消费端，新电子商务模式推动消费社会成熟，消费心理发生变化，同时，技术进步推动了消费模式创新，改变了传统消费行为方式。两种变化共同作用于生产端，为生产模式与产品提出新的要求。综上，电子商务经济活动形成闭环。

因此，只有在"有效市场"与"有为政府"的共同作用下，深刻理解电子商务的基本原理，掌握电子商务的运作模式，发挥电子商务的优势，才能保障经济活动中生产、交易、流通、消费的畅通无阻，完成产业基础再造和产业链创新，真正推动供给端的改革创新、中间环节的赋能升级以及需求端的提质扩容。

2.4　复习思考题

1. 请谈谈你对习近平新时代中国特色社会主义理论指导思想与电子商务之间关系的理解，并简述电子商务"十四五"规划的主要目标及发展任务。

2. 如何理解电子商务行业政策？具体内容有哪些？

3.《电子商务法》中与税收有关的条例有哪些？请举例。

4. 目前，我国电子商务协同监管有哪些举措？

5. 请分别谈谈你对电子商务人才政策、反垄断政策、知识产权政策的理解。

6. 什么是长尾理论？长尾理论在电子商务领域有哪些应用？

7. 什么是消费者行为理论？请谈谈你对 AISAS 模型的理解。

8. 什么是马斯洛需求层次理论？请简述五个层次在电子商务领域的应用。

9. 请简述价格需求弹性理论，并谈谈你对价格需求富有弹性、价格需求缺乏弹性的理解。

10. 请简述创新理论、比较优势与竞争优势理论，并分别谈谈你对以上理论在电子商务实践应用中的认识。

11. 请简述低碳经济理论，并谈谈企业低碳路径有哪些选择。

12. 双边市场理论和平台经济理论的原理分别是什么？两者有何区别？请谈谈你的理解。

13. 请简要说明共享经济四要素。

14. 如何理解共生系统？请分别简述共生组织模式与共生行为模式的四个阶段。

15."有效市场"和"有为政府"对我国成为经济大国、实现中国梦发挥着怎么样的推动作用？

第 3 章　电子商务技术原理

 学习目标

1. 了解电子商务在实施过程中的常用技术及内容。

2. 熟悉电子商务的物联网技术、终端设备技术、云计算技术和决策支持技术。

3. 掌握电子商务的关键技术,包括互联网技术、软件技术和信息安全技术。

 能力目标

1. 了解电子商务技术在实际案例中的应用。

2. 熟悉互联网技术、软件技术等电子商务关键技术的内容和特点。

3. 掌握电子商务技术规划的方法和过程。

 思政目标

1. 了解电子商务技术的应用价值和风险,培养学生应用技术的职业道德观念。

2. 熟悉电子商务技术所解决的商务活动问题及技术应用产生的新型问题。

3. 掌握电子商务在实施过程中的技术和方法,思考如何应用技术对电子商务的实施风险进行监管,引导学生重视信息技术安全问题。

🔍 **本章知识图谱**

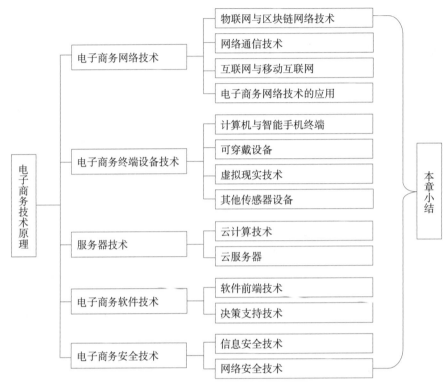

🔍 **导入案例**

我国电子商务的三十年回顾

1990 年，国家开始重视电子商务，并将 EDI 列入国家科技攻关项目，成立"中国促进 EDI 应用协调小组"，推动电子商务发展，标志着我国电子商务进入起步阶段。这一阶段围绕 EDI 网络进行远程数据交换，将线下的商品交易活动移植到线上，但是，EDI 系统操作十分复杂，电子商务仅在小范围内进行。

1993 年，国家实施"三金工程"，其中，"金桥工程"是强化通信网络，"金卡工程"是强化货币电子化支付，"金关工程"是提高国家对外贸易的能力。"三金工程"为电子商务发展打下了坚实基础，使电子商务的交易成为可能，安全有了保障。

与此同时，计算机技术特别是数字媒体技术进一步发展，广告在网络环境中的优势逐步凸显出来。1997 年，INTEL 公司和 IBM 公司在比特网投放网络广告，该广告是我国第一个商业性广告。同年，国内首家企业与企业间的电子商务网站——中国化工网投入运行，由企业的信誉保障电子商务的顺利进行。1998 年，面对零售市场更为广泛的企业与个人的商品交易，8848 网站投入运行，作为第一个零售市场的电子商务平台，网上购物进入实际应用阶段。

进入 21 世纪，移动通信技术由 3G 进入 5G。移动通信技术的发展不仅使手机等移动设备具有高速数据传输能力，而且还使传统有线网络覆盖面的瓶颈问题得到有效解决；在移动设备技术发展的基础上，移动软件技术得到快速发展，各种 App 被广泛用于电子商务交易、支付、信息服务等，微信公众号和小程序的应用，进一步优化了各类 App 对智能手机硬件资源的占用问题，将移动商务推向了更多的场景应用。

2020 年，全国电子商务交易达到 37.21 万亿元。2021 年，我国电子商务交易额达 42.3 万亿元，同比增长 13.71%。数字经济的发展进一步被重视，在国务院、工信部、商务部、交通部等多部门的"十四五"相关规划目标中，到 2025 年，中国数字经济核心产业增加值占 GDP 的比重将从 2020 年的 7.8% 提高到 10%。

3.1　电子商务网络技术

电子商务的交易活动可以描述为 $EC^S=EC^M \times EC^C$，受限于 $SE \xrightarrow{EC} BU$ 且 $BU \xrightarrow{EC} SE$，其中，EC^S 为电子商务的交易系统，EC^M 是电子商务中的信息集，EC^C 是电子商务中的信息传输渠道集，SE 为信息发送方，BU 为信息接收方。从技术的视角，电子商务信息在通信系统中按既定目标在 SE 和 BU 之间进行交互。

电子商务的通信网络 $EC^C=\{EC_1^C, EC_2^C, \cdots, EC_n^C\}$，特别地，当 $n=3$ 时：EC_1^C 为电子商务供给端的通信网络，如采集信息和保护信息有效性的物联网和区块链网络；EC_2^C 为商品交易磋商的通信网络，如移动通信网络、宽带网络等；EC_3^C 为商品交易的顶层网络，如互联网、EDI 网络。随着商品交易产业链的建成，实际电子商务交易中的每段通信网络又由若干段通信网络连接而成。

3.1.1　物联网与区块链网络技术

1. 物联网技术

根据英国工程师凯文·艾什顿（Kevin Ashton）在 1998 年提出的物联网概念，若将物联网的接入设备看作节点，物联网中节点与节点间的联系看作为边，则物联网的形式化定义如下。

物联网为无向图 $G=(V,E)$，其中，V 表示物联网的节点集合，有 m 个节点，$V=\{v_1,\cdots,v_i,\cdots,v_m\}$，$v_i$ 为物联网中的接入物品；物与物的通信是节点和节点的联系，即为无向图的边，设定为 E，则 E 为边的集合，$E=\{(v_i,v_j)\mid v_i\in V,v_j\in V\}$，每条边 (v_i,v_j) 代表两个节点之间存在通信。

物联网在我国被广泛关注开始于 2009 年 8 月，温家宝总理提出"感知中国"，并将其列为战略性产业，随后，物联网的内涵和外延从射频识别技术（RFID）拓展到更大的范围，物联网的节点类型变得更丰富。射频识别、红外感应器及全球定位系统等信息传感设备按物联网接入协议，通过软件实现终端信息向物联网的传输，并传递到局域网或互联网的信息系统，进行信息交换和通信，以实现智能化识别、定位、监控和管理。物联网的概念模型如图 3-1 所示。

图 3-1　物联网的概念模型

广义物联网等同于"未来的互联网"或"泛在网络"，它不仅包含了互联网，还对互联网进行了发展。广义物联网能够实现人在任何时间、任何地点、任何网络以任何方式进行物与物的信息交换。狭义物联网是物品之间通过传感器连接起来的网络，如电子不停车收费系统（ETC）。

物联网全面引入了感知设备，对终端信息进行感知，为电子商务这一经济活动提供初始信息，因此，物联网也是电子商务中最前端的网络技术。

1）物联网的特征

将物联网看作一个系统，则物联网系统是一个元组：IoT=<AS，C，AI>。

（1）AS=$\{as_1,\cdots,as_r\}$，是对电子商务活动所需信息进行全面感知的物联网传感子系统。**AS** 是各类感知对象的集合，其感知的信息是电子商务经济活动的重要内容，这些设备有 RFID、传感器、二维码，以及未来可能的其他类型传感器。物联网上连接了多种类型传感器，每个传感器根据使用者需求采集不同方面的数据，因此，每个传感设备都是一个信息源。对不同对象或同一对象的多方面进行数据采集，物联网通过传感设备获得的数据具有不同的类型、内容和格式。物联网的首要特征是通过各类传感设备对信息进行全面感知、实时采集。相对原先手动输入电子商务产品或服务信息的方式，物联网通过传感设备全面感知的信息更为及时、准确、丰富，数据有效性高。

（2）$C=\{c_1, \cdots, c_i, \cdots, c_s\}$，$C$ 是物联网的各类网络技术的集合，包含有线网、无线网，以及有线网和无线网技术的融合，其共同形成信息传输通道，支持信息在网络各节点的传递。C_i 是信息进行传递的物联网通信子系统。在信息经过物联网到达既定目标的过程中，需要经过各种异构网络，通过不同的协议实现信息的可靠性传递。电子商务对物联网需求的升级要求物联网具有随时随地的网络覆盖性和接入性，信息共享、互动及远程操作都要达到较高的水平，且信息的安全机制和权限管理也需要更高层次的监管和技术保障。

（3）$AI=\{ai_1, \cdots, ai_t\}$，是对信息进行处理、分析的物联网智能子系统。AI 中包含各类人工智能技术，如云计算、模糊识别、深度学习等，通过人工智能技术对数据进行分析，形成决策后交由人工或自动控制设备，实现对商务活动的智能化控制，达成人与物的沟通或物与物的沟通。未来的物联网不仅按照人们既定目标去提供服务，更重要的是采用云计算，结合物联网采集的海量数据，通过智能学习模型，提供超过人类认知范围的更多、更广的信息服务或决策支持。

物联网技术的实施步骤如下。

第一步：感知信息，形成信息集合 M，$M=\{m_1, \cdots, m_{s\times p}\}$，$p$ 为每个终端采集的信息数，M 是由 s 个物联网感知终端采集 $s\times p$ 条信息。

第二步：传递信息，执行 C（M），将信息由传感设备运送至数据服务器，为数据分析提供依据。

第三步：智能决策，执行 AI（M），采用算法进行数据分析和决策，将执行结果通过传回控制设备进行控制，或将决策传给互联网，用于进一步的信息管理。

2）物联网的技术体系

物联网技术从功能上可以分成三个层次，如图 3-2 所示。

（1）感知层——感知与识别技术。物联网的感知与识别技术指物联网各传感设备在物体的感知与识别中采用的技术，包括射频识别技术（RFID）、GPS 定位技

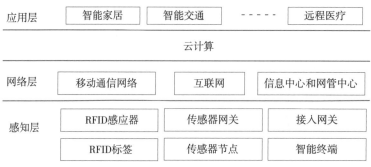

图 3-2　物联网架构

术、红外感应技术、声音及视觉识别技术等。物联网系统通过被识别物品和装置发起信息通信，自动获取被识别物品的信息，随后将信息交由后台的计算机处理系统进行后续处理。

射频识别技术（RFID）的形式化定义为 $Rfid^{Tec}=\begin{cases} Rfid^{comm} & d<d^{limit} \\ Rfid^{halt} & d>d^{limit} \end{cases}$，其中，$d^{limit}$ 表示物联网设备间的有效距离，$Rfid^{comm}$ 表示物联网中的两个设备在有效距离之内采用非接触式通信；$Rfid^{halt}$ 表示物联网中的两个设备在超出有效距离时，通信停止。射频识别技术利用射频信号及其空间耦合和传输特性进行非接触式双向通信，实现对静止或移动物体的自动识别，并进行数据交换。该技术由标签、读写器、天线三个基本部分组成，其系统数据存储在射频标签中，每个标签具有唯一的电子编码。读写器由耦合模块、收发模块、控制模块和接口模块单元组成，用来读取／写入标签数据信息。天线在标签和读写器间传递射频信号。

传感器技术是一门多学科交叉的高新技术，$sensor^{Tec}$ 为其涉及技术的集合，其形式化定义为：$sensor^{Tec}=\{Bio^{Tec}, Mat^{Tec}, Conn^{Tec}, Ele^{Tec}\}$，其中，$Bio^{Tec}$ 为传感器涉及的生物技术，如人们的指纹等生物信息；Mat^{Tec} 为传感器涉及的材料技术，如量子材料等前沿材料在智能传感中的应用；$Conn^{Tec}$ 为传感器的通信技术，如无线传感器网络；Ele^{Tec} 为传感器涉及的电子技术，如信号翻译等。此外，传感器技术还包含物理技术、化学技术等。传感器技术与无线网络技术相结合，综合传感器各类技术，使嵌入物体的微型传感器相互协作，实现对监测区域的信息采集和实时监测，形成集感知、传输、处理于一体的终端末梢网络。传感器需要将物理世界中的信息转化成能够处理的数字信号，在此期间，需要将自然感知的模拟信号通过放大器放大，由模／数转换器转换成数字信号，从而被物联网识别和处理。

传感器由敏感元件、转换元件和其他基本电路构成。敏感元件指传感器中能直接感受（或响应）的被测量部分，能感知对象的微小变化；转换元件指传感器中能将敏感元件感受（或响应）的被测量转换成电信号的部分；其他转换电路将转换元件输出的电信号放大，经过整形、滤波、模 / 数转换等变换后，成为可识别的数字信号。传感器技术的使用使电子商务交易范围得到拓展，如围绕智能手环提供的关于运动、健康的咨询服务。

相对射频识别技术，传感器技术在能耗等方面还有巨大的提升空间。

（2）网络层——通信与网络技术。网络层是物联网信息传递和服务支持的基础，物联网需要通过综合各种有线和无线通信技术、组网技术来实现物与物的连接。物联网常用的通信技术有 WiFi、蓝牙、ZigBee、RFID、NFC 等，各种技术的优势不同，在物联网应用时根据其技术特点使用，如 WiFi 技术较成熟、带宽高，蓝牙技术组网灵活，RFID 成本低，ZigBee 短距离抗干扰性强。

物联网在网络层会采用移动通信技术、卫星通信技术等方式进行通信。

（3）应用层——信息处理与服务技术。应用层将感知和传输的信息进行分析和处理，形成控制和决策，实现智能化、自动化的管理、应用和服务。信息处理与服务技术用于解决感知数据的储存、检索和使用，并对数据滥用进行防范，其涉及海量数据存储、搜索引擎、机器学习等各类技术。信息处理技术是提供服务与应用的重要组成部分，是物联网提供信息服务的关键技术，也是物联网和云计算实现虚拟化、网格计算、服务化和智能化的基础。

2. 区块链技术

区块链是由多个区块组成的链条，形式上是一个共享数据库。区块链中存储的数据或信息具有不可伪造、全程留痕、可以追溯、公开透明、集体维护等特征。基于这些特征，区块链技术奠定了坚实的信任基础，创造了可靠的合作机制，具有广阔的应用前景。

区块链系统 $BS^c = (B^c, S^c, T^c)$，B^c、S^c、T^c 为集合，分别为区块集、计算机集和协议集，有 $B^c = \{B_1^c, B_2^c, \cdots, B_m^c\}$，$S^c = \{S_1^c, S_2^c, \cdots, S_n^c\}$，$T^c = \{T_1^c, T_2^c, \cdots, T_p^c\}$。从技术的视角，区块链系统是一系列区块分布在不同的计算机上，通过相应的网络协议，将区块链接在一起，使信息不可伪造，便于消费者发起信息追溯。

2008 年，中本聪在论文《比特币：一种点对点的电子现金系统》中首次提出区块链，并应用在比特币系统中，以实现比特币去中心化的交易。随着区块链技术的发展，用 B^{teccore} 表示区块链的核心技术集合，则 $B^{\text{teccore}}=\{B^{\text{disaccount}}$，$B^{\text{asyenc}}$，$B^{\text{conmec}}$，$B^{\text{intcontact}}\}$，其中：$B^{\text{disaccount}}$ 为分布式账本技术，要求对区块链的信息进行记录，不能更改；B^{asyenc} 为非对称加密技术；B^{conmec} 为共识机制；$B^{\text{intcontact}}$ 为智能合约。

相对中心式账本，分布式账本实现了去中心化管理，如图 3-3 所示。

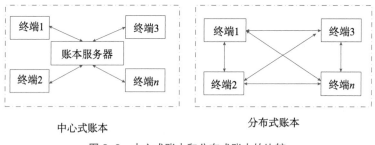

图 3-3　中心式账本和分布式账本的比较

（1）分布式账本。在分布式账本中，当在区块链上进行交易时，交易记账由分布在不同地方的多个区块共同完成，每一个区块均有完整的账目，彼此都参与监督交易的合法性，并进行交易信息认证。分布式账本技术不同于传统的分布式存储，分布式账本技术不考虑数据冗余，每个区块都具有完整的信息，通过对交易信息进行独立的重复记账来达成数据共识。

（2）非对称加密。非对称加密是信息加密中广泛应用的算法之一。由于信息加密的安全性较高，因此，在区块链中，将其用于保障信息交易的安全，是信息安全的主要技术，也是密码学的重要内容之一。

（3）共识机制。共识机制的主要作用是让区块链在分布式的网络中能够达到一致的状态。目前，区块链技术的共识机制有多种方式，不同的方式在效率和安全性之间进行平衡，根据应用场景的需求选择与之相适应的共识机制。

工作量证明（PoW）的规则 1 形式化描述为 Bitcoin（max（B_i^{W}（S）））+=1，$i \in$（1，…，n），表示在区块链系统中，算力最强的区块将获得相应区块记账权和 1 个比特币奖励，PoW 机制在第一代、第二代区块链系统以及以太坊前三个阶段应用广泛。

权益证明 PoS 机制的规则 2 形式化描述为 $P_i=B_i$（S）×Time，max（B_i^{P}（S））$\rightarrow$ Creat（Block）且 P_i–365>0，则 Bitcoin（max（B_i^{P}（S）））+=0.05，即在区块链系统中，节点的权益由比特币数量与持有时间（币龄）的乘积计算所得，持有最大权益的节点拥有记账的权限：当其发现新的区块时，币龄为 0；当累计清除的币龄达到 365 时，该节点获得 0.05 个比特币，PoS 共识机制在以太坊第 4 阶段后应用广泛。

股份授权证明 DPoS 机制以 PoS 机制为基础，两者之间的主要区别在于持币者投出一定数量的节点进行验证和记账。其合规监管、性能、资源消耗和容错性与 PoS 相似。

使用拜占庭容错（PBFT）达成共识分为三个阶段：预准备、准备和确认，4 个节点采用 PBFT 达成共识的过程如图 3-4 所示。

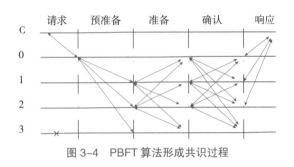

图 3-4　PBFT 算法形成共识过程

在图 3-4 中：C 表示客户端；0、1、2、3 表示 4 个节点；0 为主节点，1、2、3 为从节点（每个节点均可以作为主节点，当服务器监测到主节点异常时，将触发视图更换协议，将其他节点换为主节点），3 为故障节点。PBFT 的步骤如下。

第一步：请求端 C 发送请求到主节点 0。

第二步：节点 0 收到 C 的请求后进行广播，将信息扩散至节点 1、2、3。

第三步：为防止主节点给不同从节点发送不同的请求，节点 1、2、3 收到后记录并再次向其他节点广播，1->023，2->013，节点 3 为宕机无法广播。

第四步：0、1、2、3 节点在准备阶段，若收到超过一定数量（2n，其中，n 为可以容忍的拜占庭节点个数）的相同请求，则广播确认请求。

第五步：0、1、2、3 节点在确认阶段，若有一个收到超过一定数量（2F+1）的相同请求，则对 C 进行反馈。

根据上述步骤，在 $N \geq 3F+1$（N 为总计算机数，F 为有问题的计算机总数）的情况下，PBFT 可以达成区块链系统的共识。

（4）智能合约。智能合约以可信的不可篡改的数据为前提，可以自动化地执行一些预先定义好的规则和条款。以保险为例，如果每个人的信息（包括医疗信息和风险发生的信息）都是真实可信的，则在一些标准化的保险产品中，通过智能合约可以实施自动化理赔。

智能合约是一组基于承诺的自动推理的协议，每个合约的运行可以看作是一个状态到另一个状态，采用多个有限状态随机组合来描述智能合约，其形式化定义如下。

合约状态 M^* 是一个六元组，M^* = (Q , A , $\sum$, δ^* , s^* , F^*)。

其中，Q={q_1^* , q_2^* , $\cdots$, q_m^*}，Q 为所有合约状态的集合，$q_i^* \in q_i$（i=1，$\cdots$，m），q_i^* 包含在合约参与方所有的状态中，参与合约方的合约状态有五种，即激活、就绪、满足、过期和违约。A 为合约动作的集合，如果动作响应超过了其有效期，则产生超时动作。$\sum$ 为所有输入事件的集合。δ^* 为状态转移函数，δ^*：$Q \times \sum \rightarrow Q$，合约中的状态转移由合约参与者共同决定。$s^*$ 是初始状态，s^*={ 合约创立 }。F^* 是合约的终止状态，F^*={ 合约闲置 }。

智能合约的一般状态模型如图 3-5 所示。

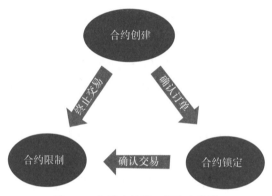

图 3-5   智能合约的一般状态模型

智能合约的初始状态为合约创建，当使用智能合约达成交易时，合约的状态将根据区块链的交易情况发生转移，由合约创建转入合约锁定或合约限制状态。

3.1.2   网络通信技术

网络通信技术主要是终端到互联网之间的通信技术，主要有以下几种。

1）移动通信技术

移动通信以 1986 年第一代通信技术（1G）发明为标志，经历了五个发展阶段，目前已成为电子商务的主要信息传输技术。

（1）1G 时代。始于 1986 年，采用模拟信号传输，支持语音通话，但由于各国标准不一致，不能全球漫游。

（2）2G 时代。1994 年开始在通信中采用数字调制技术，通信容量有所增加。

除语音通话外，还支持文字信息传输，普遍采用诺基亚的 GSM 标准，但是数据传输速度依旧很慢。

（3）3G 时代。2009 年，因为图片和视频传输的需要，移动通信技术升级为高速数据传输的蜂窝移动网络。

（4）4G 时代。2013 年底，通过对网络通信协议进行改进，支持大数据的视频和图片快速传输。

（5）5G 时代。2016 年，以面向业务应用和用户体验的智能网络为目标，在人机互联的基础上，支持物与物互联，支持增强现实和虚拟现实的应用，支持构建以用户为中心的生态系统。

2）宽带网络通信技术

宽带网络通信技术主要以有线网络为传输渠道。随着宽带网络通信技术的发展，网络可以提供更高的接入带宽，便于大规模的终端接入，以及在网络上实施更复杂的信息服务，如视频服务。目前，宽带网络通信技术仍是互联网的主流接入技术，包括 ADSL 接入、光纤接入及 VDSL 技术等。

3）WiFi 技术

WiFi 作为移动通信的热点，以 WiFi 联盟制造商的商标作为产品的品牌认证，是 IEEE 802.11 标准下的无线局域网技术。

随着最新的 802.11 ax 标准发布，WiFi 进入第 6 代，简称 WiFi6，几乎所有的智能手机、平板电脑和笔记本电脑都支持 WiFi 上网。

4）蓝牙技术

蓝牙（bluetooth）是由爱立信研发的无线连接技术，供多个蓝牙设备间进行无线连接。作为一种短距离通信技术，蓝牙的通信距离不超过 10 米，没有方向性限制，主要用于数据保密性能和安全性要求不高的应用场景。

5）NFC 技术

NFC（近场通信技术）是非接触式射频识别和互联互通技术的融合，能在短距离（10~20 厘米）内与兼容设备进行识别和数据交换。目前，NFC 技术已被应用到多个领域，NFC 在法定数字货币（DCEP）中的应用，不仅推动了 DECP 在非洲等网络基础设施不足地方的使用，也将通信范围缩小，以提高支付安全。

NFC 主要有两种工作模式：主卡模式相当于采用 RFID 技术的 IC 卡；点对点模式常用于短距离数据交换。

3.1.3　互联网与移动互联网

1）互联网

互联网是计算机间交互网络的简称，前身为 1969 年投入使用的阿帕网（arpanet），该网将计算机系统互联，是以功能完善的网络软件（网络通信协议、网络操作系统等）实现网络资源共享和信息交换的数据通信网，其形式化定义如下。

将互联网看作一个五元组 $I=(SI, LI, EI, TI, PI)$。

SI 为节点的集合，$SI=\{si_1, si_2, \cdots, si_m\}$，接入互联网的每个终端设备都是互联网的节点，节点间均可以建立链接。

LI 为节点间链接的集合，$LI=\{li_1, li_2, \cdots, li_{m-1}\}$，节点间通过互联网的协议进行链接。

EI 为互联网各节点上开展电子商务活动的信息集合，$EI= \sum (si, li)$，当互联网上的网络节点间存在链接时，即可传递各类信息开展经济活动。

TI 为互联网上传输协议的集合，$TI= \sum TI^i$，$TI_i=(MODE_i, TI_i^{Prot})$，$MODE_i$ 为计算机网络的传输模型，该模型为 OSI 模型（开放式系统互联通信参考模型）或 TCP/IP 网络模型，$TI_i^{Prot}(i=1, \cdots, n)$ 为对应网络模式下的协议。随着互联网技术的发展，其应用于互联网通信的网络协议种类越来越多，如 IPV4、IPV6 等。

PI 为支持互联网的软件系统的集合，常用的底层软件系统有 Windows、Mac OS、UNIX 或 Linux 等，在软件系统的基础上，还有各类应用的软件系统，如 IE 或其他互联网信息交互的程序。

互联网经历了三个发展阶段：萌芽期、高速发展和成熟期。萌芽期，在阿帕网投入应用后，随着 1983 年美国国家科学基金会介入互联网，阿帕网发展并分裂为两部分，分别为 Arpanet 和 Milnet，Arpanet 专注于民用，Milnet 继续军用。进入 20 世纪 80 年代，互联网进入高速发展期，互联网成为一种交流与通信的渠道，但仍主要用于学术和科学研究，同时也伴随着产生和发展了一些应用如域名系统（DNS）。进入 21 世纪，轻型移动设备（手机、平板计算机等）普及，移动互联网也得到快速发展。

2）移动互联网

移动通信技术和互联网技术的融合发展推动了移动互联网的应用。在移动互联网下，用户的手机、ipad 或其他无线终端设备通过移动网络，随时随地访问移动互联网，以获取信息，获得商务、娱乐等各种网络服务。

移动互联网的结构如图 3-6 所示。

图 3-6 移动互联网结构

由于移动设备的使用以及移动通信网络的支持，相比互联网，移动互联网可以覆盖更多的区域，接入更多的移动设备，在移动设备技术的支持下为用户提供更便捷的服务，快速推动电子商务的发展。

3）EDI 网络

EDI 是电子数据交换技术的缩写。EDI 网络采用 EDI 标准进行数据交换。EDI 系统的形式化定义如下。

EDI=（EDI^s，EDI^p，EDI^h，EDI^c）。

$EDI^s=\{EDI_1^s, EDI_2^s, \cdots, EDI_n^s\}$，$EDI^s$ 为 EDI 标准的集合。在 EDI 系统中，电子商务信息传输根据 EDI 标准进行数据翻译和转化，这些标准有信息加密、签名等标准。

$EDI^p=\{EDI_1^p, EDI_2^p, \cdots, EDI_n^p\}$，$EDI^p$ 为 EDI 系统软件的集合。在 EDI 系统中，由 EDI 系统按照 EDI 标准发起信息交换或管理接收的信息，其 EDI 系统集成了大量的软件，如 EDI 翻译软件、EDI 转换软件或 EDI 通信软件等。

$EDI^h=\{EDI_1^h, EDI_2^h, \cdots, EDI_n^h\}$，$EDI^h$ 为 EDI 系统硬件的集合，是 EDI 软件系统的载体，也包含集成 EDI 软件或标准的硬件设备。

$EDI^c=\{EDI_1^c, EDI_2^c, \cdots, EDI_n^c\}$，$EDI^c$ 为 EDI 系统通信的渠道集合，EDI 系统通信渠道有 DDN 专线、宽带网络或移动网络等。

目前，EDI 系统广泛应用在贸易、运输、保险、银行和海关等对信息交换安全要求较高的领域中。

3.1.4　电子商务网络技术的应用

电子商务网络技术的发展推动了电子商务这一新业态的发展。随着数字经济的发展，电子商务网络技术从多个方面参与电子商务，促使电子商务更有效。

（1）物联网技术在电子商务中的应用。物联网技术广泛应用于电子商务的产品或服务的管理中，在商品生产时，将生产信息全景实时记录在 RFID 中，对产品质量进行监管，提高产品质量，以减少电子商务经济活动中的关于产品质量的信息不对称问题。在农村电子商务中，物联网技术用于农产品生产、流通环节等营销服务。在电子商务中，物联网技术用于传感设备信息的决策和服务。

（2）区块链技术在电子商务中的应用。区块链技术广泛应用于电子商务的信息管理中，并在较大程度上解决了电子商务信息不安全、数据不可追溯及交易不可信等发展难点问题。

电子商务交易中的信息可定义为 $E^i=\{E^{gi}, E^{ti}, E^{pi}, E^{li}\}$，$E^{gi}$，$E^{ti}$，$E^{pi}$，$E^{li}$ 分别为商品信息、交易信息、支付信息和物流信息的集合，存在 $E^{gi}=f(E^{ti})=g(E^{pi})=h(E^{li})$ 的关系，即商品信息、交易信息、支付信息和物流信息之间存在特定的关系，而这些信息来源于企业、消费者、供应商等在内的多个主体的信息记录或认证。区块链技术的智能合约和不可篡改的特性保障了电子商务生态环境中信息的一致性。

在区块链技术的作用下，电子商务供应链上的信息具有可信任性。如果将电子商务交易在各阶段的信息定义为 E^i，则存在 $f^{(0)}(E^i)=f^{(1)}(E^{i1})\cdots=f^{(n)}(E^{in})$ 的关系，即商品在流通中的信息。商品交易的信息不可篡改地记录到其后的任何一个商品交易阶段中，使供应链上的信息是对等的，不用担心信誉问题，由此促进企业间建立合作关系，加快供应链信息的处理，并使商品交易的信息可被追溯。

区块链技术的去中心化特点，发展了跨境电子商务的去中心化交易。将跨境电子商务中的产品供给方和需求方分别定义为 E^{pov} 和 E^{cus}，在区块链技术的作用下，E^{pov} 和 E^{cus} 之间存在路径 Pa，使 E^{pov} 和 E^{cus} 实现去中心化商品交易。

（3）网络通信技术在电子商务中的应用。随着网络通信技术的发展，电子商务在信息服务方面的能力得到强化。若电子商务的信息为 E^i，在网络通信技术的作用下，存在 $E^{i(1)} \leftarrow E^{i(0)} \cup E^{i(s0)}$，即电子商务在新的通信技术下的信息不断得到扩展，由传统的文本信息转向文本与图片共存的信息，并向声音和视频信息转变。目前，在网络通信技术的支持下，直播为电子商务的商品交易提供了更加真实的场景，并赋予电子商务交易活动更丰富的信息。

（4）互联网技术、移动互联网技术等在电子商务中的应用。互联网技术和移动互联网技术的应用使电子商务不仅支持远程的商品交易，也支持近程的商品交易；电子商务的参与者可以在固定的场所实现商品的交易，也能获得移动的商品服务，如基于位置的旅游咨询信息的获取等，促进了 O2O 电子商务的发展。

3.2　电子商务终端设备技术

电子商务的终端设备技术主要指参与电子商务交易的硬件设备所用的技术，泛指计算机、智能手机、可穿戴设备等参与电子商务活动的设备终端所涉及的技术。

3.2.1　计算机与智能手机终端

计算机作为最早的互联网终端设备，是电子商务早期应用最多的终端设备之一。计算机技术在运算、存储以及多媒体等各方面的发展加速了电子商务的发展进程。随后，智能手机应用于电子商务，不仅兼有传统计算机设备所支持的网页浏览等技术，还支持多种软件安装，结合 GPS 等多种传感技术，通过电子商务满足人们更多的生产、生活等需求。

计算机系统可以形式化定义为 $Conp^i = (Conp^{hi}, Conp^{si})$，其中，$Conp^{hi}$ 为计算机硬件系统，$Conp^{hi} = (Conp_1^{hi}, \cdots, Conp_j^{hi}, \cdots, Conp_m^{hi})$，$Conp_j^{hi}$ 为中央处理器、存储器、显卡、网卡等硬件设备。分布式处理技术、分布式存储以及无线网卡等技术的发展使计算机硬件性能得以提高，为电子商务交易中更复杂的计算、更多的信息存储、更丰富的媒体信息展示以及更便捷的网络服务提供支持。$Conp^{si} = (Conp_1^{si}, \cdots, Conp_k^{si}, \cdots, Conp_n^{si})$，$Conp_k^{si}$ 为计算机的软件，根据其服务对象，$Conp_k^{si}$ 分为系统软件和应用软件。当 $Conp_k^{si}$ 为系统软件时，存在 $Conp_k^{si} = f(Conp_j^{hi})$，即系统软件为既定的硬件服务；当 $Conp_k^{si}$ 为应用软件时，$Conp_k^{si}$ 以系统软件为基础，为特定的应用服务，如浏览器实现跨平台的信息浏览，聊天工具支持信息、图片、音频、视频以及直播等更多的信息服务。计算机软 / 硬件技术协同发展，不断扩大电子商务的应用场景，让更多的用户参与电子商务。

计算机在电子商务中具有可移动性差、通信网络建设成本高等特点。与此同时，移动通信网络不断升级，手机等移动终端设备技术得到快速发展。手机等移动设备系统形式化定义为 $Mes^i = (Mes^{hi}, Mes^{si})$，其中，$Mes^{hi}$ 为计算机硬件系统，$Mes^{hi} = (Mes_1^{hi}, \cdots, Mes_j^{hi}, \cdots, Mes_m^{hi})$，$Mes_j^{hi}$ 为手机的硬件设备，如处理器、存储器、天线、无线网卡等。手机等移动设备硬件技术的发展将更多的 Mes_j^{hi} 集成到手机中，如 GPS 定位设备、摄像头、传感设备等，使之兼容计算机在电子商务中的大部分功能。同时，$Mes^{si} = (Mes_1^{si}, \cdots, Mes_k^{si}, \cdots, Mes_n^{si})$，$Mes_k^{si}$ 为手机的软件，由于移动软件技术的发展，手机等移动设备终端仅进行轻量级的信息服务或数据处理，将更多的信息处理通过移动网络交由云服务器进行，而且，移动软件本身的整合使手机等移动设备以无限低的成本、全方位的信息服务支持电子商务的发展。移动智能终端整体技术架构模型如图 3-7 所示。

近年来，随着移动终端设备技术发展并参与电子商务，移动智能终端软硬件技术及其协调发展受到重视，主要涉及两个方面：①保证 CPU、GPU 等移动设备

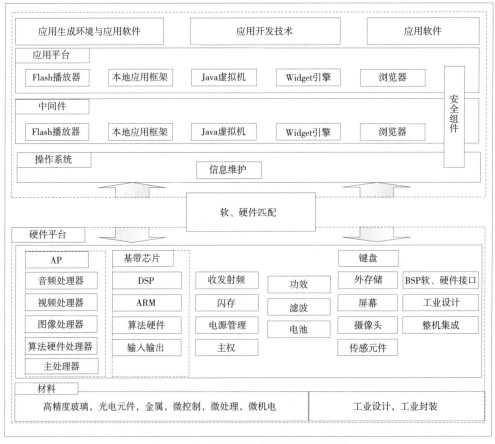

图 3-7　移动智能终端整体技术架构模型

终端的部件及外设模块在功能上可用。②软件能够更好地适应硬件的差异化能力，并最终反映在应用服务上，为用户提供最优的使用体验。

3.2.2　可穿戴设备

可穿戴设备（wearable devices）是指通过穿戴式技术，将多种技术嵌入人们穿戴的电子设备中，在软件支持下感知、记录、分析、调控、干预人体或周围环境。可穿戴设备系统形式化定义为 $Sens^{si}=(Sens^{Mat}, Tec)$，其中，$Tec$ 为可穿戴设备技术的集合，$Tec=\sum Sens_i^{Tec}=\{Sens^{conn}, \cdots, Sens^{Media}\}$，即传感器技术、无线通信技术和多媒体技术的集合。可穿戴设备最早在麻省理工学院的媒体实验室定义并进行应用，早期主要应用于医学领域的健康监测，随后向电子商务的信息服务渗透。通过可穿戴设备对信息的自动采集和自动感知，促成电子商务更广泛的信息服务和更多的商品交易。

可穿戴设备是穿戴在身上，或整合到穿戴物品中的一种便携式设备。可穿戴设备集成软件通过数据交互、数据通信实现相应的功能。随着智能手机的应用，可穿戴设备目前主要用于医疗、体育和教育等领域。近年来，全球可穿戴设备的市场产量变化如图 3-8 所示。

可穿戴设备的快速增长形成了可穿戴设备的产业链，形式化定义为 $Wd^e=(Wd_1^e, Wd_2^e, Wd_3^e)$，$Wd_i^e$（$i$=1, 2, 3）分别是可穿戴设备产业链的上、中、下游企业：上游企业是可穿戴设备的软、硬件供应商，包括原材料、零部件、软件，是硬件制造商主导的市场；中游企业是智能可穿戴设备厂商，如生产智能手表、智能手环、智能服饰等设备的厂商；下游是销售渠道，主要通过线上和线下的终端销售

图 3-8　可穿戴设备的市场变化
（注：根据中国信通院、智研咨询的数据整理）

渠道，应用在教育教学、体育运动、医学及游戏等领域。

在可穿戴设备的产业链中，将产业链上的每个企业看作网络中的一个节点，产业链各环节的关系如图3-9所示。

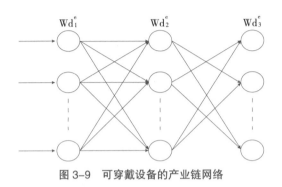

图3-9　可穿戴设备的产业链网络

近年来，可穿戴设备的内涵、架构、形态和功能均在不断演进，兼容智能手机的部分功能或可使可穿戴设备的信息获取、决策及控制更加自动化、智能化。

3.2.3　虚拟现实技术

在电子商务的推动下，虚拟现实技术（VR）、增强现实技术（AR）和混合现实技术（MR）也被作为终端设备技术用于电子商务中实现数字孪生，或在元宇宙下重构虚拟世界，强化对商品或服务的体验。

（1）VR、AR、MR和XR。虚拟现实技术又称虚拟环境、灵境或人工环境。虚拟技术利用计算机技术生成一种场景，该场景来源于现实、部分虚拟或全部虚拟，让参与者在视觉、听觉和触觉等方面形成真实的感受，并进行观察、交互或操作。1965年，美国的伊凡·萨瑟兰（Ivan Sutherland）提出了虚拟现实的思想，并于1968年应用于头盔显示装置和头部及手部跟踪器。

虚拟现实技术集成多种技术，其形式化定义为$Tvr=f(Tm, Ts, Ta, Tv, Tc)$，其中：$Tm$为模型构建技术，将真实世界数字化，形成3D的虚拟环境；Ts为空间跟踪技术，通过头盔显示器、数据手套等交互设备上的空间传感器，确定用户在3D虚拟环境中的位置和方向；Ta为声音跟踪技术，利用同一声源或不同声源的声音在同一介质或不同介质的传输时间不同，由此到达某一特定地点时，声音之间具有时间差、相位差、声压差等，通过计算进行虚拟环境的声音跟踪；Tv为视觉跟踪与视点感应技术，计算被跟踪对象的位置和方向；Tc为高性能计算处理技术，主要包括数据转换和数据预处理技术等，实现虚拟现实系统中的计算。

虚拟现实技术应用具有四个方面的特征：多感知性（multi-sensory）、浸没感（immersion）、交互性（interactivity）和构想性（imagination）。正是虚拟技术的这些特征使虚拟现实技术广泛应用于电子商务的商品展示、教学等信息服务中。

虚拟现实技术的发展推动了虚拟现实技术用于真实物理世界实体信息的模拟、仿真，将现实世界变为虚拟世界，使增强现实技术得到发展。随后，虚拟现实技术与增强现实技术的结合，发展了混合虚拟现实技术，在虚拟世界与现实世界之间建立一种交互关系，形成虚拟和现实互动的混合世界。扩展现实技术（XR）则通过计算机将真实与虚拟相结合，形成可以人机交互的虚拟环境，它融合了多种技术，为用户带来虚拟世界与现实世界之间无缝转换的"沉浸感"。

（2）数字孪生。数字孪生（digital twin）利用计算机技术，为现实世界构造完全一样的虚拟世界，并在虚拟空间中完成映射，因此，数字孪生是一个或多个重要的、彼此依赖的装备系统的数字映射系统。

数字孪生的结构模型如图 3-10 所示。

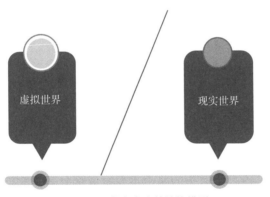

图 3-10　数字孪生的结构模型

数字孪生通过虚拟现实、增强现实和混合现实等多种技术，围绕现实世界建立虚拟世界。与其他虚拟技术不同，数字孪生的虚拟世界是现实世界的数字化，是实现物理世界向虚拟世界的反馈，主要用于工业制造的实验，实现将虚拟世界中成功的实验在向现实世界转接的过程中技术的适应性。

数字孪生广泛应用于智能制造中，并为电子商务提供高质量的工业商品。

（3）元宇宙。不同于数字孪生，元宇宙是虚拟现实，它直接面向人，强调视觉沉浸性，展示丰富的想象力和沉浸感，模拟物理世界又不完全复制物理世界。

数字孪生是对唯一现实世界物理元素的复制，它首先面向物，强调物理真实性。数字孪生是面向物品的虚拟技术实现。

元宇宙（metaverse）是利用计算机技术虚拟和创造能与现实世界映射和交互的一种特殊的虚拟世界。由于元宇宙融入了现实世界社会的因素，因此，元宇宙在对现实世界进行虚拟化、数字化的过程中，提供了基于扩展现实技术的沉浸式体验，或基于数字孪生技术生成现实世界的镜像等抽象的虚拟现实应用。元宇宙是与外部真实世界既紧密相连，又高度独立的平行空间，是注重沉浸式体验的虚拟现实系统。

元宇宙系统由一系列的核心技术支持，其形式化定义如下。

Metu=（$Metu^{XR}$，$Metu^{DT}$，$Metu^{BE}$），其中，$Metu^{XR}$ 为支撑元宇宙系统的扩展现实技术，包含 VR、AR 和 MR；$Metu^{DT}$ 为元宇宙系统中虚拟和现实对话的数字孪生技术，$Metu^{BE}$ 为基于区块链技术的经济体系。

元宇宙可以对现实世界进行复制或模拟。当元宇宙中的用户参与经济活动时，就同时构建了虚拟世界的经济体系，因此，在元宇宙下可以进行时间轴上的现实世界的经济活动、经济运行风险等的模拟。

3.2.4　其他传感器设备

在电子商务中，参与电子商务的交易主体需要共享信息。为了减少网络环境下的信息不对称问题，电子商务对商品交易信息的真实性、实时性要求更高，而这些信息的获取将通过各类传感设备进行。

（1）摄像头。摄像头常用作计算机或智能手机的一部分，但也作为独立的设备使用，如发展云旅游时对环境信息的感知。

镜头和图像传感器是摄像头的两个重要组成部分。景物通过镜头生成光学图像，并投射到图像传感器，将图像转为电信号，再经过模/数转换后变为数字图像信号，向网络传递图像信息。

（2）全球卫星导航系统。全球卫星导航系统常集成在智能手机、无人机或汽车等系统中，为电子商务的信息服务提供信息采集或导航服务。目前，主要的全球卫星导航系统有中国的北斗（BDS）、俄罗斯的格洛纳斯导航系统（GLONASS）、美国的全球定位系统（GPS）和欧盟的伽利略系统（GALILEO）。

全球卫星导航系统由三部分组成，其形式化定义如下。

Gbd=（Gbd^{SP}，Gbd^{FL}，Gbd^{US}），Gbd^{SP} 为全球卫星导航的空间段，Gbd^{FL} 为全球

卫星导航的地面段，Gbd^{US} 为全球卫星导航的用户段。在北斗的空间段，有若干颗导航卫星，分北斗一号、北斗二号和北斗三号，现有的导航系统主要由北斗三号的 35 颗卫星进行，在 2020 年 6 月完成北斗三号的最后一颗卫星升空。北斗的地面段包括主控站、时间同步 / 注入站和监测站等若干地面站，以及星间链路运行管理设施，北斗的用户段则主要包括北斗及兼容其他卫星导航系统的芯片、模块、天线等基础产品，以及终端设备、应用系统与应用服务等。

3.3　服务器技术

随着计算机软、硬件技术的发展，服务器逐渐从计算机系统中分离出来，负责计算机信息系统中复杂的计算、安全和数据库管理等内容。在移动电子商务出现后，服务器为了支持更快速、更复杂的运算，云计算技术成为其主要的技术，云服务器成为其主要的服务器形式。

3.3.1　云计算技术

云计算是 2006 年 Google、Amazon 等公司针对电子商务应用下海量数据计算提出的最大化资源利用的计算思想，是相对图灵计算而提出的。云是云计算技术的主要形态，是分布式计算的一种应用。美国国家标准与技术研究院（NIST）将云计算定义为一种利用互联网实现随时随地、按需、便捷访问共享资源池（如计算设施、存储设备、应用程序等）的计算模式，即云计算是通过互联网提供动态交易扩展且虚拟化的计算机软、硬件资源。

（1）图灵计算模型。图灵计算是普适的计算模型，计算机的任何一种计算可以形式化定义为 Tcomp=（Γ，Q，δ）。

其中，Γ 为输入的信息，是有限的符号集 / 字母表，$\Gamma \supseteq \{0, 1, \blacksquare, \Delta\}$，$\blacksquare$ 表示空符号，Δ 表示信息的开始。Q 为输出的信息，为图灵机的输出状态。$Q \supseteq \{q_{start}, q_{halt}\}$，$q_{start}$ 表示开始状态，q_{halt} 表示停机状态。δ 为计算，或称为状态转移函数，在 δ 的作用下，有 $Q \times \Gamma^k \rightarrow Q \times \Gamma^{k-1} \times \{L, S, R\}^k$。其中，$Q \times \Gamma^k$ 表示当前状态，$Q \times \Gamma^{k-1} \times \{L, S, R\}^k$ 表示经过计算后的状态。

（2）云计算模型。云计算技术的网络结构如图 3–11 所示。

在云网络的支持下，计算机进行分布式计算，实现资源共享，将计算机资源

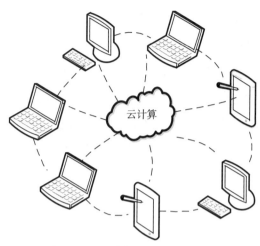

图 3-11   云计算技术的网络结构

以服务为单元进行资源服务化。在云计算下，云网络上的各计算机屏蔽了数据中心管理、应用程序部署等方面的内容，让云网络上的用户根据服务所需的业务负载快速申请或释放资源，按需要进行服务付费，以最大化用户的服务效用。

根据提供服务作用的网络层次，云计算可以定义为一系列服务模型的集合Clouds，且 Clouds={SaaS，PaaS，IaaS}，其中，SaaS 为软件即服务，PaaS 为平台即服务，IaaS 为基础架构即服务。

SaaS 模型。软件由服务提供商在该模型中为客户托管应用程序，并通过Internet 将其提供给这些客户。在 SaaS 模型中，用户和 IT 企业的成本都较大幅度地降低，但是用户的隐私安全具有潜在的风险。

PaaS 模型。公司在网上提供各种开发和分发应用的解决方案，如虚拟服务器和操作系统。在用户使用该服务时，不需要关心运行时的环境、虚拟机的操作系统等内容，免去繁琐的开发维护工作。

IaaS 模型。为减少用户对所需服务初期的硬件投入，公司通过互联网按需向消费者提供基本计算、网络和存储资源，并以现收现付的方式提供这些资源。IaaS可用于构建和托管 Web 应用程序、存储数据、运行业务逻辑或执行其他可以在传统本地基础设施上完成的其他事情。

云计算的三种模型的层次结构如图 3-12 所示。

由于云计算的主要思想是将计算机资源服务化，因此，其为用户屏蔽了数据中心管理、大规模数据处理、应用程序部署等问题。通过云计算，用户可以根据

图 3-12 云计算的三种模型的层次结构图

其业务负载快速申请或释放资源，并以按需支付的方式对所使用的资源付费，在提高服务质量的同时降低运维成本。

云计算有四种部署模型，形式化定义为 Ccomp={Ccomp^{Pub}，Ccomp^{Pri}，Ccomp^{Comm}，Ccomp^{Hyb}}。Ccomp^{Pub} 为公有云，此时，网络或第三方服务提供商供应、开放给用户使用（付费 / 免费）。Ccomp^{Pri} 为私有云，作为用户自有的云服务，相关资料和程序都在组织内部管理，用户拥有更多的权限，也更容易实现服务管理。Ccomp^{Comm} 为社区云，由几个组织共享云端基础设施，支持有共同关切事项的特定社群服务。Ccomp^{Hyb} 为混合云，结合各种云的优势提供服务。

（3）图灵计算与云计算的比较。图灵计算是对信息的机械化处理，而云计算围绕服务进行。两者的差异如表 3-1 所示。

表 3-1 图灵计算与云计算的比较

项目	图灵计算	云计算
研究对象	重点关注中央处理器和操作系统	重点关注节点之间的交互
计算类型	确定的计算	不确定的计算
计算结果	找最优解	尽力而为的解
计算控制方式	统一调度	集中控制
计算执行方式	机械执行	局域性偏好依附有主体行为能力
计算模型	可计算模型	服务模型
用户参与度	人不参与	有人参与

可见，相比图灵计算，云计算更灵活，更适应电子商务环境下的大数据处理。

3.3.2 云服务器

云服务器（elastic compute service，ECS）通过计算机网络将服务器集中在一起，根据服务请求进行资源的弹性分配与管理。由于资源的及时获取和释放，云服务器为用户提供了一种高效、安全、可伸缩的计算处理方式。

云计算的"云"是存在于互联网上的服务器集群上的资源。云服务器将大量的服务器集群虚拟为多个虚拟机（kernel-based virtual machine，KVM），是云的基础。云服务器在提供信息服务时，根据实际资源使用情况灵活分配和调度资源池。

云服务器的关键技术可以定义为 Ecs={Ecs^{Sm}，Ecs^{Com}，Ecs^{Vir}}。Ecs^{Sm} 为云服务器的存储技术，将资源通过分布式存储在各服务器中。对用户而言，云服务器是一台集成的超级服务器。Ecs^{Com} 为资源调度技术，虚拟机可突破单个物理机的限制，动态地调整与分配资源，消除服务器及存储设备的单点故障。Ecs^{Vir} 虚拟化技术将服务器的资源虚拟化，包括服务器虚拟化、存储虚拟化、内存虚拟化和网络虚拟化等。

云服务器主要有四个方面的特征：资源按需取用，即资源根据用户需要按需供给，节约成本；高效、轻松实现部署，云服务器为用户提供快速的 IT 部署和专业的指导；简单、方便的日常管理；低价、有效地控制成本。

国内已有多家公司提供云服务器业务，如阿里云、百度云等。

3.4　电子商务软件技术

随着软件技术的发展，软件分为前端和后端，前端专注于用户的交互，后端专注于数据的访问、存储和管理。

3.4.1　软件前端技术

前端技术的形式化定义为 Sft={Sft^{App}，Sft^{Web}}，是 App 中应用的技术。Sft^{Web} 是 Web 网站中使用的技术，在 Sft^{Web} 的支持下，用户使用浏览器软件，对不同 Sft^{Web} 技术支持的软件进行访问。其中，以 HTML5 为主的标记语言和以 JavaScript、Python 等为主的脚本语言是前端开发中的主要语言，CSS 的出现对 HTML5 中的样式和结构进行分离，而 Bootstrap、Vue 和 jQuery 等是用于快速开发 Web 应用或 App 的前端框架。在 Bootstrap 框架的支持下，网站在不同的设备上访问时可以自由折叠，以满足不同设备访问的需要。Vue 框架仅关注视图层变化，提高了软件开发效率。jQuery 是轻量级框架，是 App 开发中的主要框架。如表 3-2 所示。

表 3-2　软件前端技术

名称	前端结构和框架	具体内容
软件前端技术	结构层	HTML5
	样式层	CSS
	行为层	JavaScript
		JAVA
		Python
	框架	Bootstrap、Vue、jQuery 等

标记语言、层、脚本语言和框架是前端的基本技术，广泛应用于 Sft^{App} 和 Sft^{Web} 中。

3.4.2　决策支持技术

虽然消费者利用软件前端参与电子商务，但消费者更关注软件提供的服务，而这些服务的实现则主要依赖于软件后端的决策支持技术，即大数据技术、人工智能技术等。

（1）大数据技术。电子商务借助于各终端设备将商品信息及交易过程数字化，产生了海量的数据。由于具备数据量大、形态多样等特点，因此电子商务数据无法通过主流的工具进行数据分析来帮助企业决策，这种数据称为大数据。

大数据具有 5V 特征，如图 3-13 所示。

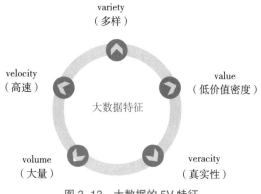

图 3-13　大数据的 5V 特征

由于大数据的5V特征，因此，大数据处理常用的关键技术有大数据采集技术、大数据预处理技术、大数据存储及管理技术、大数据分析及挖掘技术、大数据可视化和应用技术等。

电子商务下的商品交易数据可以定义为 $Bd^{Ec}=\{Bd^{Ec(1)}, \cdots, Bd^{Ec(i)}, \cdots, Bd^{Ec(m)}\}$。其中，$Bd^{Ec(i)}$ 为电子商务商品交易环节的交易信息。电子商务供应链上的商品数量的总量不变，对于每一个环节的 $Bd^{Ec(i)}$ 而言，有 $Bd^{Ec(i)}=\{Bd^{Eg(i)}, Bd^{Pg(i)}, Bd^{Dg(i)}, \cdots\}$。其中，$Bd^{Eg(i)}$ 是商品信息，包含商品价格、数量等信息；$Bd^{Pg(i)}$ 为商品供给者拥有的商品交易信息；$Bd^{Dg(i)}$ 为商品需求者拥有的商品信息。由于商品交易是买卖双方达成的交易，因此，$Bd^{Pg(i)}$ 与 $Bd^{Dg(i)}$ 是一组方向相反、商品数量和价格相等的信息，且商品交易的产品、价格和数量等有第三方平台、第三方物流或第三方支付的参与。在大数据技术的支持下，如果商品交易中出现信息不一致的情形，则信息可以通过多方数据进行认证，以保障数据的有效性。

商业是大数据应用最广泛的领域。在大数据技术的支持下，数据价值可被进一步挖掘，如供应链上的商品交易信息在供应链各节点企业间分享，可降低企业决策的风险。大数据技术应用于营销，可以为用户提供个性化的商品 / 服务定制。大数据技术在物流中的决策可以提供更优的配送方案。大数据技术在金融中的决策可以发展供应链金融，以减少企业投资和融资风险。

目前，在电子商务应用中，大数据技术的问题有：①电子商务涉商业的领域，大数据技术在商业的驱动下更注重效益，忽视了用户隐私保护等方面的问题。②大数据技术本身需要不断发展和完善，现有的大数据技术效率低。③大数据技术应用的相应标准和规范不完善。针对上述问题，为进一步推动大数据技术在电子商务中的应用，政府或行业需要积极的政策保护大数据技术的应用，而企业需要遵守相应的规则，共同维护大数据技术在电子商务中应用的生态环境。

（2）人工智能技术。人工智能技术是研究、开发用于模拟、延伸和扩展人的智能的理论、方法、技术及应用系统的一门新的技术科学，目的是让计算机能够像人一样思考。人工智能是计算机科学的一个分支，它企图研究智能的实质，并生产出一种新的能以人类智能相似的方式作出反应的智能机器，因此，该领域的研究有机器人、专家系统等，其主要的技术是机器学习、自然语言处理、知识管理等。

机器学习是人工智能技术的核心技术之一，它在算法的作用下，实现数据驱动的机器决策，而算法确定的过程则是机器学习的过程，其形式化定义为给定数

据集 $X=\{x_1, x_2, \cdots, x_n\}$ 为 n 个数据样本，每个样本 $X_i=\{x_{i1}, x_{i2}, \cdots, x_{im}\}$ 具有 m 个属性，需要找到从输入空间 X 到输出空间 Y 的函数映射 $f: X \rightarrow Y$，并满足输出空间 Y 可以最好地反映输入空间 X 的特征，这个函数计算的过程是机器学习的具体过程，函数映射是机器学习的成果。

根据机器学习的数据是否有标签，机器学习可以分为监督学习和无监督学习。例如，分类学习的目标明确，为监督学习；聚类学习的目标不明确，为无监督学习。

监督学习定义如下。给定有标签数据集 $X=\{(x_1, y_1), (x_2, y_2), \cdots, (x_n, y_n)\}$，需要找到输入 X 到输出 Y 的函数映射模型 f，满足 $f: X \rightarrow Y$，即输出 Y 可以最好地反映输入 X 的特征。在无监督学习中，分类学习的输出 Y 是离散的整数集合。

为提高机器学习泛化能力，样本数据采用 Bagging 算法划分为互斥的训练集和测试集，其步骤为将拥有 m 个样本的数据集 D 生成数据集，通过 Bootstrap 自举取样方法，有放回地随机从具有 m 个样本的数据集 D 中选择一个元素放入，执行 m 次后得到包含 m 个元素的数据集 D'，样本在 m 次采样中始终不被取到的概率为 $(1-\frac{1}{m})^m$，其极限为 $\lim\limits_{m \rightarrow \infty}(1-\frac{1}{m})^m=\frac{1}{e}=0.368$，以保证 D 中有 36.8% 的样本没有在其中，这些样本将用于模型检验。

无监督学习的形式化定义如下。以聚类分析为例，给定有标签数据集 $X=\{x_1, x_2, \cdots, x_n\}$，利用某种聚类算法对数据集 X 进行划分，得到聚类的结果 $C=\{C_1, C_2, \cdots, C_k\}$，$C_i$ 是 X 的子集，每个集合 C_i 至少包含一个元素 X_i，并且每个对象只能属于一个集合 C_i，称 C 中的成员为类，满足

$$C_1 \cup C_2 \cup \cdots \cup C_k=X$$

且
$$C_i \cap C_j=\phi \ (i \neq j)$$

同样，无监督学习也可以将数据集分为测试集和训练集，通过训练集产生机器学习模型，通过测试集评价模型。

3.5　电子商务安全技术

电子商务交易的顺利进行以高度的信用为基础。电子商务安全是电子商务的核心内容，也是电子商务的信用保障。在电子商务交易的过程中，影响电子商务

安全的因素很多，电子商务安全技术的形式化定义为 Ese={Ese^{Info}，Ese^{Conn}}，其中，Ese^{Info} 为电子商务信息安全技术，Ese^{Conn} 是电子商务网络安全技术。

3.5.1　信息安全技术

在图 3-14 中，当信息为 R&W 时，信息可以读，也可以被修改，如电子商务平台中的订单生成过程。当信息为 R&NW 时，信息只可以读，不能被修改，如电子商务平台的信息咨询。当信息为 NR&NW 时，信息既不能读，也不能被修改，如电子商务平台中的资金流信息。电子商务信息安全是按既定的信息目标，防止电子商务的信息安全问题。

图 3-14　电子商务中的信息类型

电子商务信息安全问题有五种类型：信息偷看、信息截取、信息篡改、信息抵赖及信息中断，不同的信息安全问题采用不同的信息安全技术进行防治。

密码学是研究信息加密和解密技术的科学，是信息安全的基础。假设信息发送方为 A，信息接收方为 B，信息本身称为明文，为 Mess，信息密文为 Mcip，加密密钥为 k1，解密密钥为 k2，加密函数 f（k1），解密函数 g（k2），$A^{Mess}\xrightarrow{f(x)}A^{Mcip}$，$A\rightarrow B$，受限于 $B^{Mcip}\xrightarrow{g(y)}B^{Mess}$，即 $A^{Mess}=B^{Mess}$。其中 $A^{Mess}\xrightarrow{f(x)}A^{Mcip}$，为加密过程，$B^{Mcip}\xrightarrow{g(y)}B^{Mess}$ 为解密过程。f（k1）和 g（k2）是互逆的过程，k1 和 k2 相同时为对称加密，k1 和 k2 不同时为非对称加密。

（1）对称加密算法。对称加密算法（data encryption standard，DES）的入口参数有密钥 k、信息 Mess 和模式（密钥和信息均为 64 位，模式是加密为 mode1、解密为 mode2）。以加密过程为例（解密为加密的逆过程），其加密过程如下。

第一步：将信息 Mess 进行初始置换 IP。

第二步：分为左（L0）、右（R0）两部分，各为 32 位。

第三步：将 64 位密钥分别标记为校验位和密钥：8 位校验位用于检验密钥在产生、分配及存储过程中的错误；56 位密钥通过置换、扩展为 16 个 48 位的子密钥。

第四步：对密钥的 L0 进行加密，其过程为 $L'=L0 \oplus f(R0, k1)$，其中 $f(R0, k1)$ 将 $k1$ 结合 R0 压缩为 32 位，与 L0 进行位运算，所得结果 L' 赋值给 R1，而 R0 赋值给 L1，形成新的 64 位信息 L1R1。

第五步：重复第四步的操作 15 次，得到 64 位信息 L16R16。

第六步：将信息进行逆置换 IP^{-1}，得到 DES 加密密文。

在上述步骤中，IP 置换的目的是使 Mess 无序，其置换规则参照 IP 置换表进行，如表 3-3 所示。

表 3-3　IP 置换表

58	50	42	34	26	18	10	2
60	52	44	36	28	20	12	4
62	54	46	38	30	22	14	6
64	56	48	40	32	24	16	8
57	49	41	33	25	17	9	1
59	51	43	35	27	19	11	3
61	53	45	37	29	21	13	5
63	55	47	39	31	23	15	7

根据 IP 置换表，信息从 1 位到 64 位，变换时，将初始信息按 8 位一组变换顺序，如信息第 58 位放在置换表的第 1 位，将第 50 位信息放在置换表的第 2 位，以此类推，信息的第 7 位放在置换表的最后一位。初始信息 Mess 为 01010010 01100101 01100011 01110010 01100101 01110100 00100000 01001101，经过初始置换 IP 表进行置换后变成 10111111 00101001 10110010 10010111 00000000 01111110 10000000 00001100。

进行 IP 置换后，将 X 分成左右两部分，左边记为 L0，右边记为 R0。

L0 = 10111111 00101001 10110010 10010111

R0 = 00000000 01111110 10000000 00001101

将信息进入轮循环。

IP 的逆置换 IP^{-1} 如表 3-4 所示。

表 3-4　IP^{-1} 置换表

40	8	48	16	56	24	64	32
39	7	47	15	55	23	63	31
38	6	46	14	54	22	62	30
37	5	45	13	53	21	61	29
36	4	44	12	52	20	60	28
35	3	43	11	51	19	59	27
34	2	42	10	50	18	58	26
33	1	41	9	49	17	57	25

通过表 3-4，将轮循环加密后的信息进行 IP^{-1} 置换，得到信息 Mess 的密文。信息传递到对方以后，采用 DES 算法的逆过程进行解密。

DES 算法的加密和解密使用同样的密钥，因此称为对称加密算法。DES 加密算法相对非对称加密算法速度快。由于 DES 的加密和解密只有一个密钥，因此，其密钥保护是关键。

随着信息安全技术的发展，为了提高算法的安全性，常采用多重 DES 算法保护信息安全。在三重 DES 算法下，信息进行三次 DES 运算，密钥长度增加到 112 位或 168 位。三重 DES 算法虽然提高了算法的安全性，但其执行速度慢。

（2）非对称加密算法。非对称加密算法主要应对堆成加密算法中密钥保管难的问题，提出信息加密和解密使用不同的密钥进行。在非对称加密算法中，其加密密钥和解密密钥不同，信息发送者或接收者可以将其中的一个密钥公开，公开的密钥称为公钥，未公开的密钥称为私钥，因此，非对称加密算法的密钥总是成对出现。RSA 算法为非对称加密算法，由发明该算法的三个人的首字母连接而成。

RSA 算法的执行步骤如下。

第一步：任意选取两个不同的大素数 p 和 q，计算乘积 $n=p \times q$，$\varphi(n)=(p-1) \times (q-1)$。

第二步：任意选取一个大整数 k1，满足 gcd（k1，φ（n））=1，整数 k1 用做加密密钥（k1 和 φ（n）互为质数，即其最大公约数 gcd=1）。

第三步：确定的解密钥 k2，满足（k1×k2）mod φ（n）=1，若知道 k1 和 φ（n），则很容易计算出 k2。

第四步：公开整数 n 和 k1，保存秘密 k2。

第五步：将明文 m（$m<n$ 是一个整数）加密成密文 Mcip，加密算法为 Mess=D（Mcip）=Mcip^{k2}Mod$_n$。

第六步：将密文 Mcip 解密为明文 Mess，解密算法为 Mess=D（Mcip）=Mcip^{k2}mod$_n$。

上述算法不能根据 n 和 k1 计算 k2，因此，任何人都可对明文进行加密，但只有授权用户（拥有 k2 的用户）才能解密。

RSA 算法建立在数据大量计算的基础上，破译者寻找解密密钥非常困难，而且，RSA 算法不需要花费大量的成本去保护密钥，由此提高了 RSA 算法的安全性。

对称加密算法和非对称加密算法各有优势，对称加密算法的加密速度快，非对称加密算法的速度慢，但由于安全性高，因此，非对称加密算法常用于保护对称加密算法的密钥。

（3）数字签名与时间戳。数字签名在数据传递的过程中，为了防止信息被篡改、伪造或不可否认，发送方 A 将数据和签名信息加密后一并传输，接收方 B 收到信息后对信息进行解密，如果收到的信息中的数据和签名信息中的数据一致，则数据具有有效性，如图 3–15 所示。

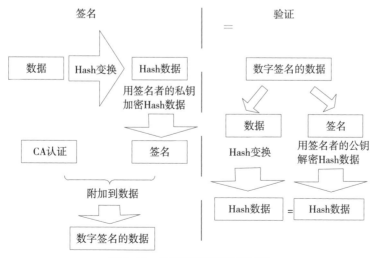

图 3–15　数字签名及其验证过程

时间戳在数据传递的过程中，为了保障信息的不可否认性，在发送方 A 发送信息时加上时间戳信息，标注信息发送的时间，当接收方 B 收到信息时，信息对发送方和接收方都具有不可否认性。

（4）PKI。公钥基础设施（public key infrastructure，PKI）是提供公钥加密和数字签名服务的系统或平台，目的是为了管理密钥和证书。

PKI 主要包括四个部分：X.50 格式的证书（X.509 V3）和证书废止列表 CRL（X.509 V2）、CA 操作协议、CA 管理协议、CA 政策制定。

PKI 将信息加密、身份认证等集成在证书中，通过 CA 机构颁发证书，采用证书作废表对管理证书，是目前使用最广泛的电子商务安全问题解决方案。

（5）安全技术协议。由于 PKI 是一种安全问题的架构，因此，VISA 等公司为了确保信息的安全传输，提出了不同的商业标准。SSL 协议和 SET 协议分别是电子商务和电子支付中具有代表性的协议。

安全套接层（secure sockets layer，SSL）协议是 Netscape 公司研发的一种网络安全协议，它通过对在网页和服务器之间传输的数据进行加密，保障在互联网上数据传输的安全。SSL 协议结构如图 3-16 所示。

握手	加密参数修改	告警	应用数据（HTTP）
SSL记录协议层			
TCP			
IP			

图 3-16　TCP/IP 协议栈中的 SSL 协议结构

SSL 协议位于 TCP/IP 协议与各种应用层协议之间，为数据通信提供安全支持。SSL 协议可分为两层：下层为 SSL 记录协议（SSL record protocol），建立在可靠的传输协议之上，为高层协议提供数据封装、压缩、加密等基本功能的支持；上层为 SSL 握手协议（SSL handshake protocol），建立在 SSL 记录协议之上，用于实际的数据传输开始前，通信双方进行身份认证、协商加密算法、交换加密密钥等，协调客户和服务器的状态使双方能够达到状态的同步。

安全电子交易（secure electronic transaction，SET）协议是基于信用卡在线支付的电子商务安全协议，是由 VISA 和 MasterCard 两大信用卡公司发布的安全协议，采用公钥密码体制和 X.509 数字证书标准，用于保障网上购物信息的安全性。

在 SET 协议下，电子商务中买方、卖方、支付网关均采用认证中心的证书支付信息进行管理，由支付网关协调发卡机构和收单银行的资金支付。在 SET 协议下，商品订单信息和支付信息进行分离，分别给卖方和支付网关，从而有效保障了信息的安全性。

3.5.2　网络安全技术

1）防火墙技术

防火墙位于两个信任程度不同的网络之间（如企业内部网络和 internet 之间），通信时，防止网络之间对重要信息资源的非法存取和访问，通过安全策略对数据访问进行控制，以达到保护系统安全的目的。

防火墙可以形式化定义为 $Firt=\begin{cases}1 & 信息通过防火墙策略检测 \\ 0 & 信息不能通过防火墙策略检测\end{cases}$，其中，当 $Firt=1$ 时，防火墙允许通信信息通过；当 $Firt=0$ 时，防火墙拦截通信的信息。防火墙的策略常采用白名单或黑名单：当采用白名单时，只允许通过防火墙的信息可以通信，其他信息全部拦截；当采用黑名单时，只有被策略屏蔽的信息被拦截，其他信息则允许通行。常用的防火墙有以下四种。

（1）过滤性网关。该网关建立容易，但是安全程度较低，它以数据包的数据决定过滤与否。

（2）电路层网关。运行于网络通信的交谈会话层，需要变动客户端直接与它通信。

（3）应用层网关。运行于网络通信的应用层，处理内部网络与外部网络之间所建立的任何客户 / 服务器的连接。

（4）状态核查。采用预先配置好的不同参数的报表，通过检查 TCP 上的信息与该报表内的状态是否符合来决定信息的通过与否。

防火墙可以保护计算机在不同网络间相互访问时的安全问题，如未经授权的内部访问、未经授权的外部访问等来自于网络外部的攻击。防火墙对来自网络内部的攻击、绕过防火墙的攻击、新出现的网络威胁及病毒等不能进行有效的处理。

2）VPN 技术

虚拟专用网络（virtual private network，VPN）将不同地域的企业私有网络通过公用网络连接在一起，虚拟出专用的、临时的、稳定的网络通道进行通信，即 VPN 的核心是利用公共网络建立临时的、安全的虚拟私有网。

隧道技术是 VPN 的基本技术，为保障通信的安全，它在共用网上建立一条数据通道（隧道），让数据包通过这条隧道进行传输，按隧道协议进行通信。

VPN 的隧道协议主要有 PPTP、L2TP 和 IPSec 三种。PPTP（点对点隧道协议）是 Microsoft 最早的协议之一，传输数据快但是安全性低。L2TP 是一种工业标准的互联网隧道协议，是基于连接的协议。IPSec 协议用密码技术从认证、完整性检验和加密三个方面来保证数据的安全，其工作方式有隧道模式和传输模式。

3.6 本章小结

本章主要对电子商务的原理进行全面介绍，包括电子商务网络技术、终端设备技术、服务器技术、软件技术及安全技术。

本章详细讲解了电子商务在各环节的新兴技术：在网络技术方面，从信息采集到信息通信，讲解了物联网技术、区块链技术、网络通信技术、互联网和移动互联网技术，以及电子商务网络技术的具体应用。在电子商务终端设备技术方面，主要讲解了计算机和智能手机终端方面的技术、可穿戴设备、虚拟现实技术和其他传感器设备技术等。终端技术的发展使电子商务的信息更加全面、客观。在服务器技术方面，主要讲解了云计算技术和云服务器。正是服务器技术的发展使得电子商务的决策能力大大提高、信息服务能力得到进一步加强。在电子商务软件技术方面，主要从电子商务的前端软件开发所需的技术和商务智能的决策技术等方面进行讲解。最后，本章讲解了电子商务的两种安全技术，包括信息安全技术和网络安全技术。

电子商务交易离不开各类技术的支持。全面掌握电子商务技术原理，是深入理解电子商务技术、实施及运营的必由之路。

3.7　复习思考题

1. 电子商务在商品制造、商品流通以及商品交易的过程中，哪些环节会融入物联网技术？

2. 物联网技术实施的具体步骤有哪些？

3. 区块链技术有哪些方式可以达成共识机制？

4. 网络通信技术对电子商务的发展有什么影响？

5. 移动互联网相比传统的互联网技术有哪些优势？

6. 智能手机终端技术的发展对电子商务的影响有哪些？

7. VR、AR、MR 和 XR 有什么不同？

8. 云计算模型相比图灵计算模型，其主要差异有哪些？哪种模型更适用于电子商务领域，并阐述原因。

9. 简述云计算的三种模型。

10. 主要有哪些前端技术，试举出相应的应用。

11. 在决策支持技术中，无监督学习和监督学习有什么不同？

12. 在信息安全技术中，简述对称加密算法 DES 的执行步骤。

13. 在网络安全技术中，防火墙的类型有哪些？

第4章 电子商务生产原理

 学习目标

1. 了解电子商务生产中"产品溯源、品牌打造、标准建设、生产管理"四个部分的相关原理。

2. 熟悉"产品溯源、品牌打造、标准建设、生产管理"四个部分的论述中所采用的数学方法及分类方式。

3. 掌握"产品溯源、品牌打造、标准建设、生产管理"四个部分中的定义、模型及产生的影响。

 能力目标

1. 了解本章中描述电子商务的数学思想。

2. 熟悉本章中所运用到的数学函数及数学模型。

3. 用数学思想阐述电子商务生产中的相关概念。

 思政目标

1. 了解电子商务生产创新在社会主义现代化建设中发挥的积极作用,促进学生提高战略眼光,以放眼全局的高度,把握国家发展的趋势,争做国家事业的接班人。

2. 思考在"双循环"格局下,电子商务生产如何积极创新,帮助学生更好地了解我国的发展阶段、环境及条件变化,理解国家发展战略。

3. 熟悉电子商务的生产模式，了解电子商务新模式、新业态如何赋能经济增长，帮助学生树立创新意识，培养思辨能力，感受新事物，发挥创造力。

🔍 本章知识图谱

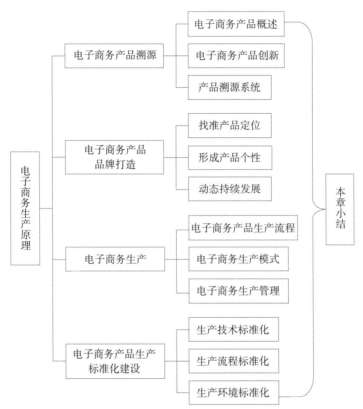

🔍 导入案例

京东是我国自营式电子商务企业，旗下设有京东商城、京东金融、拍拍网、京东智能、O2O 及海外事业部等。2013 年正式获得虚拟运营商牌照。作为首屈一指的电子商务购物平台，销售数万品牌，囊括家电、手机、电脑、母婴、服装等品类。2014 年 5 月在美国纳斯达克正式挂牌上市。2015 年 7 月，京东入选纳斯达克 100 指数和纳斯达克 100 平均加权指数。2016 年 6 月，与沃尔玛达成深度战略合作，1 号店并入京东。

2017 年 1 月 4 日，中国银联宣布，京东金融旗下的支付公司正式成为银联收单成员机构。2017 年 4 月 25 日，京东集团宣布正式组建京东物流子集团。2017 年 8 月 3 日，2017 年"中国互联网企业 100 强"榜单发布，京东排名第四位。2019

年 7 月，2019《财富》世界 500 强位列第 139 位。2021 年《财富》世界 500 强排名第 59 位。能够获得这样的成功，离不开合理的运营模式。

1. 注重用户体验

京东的愿景是成为全球最值得信赖的企业。京东对假货始终零容忍。当消费者对正品行货有更深刻的认知时，京东将会充分显示出其价值，机会也随之而来。

在确定前端是否有需求的时候，投入时间与精力和用户交流，捕捉用户需求与用户体验。当用户有了需求之后，通过考虑利益格局，再进行决定，做好后端布局。

京东认为，只有合作的供货商都赚到钱，只有平台上买东西的用户都以一个公平的价格拿到产品，才能在众多的竞争对手中脱颖而出。

2. 主打自营模式

京东曾主打自营模式，在自营的基础上，渐渐转向平台模式，主要侧重于非标准品类，如服装等，把更多的品牌吸引进来，并逐步在这些品牌和京东物流服务体系之间进行整合。京东自营模式具有以下特点。

（1）模式。采销模式，即由商家负责供货，配合运营。京东采销对接运营，京东负责发货配送。

（2）保证金。与京东 pop 店铺费用相同，具体根据类目而定，以防商家违规。

（3）毛利。在保证商家利润的前提下而定，毛利率 20% 左右。

（4）产品定价。商家只需提供供货价，供货价包含产品成本和商家利润；售价为供货价加京东的毛利，供货价需合理。

（5）配送。商家需要自己安排物流，将货物配送到距离产品所在地最近的八大仓之一；转运由京东负责，费用由商家承担，会签署《转运费用协议》；仓储费和配送给消费者的费用由京东承担。

（6）库存。针对有季节性、有保质期的产品，在快过季、过期的前几个月，会安排商家参与一些既能销货又能推广的活动，将损失降到最小，甚至零损失。

（7）结算货款。商家在将发票提供给京东之后，京东就会给商家打款，毛利直接在货款中扣除。发票均使用增值税专用发票。

（8）售后。若因产品质量问题出现退货，则由商家承担损失，否则由京东承担。

3. 让物流、资金流、信息流成为经营基础

物流占了用户体验的 70%。在京东看来，物流对用户体验而言极其重要。京

东将继续实行渠道下沉战略，提高在三、四线城市的知名度，配送提速。

京东之前，B2C 物流体系在国内是不存在的，商业社会有迫切需求，京东自然抓住机会，开始创新。京东强调的是大规模、大批量从供应商处采购，然后运到库房，最后到消费者手中。商品只实现一次搬运，以求物流成本降到最低。

4. 重视合作方，打造产业链

京东减少了中间流程，可以直接给供应商现金，不需要中间的托盘商，有利于采用新的体系和低成本策略。京东通过了合作准备期，与腾讯最后达成合作。京东在提升了流量之后，给自身带来了高增长。

思考：

1. 电子商务产品的创新有哪些方面？具体包括哪些内容？并举例分析。

2. 从产品溯源的视角出发，谈谈你认为的电子商务未来发展方向。

4.1　电子商务产品溯源

4.1.1　电子商务产品概述

1. 传统产品的定义及分类

产品是人们所使用和消耗的，能够满足人们需要的一切，包括有形服务、无形服务、组织、观念或它们的结合。自 20 世纪 90 年代起，菲利普·科特勒等人提出了五个层面的产品总体概念，认为五个层面能够更深刻、更准确地表达出产品的总体意义。产品的总体观念要求营销者在计划市场供给时，将客户的价值分为五个层面。五个基本的产品概念如图 4-1 所示。

（1）核心产品。核心产品是消费者所需要产品的最根本的用途或效益。基本

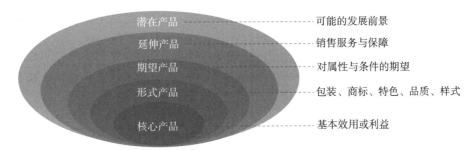

图 4-1　产品的五层次结构

上，每个产品都是用来解决问题的。所以，当市场营销者在卖给消费者产品时，营销人员一定要能找到消费者核心需求的基本效用或利益。

（2）形式产品。形式产品是以其核心产品为载体而得以实现的。产品的特征包括质量、款式、特性、商标和包装五大要素。即使单纯的服务也有相似的形式特征。

（3）期望产品。期望产品指消费者在购买商品时所预期得到的与产品密切相关的一整套属性和条件。

（4）延伸产品。延伸产品是消费者在购买产品和预期产品时所得到的所有收益，包括产品说明书、质量保证、安装、维修、送货、技术培训等。许多中外公司的成功，在一定程度上是因为他们意识到服务在整个产品理念中的重要性。

（5）潜在产品。潜在产品指现有产品包括所有附加产品在内的，可能发展成为未来最终产品的潜在状态的产品。"潜力"指产品具有潜在潜力，它指出了现有产品可能的演变趋势和前景。

产品的概念分两类学科方向进行阐述。

1）经济学意义上的产品概念

对产品概念的认识是一个不断发展、深入的过程。起初，人们仅从经济学角度对商品进行定义，把它看作是一种物质材料，是为了满足人们的物质和精神生活的需求。这就像马克思所说："商品首先是一个外界的对象，一个靠自己的属性来满足人的某种需要的物。"在经济学意义上，一个产品应具备三个特征。

（1）产品的实体性。产品的实体性即产品的有形性。也就是说，产品必须具有一定的物质形态，占据一定的时间和空间，并可以为我们的感官所感知，是一种看得见、摸得着的物质实体。

（2）产品的实质性。产品的实质性即此产品区别于其他产品的质的规定性。也就是说，产品必须具有能够满足人们生产或生活需要的特定功能。这种功能是唯一的，并且与人们经验中的实体形态联系着。产品的实质性也就是产品在哲学意义上的本质属性。

（3）产品的实用性。产品的实用性即产品特定功能满足人们需要的程度。也就是说，我们所购买的产品是不是确实实现了它的价值。显然，产品的实用性不仅是产品概念中最重要的特点，而且是市场学意义上的产品概念的萌芽。

2）市场学意义上的产品概念

市场学意义上的产品概念是从传统意义上的产品概念发展而来。它虽然继承了传统概念关于实体、实质和实用的合理内核，但又将它们拓展开来，提出了顾客的需要即产品这一崭新的观点。这就是说，产品是由企业所提供的能够满足消费者需求的某种功能或属性。就此而言，产品是不是拥有某种物质的实体并不重要，关键是要对消费者提供某种实在的价值。

如果说经济学意义上的产品概念是所谓的产品的科学性，并可以用客观的数理统计的方法来衡量它的价值。那么，市场学意义上的产品概念所强调的则是产品的创新性，衡量的标准是消费者主观需要的满足程度。市场学上的产品概念较之经济学上的产品概念有以下特点。

（1）强化了产品的实用性。新概念以是不是具有满足消费者需要的功能或属性作为规范产品的唯一标准，大大扩展了产品的外延，使能够满足消费的物质需求和精神需求者都无一例外地纳入了产品的范畴。

（2）弱化了产品的实体性。新概念不再强调产品的实体性，从而使产品具有了物质的有形和非物质的无形两个方面的内容。

（3）修正了产品的实质性。新概念将消费者是否满意作为评价产品价值的唯一标准，使产品在一定程度上摆脱了实体和实质两个方面的桎梏，走上了无限广阔的发展道路。

传统意义上的产品指能够作为商品进入市场，提供给市场以满足人们某种需要的东西，可以分为有形产品和无形产品两类。

有形产品（tangible products，P^T）又称形体产品或形式产品，是能够满足消费者需求且具有实体（具体形态）的产品，是产品核心价值的载体。有形产品具有物质性，一般通过产品包装 P_1^T、产品款式 P_2^T、产品品牌 P_3^T、产品的质量水平 P_4^T 等不同侧面表现出来。

$$P^T=\{P_1^T,\ P_2^T,\ P_3^T,\ P_4^T,\ \cdots\} \tag{4-1}$$

无形产品（intangible products，P^I）主要是服务性产品，是对有形资源进行物化和非物化的转化后，成为具有价值和使用价值属性的非物质形态的结果，包括可数字化的产品及信息服务等。

将有形产品和无形产品分别看作集合 P^T 和 P^I，则这些集合包含部分相同的元素及不同的元素。将本书讨论的元素列举，如实体存在性 e 和 $\bar{e}$、传递方式 t、创造性 c 和 $\bar{c}$、价值和使用价值 p、售后服务 s。其中，e 表示存在实体形态，即产品有具体的物质状态，能够摸得着；$\bar{e}$ 表示不存在实体形态，没有具体的物质状态。c 表示产品具有创造性，$\bar{c}$ 表示产品不具有创造性。传递方式 $t=\{t_1, t_2\}$，t_1 表示产品通过网络送到消费者手中，t_2 表示交易过程可以完全在网络上实现。

则有

$$P^T=\{e, t_1, \bar{c}, p, s\} \tag{4-2}$$

$$P^I=\{\bar{e}, t_2, c, p, s\} \tag{4-3}$$

在公式（4-2）和公式（4-3）中，实体存在性 e 和 $\bar{e}$ 是有形产品和无形产品的根本区别。

2. 电子商务产品的定义及分类

电子商务产品指通过计算机和通信技术实现交换的商品，分为有形电子商务产品、无形电子商务产品及数字产品。

有形电子商务产品（tangible e-commerce products，P^{TE}）指消费者通过在线浏览、购物选择、送货上门服务而得到的产品，即通过电子商务模式（e-commerce，EC）获得的有形产品，如网上购买的服装、食物等，即

$$P^{TE}=P^T \cap EC \subset P^T \tag{4-4}$$

无形电子商务产品（intangible e-commerce products，P^{IE}）是包括有偿咨询服务、互动式服务和预约服务在内的可通过计算机网络传递给消费者的电子商务产品，如网上获取的情报服务（法律咨询、心理咨询）、互动服务（交友聊天、游戏陪玩）或预订服务（订机票、酒店）等，即

$$P^{IE}=P^I \cap EC \subset P^I \tag{4-5}$$

由于无形电子商务产品的交易可以完全通过网络完成，因此，这类电子商务属于完全电子商务。

数字产品（digital products，P^D）。美国经济学家夏皮罗和范里安在《信息规则：网络经济的策略指导》一书中指出，数字产品是编码为二进制流的交换物，具有可复制性、可比性、公共物品、经验产品等特点。

狭义的数字产品 P^{D*} 指通过互联网以比特流方式传输的产品和基于数字格式（digital format，DF）的交换物，即

$$P^{D*}=P^I \cap \{N, DF\} \tag{4-6}$$

除了狭义数字产品外，广义数字产品还包括基于数字技术的电子产品或将其转化为数字形式，通过网络来传播和收发，或依托于一定的物理载体而存在的产品，如软件、信息、音像制品。

3. 电子商务产品的属性

产品属性是产品本身固有的性质，是产品在各个方面的差异（不同于其他产品的性质）的集合。产品特性是产品的差异性的集合。确定产品特性的要素包括：每一个要素在其各自的领域中都有其特性；在各个产业领域中，产品的特性在产品的运行中发挥着不同的作用、不同的地位和不同的权重；在消费者面前出现的商品正是由这些不同的特性相互影响而产生的。

产品属性的决定因素分为以下几点。

（1）需求因素。马斯洛的需求层级理论认为，人的需求分为生理需求、安全需求、物质需求、社会需求、自我满足需求，是从物质需求到社会需求、精神需求、文化需求的提升。不同的产品可以满足不同水平的顾客需求。需求水平的高低，决定了产品的物质和精神在功能和文化上的融合。

（2）消费者特性。"目标消费人群"的特征使"群"人的个人意识和集体意识产生不同的消费心理。不同的消费者心理决定了不同的消费行为。不同的消费者最终构成了一个群体的产品消费群体。通过观察和测量，可以观察到群体行为在宏观层次上的规律，为产品和品牌的推广提供了指南。

（3）市场竞争。行业进入壁垒、资本密集、技术密集等诸多方面的影响决定了该产业竞争的激烈程度。一个产业可能会出现多个寡头，但在寡头成长的过程中，竞争是惨烈的，而且在一定程度上是混乱的。市场竞争的混乱会使消费者利益受损。因此，企业必须对市场中的竞争格局进行识别，从而形成自己的竞争策略。

（4）价格档次。价格的形成取决于供需和市场的竞争状况。在宏观上，商品是否属于奢侈品或必需品反映了消费者的不同层次需求。商品的价格层级由消费者对价格的微观敏感性、弹性以及宏观的价格弹性等的规定性决定的。

（5）渠道特性。与"mass market"相对应的是"niche market"。渠道的集中和特点取决于产品的需求和消费者的特征，而渠道的特征又构成了产品的渠道属性。在不同的渠道中，产品的价格和营销策略存在着明显的差异。

（6）社会属性。就像一个人永远不会被孤立地生活在一个社会中一样，某些商品的消费永远不只是个人的消费。一些涉及国家和人民生活的商品都是很有社会意义的。这种产业的变动对社会各方面都有影响。消费者的信任、企业的信任、政府的信任，最终决定了经济重振的信心。

（7）安全属性。有些产品并不能满足顾客对安全性的需求。但这些产品的安全性特性取决于用户对安全性的需求。食品、化妆品、住房、运输等产品属于这一类。食物的安全问题，在成熟的市场上，早就被开发出来了，而且越来越完善、越来越严格。这是一种对消费者的关怀，也是一种对食品工业的发展。

（8）法律政策。处于市场经济转型期的国家对关键行业的立法一向十分重视。面对不断变化的政策和法律环境，公司必须及时调整自身的产品和竞争战略，以应对政策和法律风险。

4.1.2　电子商务产品创新

1. 产品创新动力

"互联网+"驱动产业升级和创新。互联网不断打破行业、组织、技术的边界，整合企业、行业、创新人员等多方面资源，形成了跨行业、多领域的信息化创新平台，有利于突破信息垄断和技术壁垒，优化创新创业环境，孕育了云计算、大数据等新兴业态，推动产业机构不断调整、优化、升级。"互联网+"驱动产业模式创新。企业在研发设计、智能制造、物流仓储、销售及售后服务等各个环节不断融入互联网创新及成果，促进自身的产品、服务、管理、商业等模式不断从传统的大规模集约型向小规模个性化发展，新的产品、服务等价值实现模式不断涌现。"互联网+"推动管理创新。互联网的发展和信息技术的应用进一步强化了社会分工，推动了企业的组织管理形式，由过去的中心式结构向扁平化、网络化发展，新的组织形式表现更高效、更精细、更智慧。"互联网+"与传统行业的结合最终要以深刻理解用户体验、发掘用户需求为起点，以满足用户需求为价值导向。

产品创新主要表现在以下几个方面。

（1）用户需求。产品创新是为了更好地满足用户需求。产品创新专注创造和发现新的或者被主流市场忽略的用户需求，强调提升和更好地满足用户已知需求，以用户价值为导向，帮助用户以一种非线性的方式更好地完成任务、达成目标、创造价值。

（2）产品体验。产品创新能带给用户新的产品体验。产品创新带给用户的产品体验是全新的，是超出用户预料之外的颠覆性的非线性体验。产品创新带给用户的产品体验具有简单性和非竞争性特点。简单性使产品创新的潜在目标用户群更加广泛，有利于产品创新在市场竞争中的传播和扩散，同时也容易被主流市场的竞争主体所忽略。简单性是产品创新的生存发展基础。非竞争性指产品创新并不参与主流目标市场争夺用户，而是通过满足主流市场的非目标用户来求得生存发展，在发展初期具有一定的隐蔽性。新的产品或服务由于性能提高和价值创造会逐渐吸引主流市场的目标用户，因此，产品创新不是参与到主流市场的竞争中，而是吸引导入主流市场的目标用户，形成以自身价值导向为基础的新的市场。

（3）技术范式。产品创新强调使用新的技术范式。产品创新源于技术的开创性突破或原有技术框架的重新构建。为了获得技术的突破与进步，通常会不断加大相关研发投入。产品创新对一个行业的技术影响是破坏性的。

（4）目标市场。产品创新追求目标市场的关注和认可。产品创新更容易产生于被主流市场忽略的非主流市场或非主流目标人群的需求，注重提供给目标市场最简单直接的产品和服务，而主流市场提供的这些产品和服务复杂且昂贵。产品创新并不一定都会得到市场的认可，只有被市场接受的产品创新才具有持续发展的基础。

（5）商业模式。产品创新追求对现有商业模式的改变。产品创新并不一定遵循现有的商业模式，通常具备打破现有商业模式创造新的商业模式的特质。由于产品创新多针对目标用户的不确定性，因此，企业在资源配置的时候通常要求对产品创新的可行性进行量化分析，对创新的风险进行评估，这样，实际上是把颠覆性产品创新强制纳入现存的、能见度较高的、可测量化的市场中。

（6）价值创造。产品创新以优化价值链各环节为途径实现价值创造。产品创新以提供相对主流市场更简单廉价的产品或服务来吸引用户。如果创新带给产品性能的提升超过了用户需求的表现程度，且用户需要为此支付额外的货币、精力、精神成本，那么，这种超前的产品创新将很难得到用户的关注，新的市场会被其他的颠覆性创新产品替代，或随着时间的推移，被更廉价、更易用的产品挤压利润。

2. 产品外在创新

优雅独特的外观和漂亮的包装能给用户带来愉悦的视觉体验，进而激发情感的共鸣和愉快的身心体验。这是提高产品体验的重要组成部分，与产品创新的核心目标息息相通。在一个瞬息万变的市场竞争环境中，一个优秀的产品首先会通过自身的独特外观和包装直接提升用户的视觉体验需求。在不断强化用户的视觉体验的同时，向用户传达产品本身的品牌内涵和文化价值，这是在竞争中脱颖而出的有效方式。因此，产品外观和包装的持续创新对提升用户需求产品体验有着非常重要的价值主张。

产品外在创新共包含三个阶段，每一阶段都包含相同的组成部分，为了统一论述产品内在创新的每一阶段，作出如下假设：第 i 个阶段中存在激活函数 $F_i^{(1)}$、误差项 $\delta_i^{(1)}$ 和影响因素 $x_{ij}^{(1)}$ 及其权重 $\omega_{ij}^{(1)}$，该阶段的最终形成结果为 $A_i^{(1)}$，即有

$$A_i^{(1)} = F_i^{(1)}\left(\sum_j x_{ij}^{(1)}\omega_{ij}^{(1)} + \delta_i^{(1)}\right) \qquad (4\text{-}7)$$

在公式（4-7）中，第 i 个阶段中共存在 j 个影响因素，且影响因素 $x_{ij}^{(1)}$ 对最终结果 $A_i^{(1)}$ 的影响权重为 $\omega_{ij}^{(1)}$。为了提高公式的准确性，加入误差项 $\delta_i^{(1)}$，以上所述影响因素在过程 $F_i^{(1)}$ 的作用下，形成该阶段的最终结果 $A_i^{(1)}$。在该公式的基础上，依次对产品外在创新的每一阶段进行说明。

产品零部件创新 $F_1^{(1)}$。在该阶段，企业需要通过市场调研来研究产品的组成 $x_{11}^{(1)}$ 及零件 $x_{12}^{(1)}$，从而形成产品的新核心功能 B_1，即

$$B_1^{(1)} = F_1^{(1)}\left(\sum_j \omega_{1j}^{(1)} x_{1j}^{(1)} + \delta_1^{(1)}\right) \qquad (4\text{-}8)$$

产品材质创新 $F_2^{(1)}$。研究产品性能 $x_{21}^{(1)}$、消费者需求 $x_{22}^{(1)}$、成本 $x_{23}^{(1)}$、市场 $x_{24}^{(1)}$，并对该产品进行新材质 $A_2^{(1)}$ 的描绘，即

$$A_2^{(1)} = F_2^{(1)}\left(\sum_j \omega_{2j}^{(1)} x_{2j}^{(1)} + \delta_2^{(1)}\right) \qquad (4\text{-}9)$$

产品包装创新 $F_3^{(1)}$。研究产品用途 $x_{31}^{(1)}$、消费者偏好 $x_{32}^{(1)}$、成本 $x_{33}^{(1)}$、市场 $x_{34}^{(1)}$，并对该产品进行新包装 $A_3^{(1)}$ 的描绘，即

$$A_3^{(1)} = F_3^{(1)}\left(\sum_j \omega_{3j}^{(1)} x_{3j}^{(1)} + \delta_3^{(1)}\right) \qquad (4\text{-}10)$$

在试验推广阶段，将初步制造出的产品样品投入市场，选择内测用户，收集用户使用后的反馈意见，整理出具备可行性的修改意见，对样品进行修改完善，即修改各个阶段的权重 $\omega^{(1)}$ 及误差项 $\delta^{(1)}$ 为新权重 $\omega^{*(1)}$ 和新误差项 $\delta^{*(1)}$，即

$$A_1^{*(1)} = F_1^{(1)}\left(\sum_j \omega_{1j}^{*(1)} x_{1j}^{*(1)} + \delta_1^{*(1)}\right) \qquad (4\text{-}11)$$

$$A_2^{*(1)} = F_2^{(1)}\left(\sum_j \omega_{2j}^{*(1)} x_{3j}^{*(1)} + \delta_2^{*(1)}\right) \qquad (4\text{-}12)$$

$$A_3^{*\,(1)}=F_3^{(1)}\left(\sum_j \omega_{3j}^{*\,(1)}x_{3j}^{*\,(1)}+\delta_3^{*\,(1)}\right)\tag{4-13}$$

经过修改阶段，得到最终成品。

3. 产品内在创新

产品内在创新指对某一产品的既有功能进行升级创新或研发创造出一种现有市场上不存在的新产品，以满足消费者需求或开辟新市场的过程。价值工程的创始人通过研究指出，不同产品间的本质差别为功能的差别，产品种类的多样化为产品功能多样化的表现。功能是客户对产品的本质需求，产品为功能的表现形式。从广义上来说，产品概念由三个层次的内容组成：核心产品、形式成品、延伸产品。如图 4-2 所示，产品功能是产品整体概念中最基本和最实质的层次，它是客户需求的中心内容。

国外学者 Prasad 曾在研究中提出质量、成本和可靠性是影响客户购买决定的主要因素，而学者 Cooper 却认为影响产品市场竞争力的不仅为质量、成本和可靠性三种因素，产品功能亦为关键的一环。国内学者武鹏等人在分析国内外学者对新产品开发成败的影响因素时，总结分析得出：能产生独特客户效应和满足客户需求的关键因素是产品的功能。由此可见，产品功能对新产品开发的成败具有重要影响。

虽然客户对产品的需求存在多样性，但从根本上讲，客户购买产品需要的不是产品本身，而是产品所具备的某种功能。无论产业界还是学术界，现在都倾向于认为产品质量不再是影响产品市场竞争力的最主要因素，产品质量只是影响竞争的必要基础，产品功能才是决定产品市场竞争力的关键因素。

进入 21 世纪，原本质量与成本间的矛盾已逐渐转换成功能与成本间的矛盾。在保证产品质量的条件下，产品功能决定产品的相对竞争力。产品内在创新共包

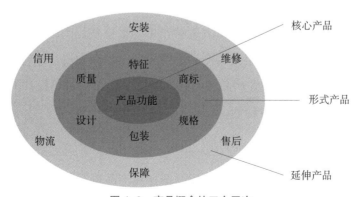

图 4-2　产品概念的三个层次

含 6 个阶段，每一阶段都包含相同的几个组成部分。为统一论述产品内在创新的每一阶段，作出如下假设：第 i 个阶段中存在激活函数 $F_i^{(2)}$、误差项 $\delta_i^{(2)}$ 和影响因素 $x_{ij}^{(2)}$ 及其权重 $\omega_{ij}^{(2)}$，该阶段的最终形成结果为 $A_i^{(2)}$，即

$$A_i^{(2)}=F_i^{(2)}\left(\sum_j x_{ij}^{(2)}\omega_{ij}^{(2)}+\delta_i^{(2)}\right) \tag{4-14}$$

在公式（4-14）中，第 i 个阶段中共存在 j 个影响因素，且影响因素 $x_{ij}^{(2)}$ 对最终结果 $A_i^{(2)}$ 的影响权重为 $\omega_{ij}^{(2)}$。为提高式（4-14）的准确性，加入误差项 $\delta_i^{(2)}$，以上所述影响因素在过程 $F_i^{(2)}$ 的作用下，形成该阶段的最终结果 $A_i^{(2)}$。在式（4-14）的基础上，依次对产品外在创新的每一阶段进行说明。

在产品概念阶段 $F_1^{(2)}$，产品的存在就是为了满足消费者的需求，产品概念阶段就是站在消费者的角度提出其内心深处所关注的问题，并用消费者的语言进行阐述，提出足够清晰的概念以吸引消费者。因此，在该阶段，企业需要通过市场调研来研究产品的市场机会 x_{11} 以及市场中消费者的需求 x_{12}，从而形成产品概念 A_1，即

$$A_1^{(2)}=F_1^{(2)}\left(\sum_j \omega_{1j}^{(2)} x_{1j}^{(2)}+\delta_1^{(2)}\right) \tag{4-15}$$

产品定义阶段 $F_2^{(2)}$ 对产品的定义就是要明确产品的用途，并融入前期市场调研阶段的成果，确定产品的各项指标和特点 x_{21}，确定产品的三层次 x_{22}，确定消费者兴趣点 x_{23} 以及产品的赢利点 x_{24}，并对该产品进行轮廓 A_2 描绘，即

$$A_2^{(2)}=F_2^{(2)}\left(\sum_j \omega_{2j}^{(2)} x_{2j}^{(2)}+\delta_2^{(2)}\right) \tag{4-16}$$

以上两个阶段最为关键。产品概念及产品定义阶段所花费的成本虽然不及项目总成本的 20%，但对整个产品是否成功有着 80% 的决定作用。这两个阶段决定了产品定位是否清晰、客户需求是否真实，同时也决定了实施风险的大小。

产品设计阶段 $F_3^{(2)}$ 的主要活动是对生产中需要被使用的工具和设备进行购买和开发，以及对已完成产品定义的产品进行原型设计和制造，即将已成型的产品定义进行量化和图样化，设置产品相关的具体指标 x_{31}，形成可设计的产品功能 x_{32} 以及产品模型 x_{33}，纳入开发计划 A_3，即

$$A_3^{(2)}=F_3^{(2)}\left(\sum_j \omega_{3j}^{(2)} x_{3j}^{(2)}+\delta_3^{(2)}\right) \tag{4-17}$$

在样品研制阶段 $F_4^{(2)}$，将已设计好的图样化产品进行物理化，进行小规模的样品生产，协调一切资源 x_{41}，利用一切技术 x_{42}，设计出符合客观标准且具有实际

价值的产品样品 A_4，即

$$A_4^{(2)} = F_4^{(2)} \left(\sum_j \omega_{4j}^{(2)} x_{4j}^{(2)} + \delta_4^{(2)} \right) \quad (4\text{--}18)$$

在试验推广阶段，将初步制造出的产品样品投入市场，选择内测用户，通过收集用户使用后的反馈意见，整理出具备可行性的修改意见，对样品进行修改完善，即修改各个阶段的权重 ω 及误差 δ 项为新权重 ω^* 和新误差项 δ^*，即

$$A_1^{*(2)} = F_1^{(2)} \left(\sum_j \omega_{1j}^{*(2)} x_{1j}^{*(2)} + \delta_1^{*(2)} \right) \quad (4\text{--}19)$$

$$A_2^{*(2)} = F_2^{(2)} \left(\sum_j \omega_{2j}^{*(2)} x_{2j}^{*(2)} + \delta_2^{*(2)} \right) \quad (4\text{--}20)$$

$$A_3^{*(2)} = F_3^{(2)} \left(\sum_j \omega_{3j}^{*(2)} x_{3j}^{*(2)} + \delta_3^{*(2)} \right) \quad (4\text{--}21)$$

$$A_4^{*(2)} = F_4^{(2)} \left(\sum_j \omega_{4j}^{*(2)} x_{4j}^{*(2)} + \delta_4^{*(2)} \right) \quad (4\text{--}22)$$

经过修改阶段，得到最终成品 $A_5^{(2)}$。

在成品促销阶段，将已经通过修改完善的成品 $A_5^{(2)}$ 进行规模化生产，并将成品投放市场，由营销者提供相关信息进行宣传和吸引消费者进行购买，从而达到扩大产品销售量的目标。

4.1.3 产品溯源系统

1. 产品溯源系统的定义

为强化政府对农药生产企业的监管，确保农药质量，农业农村部颁布了《农药管理条例》《农药标签和说明书管理办法》，其中明确提出：从 2018 年 1 月 1 日起，农药生产企业、向中国出口农药的企业，在其标签上必须标明二维码。二维码标识必须是独一无二的，每一张二维码对应唯一的销售包装单位，保证了产品的生产批次、质量检验等信息。跟踪查询页面应该具备很好的兼容性，可以在 PC 和移动设备上进行浏览。所以，建立符合我国国情的追溯体系，是目前我国农药生产企业重点建设和投入的领域。

随着信息化的快速发展和国人生活水平的快速提高，更多的消费者将目光停留在电子商务产品安全和高质量监督上。将信息化技术运用在电子商务产品的供应过程，可以作为一种检测电子商务产品质量的有效措施。随着溯源系统的广泛应用，相关的研究也应运而生，如溯源系统框架设计、识别技术研究、大数据应用于追溯系统等。目前，国际上主流的溯源体系架构可划分为移动应用程序、Web 服务、集群（云系统）、HTTP 服务器四大类。该体系结构已被证实是安全可行的，

并已广泛应用于医药、食品、农副产品、工业制造等领域。

溯源识别技术是一个十分流行的研究方向。传统的电子标签识别技术主要是条形码、RFID技术，但随着计算机技术的发展，各种新技术的出现和使用极大地改变了它的使用范围，如QR码、NFC、图像识别、RFID和EPC的改良，已经在各自领域得到了广泛应用。

此外，在电子商务产品的生产和使用的过程中则会产生大数据。对这些数据进行收集、分析和管理是溯源系统的一个重要研究方向。随着信息系统在各行各业中的广泛应用，系统产生的数据量也逐渐增多，利用这些大数据帮助企业进行管理决策就成为电子商务企业下一步研究的重点。

与大数据相结合的溯源体系是对溯源体系自身的一种质变，它自身就具备了采集和管理数据的能力，系统如何运用这些数据，将其转化为有用的信息，就是大数据的范畴。深入挖掘可追踪的数据，并从其可用性中抽取出可追溯性数据，将使其具有更高的应用价值。

电子商务产品的溯源系统可以对产品的生产、供应过程进行全面监测，从而发现产品的各个生产过程中可能出现的安全问题，并为产品的安全提供有力保证。对消费者而言，溯源体系增强了人们对购买安全、放心产品的信心。在企业中，通过建立电子商务产品溯源体系，可以提高企业的信任和信心，使用溯源体系的企业将会有较大的竞争优势。

2. 产品溯源系统设计

电子商务产品溯源体系的主要作用是对商品进行追溯，其主要形式为扫描二维码。通过扫描二维码，可以将商品的生产、配送等一系列的信息展示出来。在展示了信息之后，用户可以通过本系统查询公司的信用分数，然后通过不同的用户对信用评分进行综合，从而方便用户选择是否购买。如果产品出了问题，则可以通过举报公司来让公司的信用度下降，从而让其他消费者不购买劣质、高价的商品。管理员可以在后台进行数据分析，并记录用户的追溯数量。消费者可以利用二维码进行追溯，从而获得上述信息，这就需要商家严格按照送货规则进行，这也从另一方面保障了电子商务的高质量和高效的系统。

电子商务产品溯源系统的前后端业务流设计图，如图4-3所示。

为将电子商务产品溯源系统的信息流向详细化，图4-4显示了电子商务产品溯源系统的溯源过程。

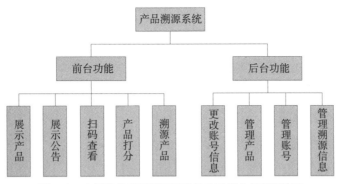

图 4-3 电子商务产品溯源系统的前后端业务流设计图

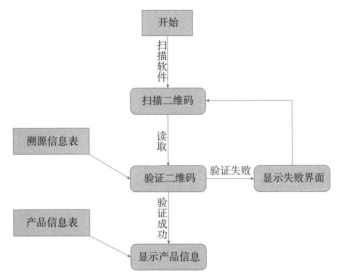

图 4-4 电子商务产品溯源系统的信息流向

在以上所提及的架构与平台设计之外，将区块链、云计算等新技术引入溯源体系架构。若将区块链技术引入产品追溯体系中，则建立了以区块链为基础的可溯源体系结构，从而解决了传统的中心服务平台单一的缺陷，为企业提供了一个具有较强的、低集中度的交互数据与信息平台。在对现有可追溯产品研究的基础上，通过物联网技术、信息安全技术和云计算技术，构建基于物联网的电子商务产品可追溯系统框架。有效了解电子商务产品生产、仓储、交易、流通、销售等各个环节的具体流程和风险状况，解决生产流通过程中的造假问题，为电子商务贸易、物流和安全消费提供有效依据。此外，还有一种溯源系统的构建方法——通过统一建模语言开发和测试溯源系统，具有完全可追溯性、追溯性规范和快速的数据库和软件定制的特点。

3. *产品溯源系统实现*

本书所论述的基于大数据的电子商务产品溯源系统是为电子商务行业建立的一套产品溯源系统，主要为企业的生产、销售和售后提供服务。同时，在溯源系统建立完善的基础上，企业为消费者提供一个透明化的监管途径，可以通过溯源系统轻松地追溯产品真伪、生产、物流等信息，消费者也可以通过溯源系统进行使用反馈。本系统的使用者共有四类：企业管理者通过本系统管理产品的生产、销售信息，整理汇总产品使用者的反馈信息；生产人员利用本系统进行生产管理；销售人员利用本系统进行仓储管理和销售管理；产品使用者通过本系统查询产品信息、反馈使用信息和参加企业推出的活动。

1）系统功能需求

基于大数据的农化产品溯源系统的主要功能需求有以下几种。

（1）溯源码生成需求。系统采用 QR 码作为溯源码进行溯源，溯源码保存的内容由两部分组成：系统 Web 端访问的网址和产品编码。溯源码生成模块的使用者为企业管理者，管理者在产品生产之前向系统录入产品的所有生产信息，系统根据生产信息为每个产品生成唯一的编码。编码生成完毕后再由系统生成溯源码，接下来便交由打码设备将溯源码打印出来，与每个产品结合。

（2）溯源码信息采集需求。产品从生产到使用的整个过程都以溯源码为媒介，将其物流、生产和使用反馈信息利用扫码设备采集到溯源系统中。溯源码信息采集模块的使用者有生产人员、销售人员（包括经销商和零售商）、产品使用者。在生产产品时，通过扫码设备扫描，该产品的信息进入溯源系统，这是溯源系统信息产生的开端；产品生产完毕后将被送至工厂仓库进行临时存储、扫码入库，企业管理人员可以根据这些信息即时了解产品储备量；产品生产完成后将由经销商和零售商进行销售，其销售过程利用扫码设备进行出库、入库、售卖等操作，系统将根据销售人员的操作记录产品的物流信息及最终的使用者信息。

（3）溯源信息查询需求。系统在收集到产品的所有溯源数据后，用户便可以通过溯源系统查询这些溯源信息。溯源信息查询模块的使用者有企业管理者和产品使用者。企业管理者可以利用溯源系统查询产品的销售情况，也可以查看产品品牌型号的销售量和地区的销售量，还可以通过查询产品的使用反馈信息来调整生产和销售策略。产品使用者可以利用溯源系统查询产品真伪、生产信息和物流信息。

（4）溯源数据分析需求。系统收集到的溯源数据是最原始的。溯源数据分析模块将这些原始数据进行分类、处理和分析。企业管理者最关心的是企业生产的产品销售情况及其趋势，这就是本模块的两大需求：数据统计和数据预测。数据统计将所有的销售数据汇总，以产品的型号、销售区域、销售时间、销售人员等为筛选条件，给出销量的统计。数据预测则根据统计出来的结果，利用预测模型对未来一段时间各种条件下的销量进行预测分析。

2）系统性能需求

（1）易用性。溯源系统应具有操作简单、易学的特点，用户在通过简单的培训或阅读使用手册后，能很快掌握系统的正确使用方法。溯源系统的操作页面布局应合理，要符合用户的操作习惯。溯源系统的交互性要强，要做好各种事件提醒，为用户设置帮助界面。

（2）先进性。本系统基于 Web 架构设计，引入大数据技术，将系统软件和数据库部署在相互独立的两个服务器中，能保证溯源系统软件运行和大数据存储两者相互独立、安全运行。无论是互联网时代使用最广泛的 Web 系统，还是前沿的大数据技术，都说明本系统的先进性。

（3）扩展性。随着系统在整个生产和销售中的推广，用户和业务量的增加，产生的海量数据信息必然会对系统的扩展性提出更高的要求。系统复杂的功能模块加上逐步增加的业务量和数据量使得系统规模不断扩大。因此，为了后期模块功能的扩展和添加，系统的各个功能间必须相互独立。同时，海量数据的产生也要求系统必须具备足够的储存空间，并拥有优秀的数据处理能力。

（4）安全性。自大数据技术产生以来，大数据安全问题一直是国内研究的热点。基于大数据的农化产品溯源系统的安全关系到企业及用户的自身利益。企业和个人的隐私信息都被上传到溯源系统中，设计安全的系统架构和安全保护模块是本系统的重要工作。

4.2　电子商务产品品牌打造

在现代化成熟企业不断发展的过程中，一个优秀的企业品牌所能带来的社会影响力和企业效益难以估量，因此，各个企业都重视自身品牌的保护，并制定了一系列品牌建设、品牌推广及品牌维护的战略举措。品牌是企业名称、品牌个性及企业历史文化的综合体,可以在竞争激烈的市场环境中提高企业发展过程中的抗压能力和核心竞争力。菲利普·科特勒在《要素品牌战略》中从品牌起源角度对品牌概念进行了解读,认为品牌由标记、符号和名称设计等元素构成,其核心要素就是为了最终在消费者心理层面上将自身产品与竞争对手的产品区分开。

4.2.1　找准产品定位(地理标识)

1. 电子商务产品定位

电子商务的品牌定位包括市场、价格、形象、地理、人群、渠道等。"河洛品牌烙印法"一词源于古挪威文,意为烙印。最深层的品牌定位是能够在消费者的心理上表现出的东西,即强势品牌烙印。

消费者具有不同的类别、消费水平、消费习惯与偏好,因此,在企业的品牌定位中,应从主观和客观两个方面来选择合适的目标消费者。要针对不同的细分市场、顾客需求,寻找出不同的市场空间,并对其进行精炼。同时,随着时代的发展和新产品的发展,企业可以引导目标顾客的新需求,从而建立新的品牌定位。品牌定位必须抓住消费者心理,激发消费者需求,这是品牌定位的关键。因此,品牌定位的核心在于要赢得顾客的心意,要为顾客带来实实在在的好处,并能真正满足顾客需求。

产品品牌定位的方法如下。

(1)市场定位。市场定位分析市场上竞争对手的产品及本企业产品的特色,找出本企业与竞争对手不同的地方,分清楚竞争优劣势,扬长避短。在市场上为本企业塑造出与竞争对手不同的特色和形象,进而将这个形象传递给消费者,并在市场上找到合适的位置,树立起一面鲜明的旗帜。企业可以从多个角度进行市场定位,更多的是在消费者心中建立企业、产品的形象,让本企业的鲜明特色与竞争对手严格区分开,使消费者能明显感觉到这种区别。区别越大,在消费者心中的特殊地位越明显、越牢固。市场定位可以是对现有产品的重新定位或对即将推出产品的预先定位。对现有产品的重新定位包括:调整产品所面向的目标消费人群;更改包装设计,赋予产品不同的含义,使产品更适合目标消费人群的品味。

(2)品牌定位。品牌定位的目的是将产品的影响力转化为品牌,以便引导潜在客户的正确认识。著名的品牌都有一个共同的特征,就是以一种始终如一的形象,将产品的功能与消费者的心理需求联系起来,通过这种方式将产品定位的信息准确地传递给消费者。为本企业的品牌树立一个鲜明的特色，和其他品牌形成鲜明的对比，并通过品牌效应将本企业的产品优势传递给消费者，进而在市场上找到合适的位置，使品牌在消费者心中占有有利的位置。当消费者有某种需求时，立刻会想起该品牌。

（3）比附定位。通过与竞争对手比较，或紧紧跟随行业领先者，依托领先者的名誉和声望提升自己的知名度。这是一种通过对比竞争品牌来确立自己市场定位的战略，其本质是借助竞争对手的力量，将自己的品牌形象衬托出来。参考物的选取是比附定位中的一个关键问题。一般而言，只有与知名度高的品牌相比较，才能借助这股力量提升自身价值。比附定位一般有两种方式："甘居第二"和"攀龙附凤"。"甘居第二"就是明确承认同类产品中另有最负盛名的品牌，自己只不过是第二而已，这种策略会使人们对公司产生一种谦虚诚恳的印象，相信公司所说是真实可靠的，同时迎合了人们同情弱者的心理，消费者对这个品牌的印象会更深刻。"攀龙附凤"就是首先承认同类产品中已经卓有成就的品牌，本品牌虽自愧弗如，但在某地区或在某方面还可以与这些最受消费者欢迎和信赖的品牌并驾齐驱、平分秋色。

（4）逆向定位。如果竞争对手非常强大，在短时间内难以与其正面竞争，则可以在某一细分领域与其形成鲜明的偏差，形成与其"非同类"的理念，并借助竞争对手的名誉和声望，引起消费者的关注和同情，利用消费者的关注和同情，在消费者心里占有一席之地。

（5）空挡定位。任何企业和产品都不可能占尽所有优势，也不可能无懈可击。只要善于发现，必定能找到某些细分领域是领导品牌所没有涉足的。还有些细分市场是大品牌不愿意涉足的，因为小众市场的容量不足以支撑大品牌的研发费用和市场运作的回报。中小企业如果能找到这些细分领域，并进行耕耘，必定能占有一席之地，无人能代替。

（6）对比定位。对比定位把本公司的产品和竞争对手或行业领先者的产品进行比较，找到对方的不足或缺点进行夸大宣传，提升本公司产品的声誉和知名度，进而获得消费者认可，在消费心中占有一席之地。

2. 电子商务产品定位要求

哲学家认为，人的每一次思考都是从某个点开始的，这个点就是对事物的第一次认识，以后对相关事物的进一步认知，都是从这个点展开的。这就是先入为主的原则，也是人类的本性。产品定位策划的目的是使知名品牌与顾客产生沟通交流和互动交流，激活顾客的购买欲望。因而，产品定位方案策划不能随心所欲，必须遵循一定的标准。具体来说，产品定位方案策划遵循下列几个标准。

（1）以总体目标顾客为导向。产品定位作为公司与总体目标顾客的交互性主题活动，其成功的重点在于其能提升总体目标顾客的心理定位。因而，产品定位方案策划要为顾客接纳信息内容的思维模式和心理需求所牵引，将精准定位信息入驻顾客的内心。产品定位务必立在达到总体目标顾客要求的基础上，凭借各种各样的传播方式让知名品牌在顾客心中占有一个有益的位置。

（2）以多元化为规范。竞争对手是影响精准定位的关键要素，没有市场竞争的存在，精准定位就失去使用价值。因而，无论以哪种方式、对策开展产品定位，自始至终都要考虑竞争对手。在开展产品定位活动策划时，应挑选与竞争者不一样的产品定位，制造差别，便于和竞争对手区别开来，进而有益于营造人性化的企业形象，凸显核心竞争力。差别造就市场竞争使用价值，差别造就知名品牌的"第一部位"。产品定位的多元化不仅能够避开与竞争者的简易价格战，还能使知名品牌变成总体目标顾客心中的"第一挑选"。

（3）以商品特性为基本。在开展产品定位方案策划时，务必考虑商品的品质、特性、主要用途等。产品定位包括市场定位，这类精准定位并不是顺手拈来，而是来自于商品难能可贵的特性，不然，这类精准定位就失去了支撑点，是毫无根据的。比如，我国的某品牌"有点甜"及其"天然矿泉水"的精准定位便是来自于商品切切实实的特性，假如商品不具备这类特性，那么，这种精准定位便会变成不堪一击的笑点。

3. 电子商务产品定位的作用

地理标识指由于地域不同而具有一定质量或信誉的特殊产地的产品。一个商标要想成为一个地理标志，就必须能辨别出它的原产地。另外，产品的品质、特性和声誉是从根本上决定的。因为品质依赖于地理位置，所以产品和它的原产地有很大的关系。

地理标志作为集体商标和区域公共性品牌，具有客观、科学的判断标准和使用准则。同时，政府政策、资金、资源支持，地方行业管理促进机制的统一规划，专业技术人员的科学调研与指导、先进典型企业的成功经验、一系列的行业发展方式使地理标志产品不断优化、产品质量提高，成为深受消费者青睐的优质商品。

地理标志是一种政府授予的商标，它的核心价值是促进产品的长期品牌建设，提高产品的附加值，并使生产者获得更好的利润，使产品质量得到提高，从而在市场上树立高识别度、品质卓越、消费者放心的品牌形象，成为国家品牌战略的重要组成部分。

优秀的地理标志并不只是一个产品，而是一个地区的纵向产业链、产业的研究、产品的生产和包装、物流、电子商务等，都能得到良性发展，形成完整的产业生态。同时，它还可以带动生态旅游、文化、人才引进、营商环境，以点为线、以线为面的整体发展。

4.2.2　形成产品个性（品牌识别）

目前，我国正处于一个个性化的消费时代。"新奇特"的产品，如创意产品、个性商品、网红产品等层出不穷，对年轻人的吸引力也越来越大。但是，并不是每一个具有个性和创造性的产品都会有销路、有"爆款"。业内人士表示，创意并非一时兴起，而是以顾客的需要为基础创造个性。

其实，个人创意产品的发展不仅局限于一些购物网站，还针对个性化的消费。怎样才能准确地了解到顾客的需要？近几年，随着我国经济的飞速发展，人民的生活水平越来越高，对物质的要求也越来越多样化、越来越个性化，越来越多的年轻人开始追求个性。但是，并不是每一个具有个性和创造性的产品都会有销路，成为"爆款"。

（1）个性化与标准化同时存在。用户大都希望追求个性化，因此，在整合网络营销中，许多产品都是应消费者的要求来定制的具有个性化的产品。对于那些对个性化不高的产品来说，在网上进行销售时则应制定较高的标准化的质量准则，这样，消费者可以不用看到产品，只通过图片介绍就能决定是否购买。

例如，音像制品或软件都具有较高的标准化和质量准则，这样，消费者就可以通过网站对其内容和功能的一些介绍来决定是否购买。而如果是在网络上订购鲜花制品，那么就一定要根据具体情况及具体使用的场合来订购。

（2）具有低价优势。网络市场在形成初期多用免费策略来吸引消费者，由于网络营销省去了许多销售环节，相对于传统营销产品具有更大的价格优势，因此，网络产品多采取低价政策。

采取低价策略的网络营销企业要注意产品质量，因为消费者对"价廉"的产品还要求达到"物美"的标准。

（3）品牌效应明显。品牌网络营销包括产品的名称、标志和其他区别于其他产品的识别信息。产品品牌在注册登记后就变成了商标，就会受到商标法的保护。商标不只是一些词语或图案，它会成为消费者对产品信息和体验的综合感知，成为用来区分一个产品与其他产品的关键。产品的品牌概念就是企业对消费者的一种承诺，也正因如此，企业品牌是具有一定价值的无形资产，这种无形资产可以通过货币进行衡量。

4.2.3　动态持续发展（品牌维护）

品牌维护的意义是公司通过维护品牌资产来努力保持或提升品牌的价值。品牌资产作为一种资源，能够与品牌的标志或名称有一定的关联，可以为公司或顾客增加价值。基于此，本书认为，品牌维护是企业根据行业市场环境的变化，结合企业自身品牌发展现状及存在的问题而产生的一系列维护品牌形象、提高品牌社会影响力和市场地位的活动统称。

品牌维护是品牌发展战略举措中的关键环节，企业品牌从最初建立、不断成长到最终成熟，需要漫长的时间。当品牌进入成熟期后，企业应采取的品牌发展战略即为维护战略。品牌维护应包括以下三个方面的内容。

（1）品牌的自我维护。品牌的自我维护主要包括品牌商标设计、商标注册、品牌经营理念和价值观的宣传、企业内部管理、假冒伪劣产品的打假等一系列的品牌运营活动。由于品牌维护一般出现在品牌发展过程的中后期，因此，我们可以将品牌维护定义为企业自身体系的完善和产品的优化，以及防伪打假行为和品牌维护举措的实施。

（2）品牌的经营维护。品牌的发展在经历成长期并最终进入成熟期后，企业不仅要通过品牌的自我维护不断对产品进行更新迭代，以提高消费者的品牌忠诚度和市场美誉度，还要通过品牌的经营维护手段不断扩大品牌的市场影响力。品牌的经营维护手段主要包括对品牌形象和品牌行业地位的稳固，如灵活应对市场环境的变化、满足消费者的心理需求、不断提升产品质量、赢得市场口碑、维护品牌形象。

（3）品牌的法律维护。品牌的法律维护主要是通过商标的注册和申请对企业品牌进行的一种保护，从法律的角度来说，主要包括品牌所有人合法权益的保护、品牌商标权和产品专利权的保护、品牌起源地的法律保护、商业核心机密的保护、打击假冒伪劣产品行为的保护。

4.3　电子商务生产

4.3.1　电子商务产品生产流程

生产模式指企业体制、经营、管理、生产组织和技术系统的形态和运作方式。随着科学技术的发展及市场化程度的变化，生产模式也在不断升级。总的来说，生产模式的发展可以概括为以下几个阶段，如图 4-5 所示。

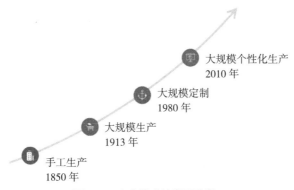

图 4-5　生产模式的发展阶段

4.3.2　电子商务生产模式

1. 逆向生产（从需求出发）

工业经济的特点是大规模生产，即对标准化的零部件进行大批量的流水线生产、组装。整个生产过程属于机械式重复劳动，生产结果属于"一对多"，用一种标准产品满足不同消费者的需求，即将产品 pd 复制，经过复制生产过程 C_1，得到成品 Pd，即

$$Pd=C_1（pd） \tag{4-23}$$

在电子商务时代下，通过大规模生产模式生产标准化产品，并通过互联网进行宣传售卖，仍属于生产拉动型。这一方式容易导致供需信息不对等、供需数量不匹配、资源浪费等问题，买卖双方均无法实现利益最大化。

2. 个性化生产

在电子商务时代，大规模生产模式已经不再适用，批量生产的标准化产品无法有效满足消费者的需求，无法帮助企业获取利润，而根据具体需求生产定制产品（customized product），提供定制化服务成为新方向。企业的生产方式开始转向大规模定制 C_2，基于公式（4-23），在产品 pd 的基础上根据消费者需求进行定制，则有

$$pd'=C_2（pd）\tag{4-24}$$

在定制过程结束后，将所得的定制产品 Pd′ 投入（4-24）的大规模生产模式 C_1 中进行复制生产，得到成品 Pd′，即

$$Pd'=C_1（pd'）=C_1（C_2（pd））\tag{4-25}$$

大规模定制生产模式旨在运用一系列先进制造技术、现代设计方法和管理技术，实现产品和过程重组，在拥有大规模生产低成本、高速度、高效率等优点的同时，能够为用户或小规模市场提供定制化产品。美国经济学家 B. 约瑟夫·派恩认为，大规模定制的核心是产品品种的多样化和定制化急剧增加，而不相应增加成本；范畴是大规模生产定制产品；优点是提供战略优势和经济价值。

基于电子商务的大规模定制生产模式以定制企业为核心，通过电子商务平台将定制企业、供应商、消费者和物流公司等密切联系起来。定制企业通过内部网把企业各部门有机联系起来，同时，客户通过电子商务平台向定制生产企业阐述自身需求，以便企业提前制定生产规划，并向供应商反馈信息；供应商根据信息及时为定制企业提供所需的原材料和零部件，以满足生产需要；物流公司快速准确地将原材料和零部件从供应商处输送给定制企业，并在生产完成后将定制产品送到客户手中。

3. 定制化生产

21 世纪以来，经济水平的显著提升催生了部分极具个性化、多样化的消费需求，尤其是在一些特殊消费领域，如医疗健康器械、配饰配件、智能化穿戴产品等方面，消费者具有完全独特性，对产品的个性化要求极高，现有大规模定制生产方式无法充分满足这一需求。因此，急需一种与客户高度个性化需求相适应，能够保持高效率、低成本的生产模式，这就是大规模个性化生产（mass personalized production），主要以与客户进行一对一交互为基础，激发客户对产品的

潜在需求，由专业人员进行辅助设计，向客户提供"个人化产品"和积极的服务体验，以满足客户对产品的个性化需求。若将此类个性化需求函数定义为 C_3，则第 i 个客户的需求函数为 C_{3i}，该客户得到的定制产品 pd_i 为

$$pd_i = C_{3i}(pd) \qquad (4\text{-}26)$$

将所得定制产品投入大规模生产模式，得到成品，即

$$Pd_i = C_1(pd_i) = C_1(C_{3i}(pd)) \qquad (4\text{-}27)$$

4.3.3　电子商务生产管理

1. 生产管理模块

在产品的生产过程中，企业为了在提供高水平优质客户服务的同时，达到低产品库存量及高生产效率的目的，通常采取更加合理的生产管理方式，这个不断优化的过程一般分为信息化生产管理、数字化生产管理、智能化生产管理三个阶段。这三个阶段不是完全的递进发展关系。随着人工智能技术和智能传感技术的发展，企业在新阶段可以实现资源的充分调用，提高产品的生产效率。

（1）信息化生产管理。信息化资源是信息化生产管理的根本。生产过程信息化包括数控技术、柔性制造系统、分布式数字控制、快速成型制造技术、制造执行系统等内容。运用现代信息技术，企业可以充分获取市场、行业及生产过程中的各类信息，并采取信息化手段深度挖掘信息价值，快速、高效地作出市场反应，实现信息化生产管理。

（2）数字化生产管理。数字化生产是企业将各类数字化技术融入产业实际制造技术之中，运用大数据、云计算、虚拟现实等支撑技术，基于用户需求，实现对资源信息的快速收集、分析、规划、重组，从而得出最佳的实施方式，以完成对各类产品的设计、功能的开发及原型的制造，快速生产出满足用户需求的产品的整个过程。

（3）智能化生产管理。智能化是信息化与数字化的全面升级，是在互联网、计算机网络、大数据、智能技术的支持下满足消费者需求的属性，是人类文明发展的必然趋势。智能化生产是企业在生产制造过程中充分利用各种现代化智能技术，实现企业生产、管理自动化，达到规范企业生产管理、降低生产中随机失误的概率、填补各种过程漏洞、提高生产效率等目的。

考虑企业生产过程中的生产劳动者 M_1、生产技术及设备 M_2、智能化管理程度 M_3 三个内生因素对企业生产过程中决策调整的影响，假设存在多元函数 $G(M_1, M_2, M_3)$，若该函数在点 $M^{(0)}(M_1^{(0)}, M_2^{(0)}, M_3^{(0)})$ 的某个邻域内具有任意阶导数，则多元函数 $G(M_1, M_2, M_3)$ 在 $M^{(0)}$ 点处的泰勒展开式的矩阵形式为

$$G(M_1, M_2, M_3) =$$

$$G(M^{(0)}) + \Delta G(M^{(0)})^{\mathrm{T}} \Delta M + \frac{1}{2} \Delta M^{\mathrm{T}} G(M^{(0)}) \Delta M + \cdots \quad (4\text{-}28)$$

其中，

（1）$\Delta M = \begin{bmatrix} \Delta M_1 \\ \Delta M_2 \\ \Delta M_3 \end{bmatrix}$，$\Delta M_1 = M_1 - M_1(0)$，$\Delta M_2 = M_2 - M_2(0)$，$\Delta M_3 = M_3 - M_3(0)$。

（2）$G(M^{(0)}) = \begin{bmatrix} \frac{\partial^2 G}{\partial M_1^2} & \frac{\partial^2 G}{\partial M_1 \partial M_2} & \frac{\partial^2 G}{\partial M_1 \partial M_3} \\ \frac{\partial^2 G}{\partial M_2 \partial M_1} & \frac{\partial^2 G}{\partial M_2^2} & \frac{\partial^2 G}{\partial M_2 \partial M_3} \\ \frac{\partial^2 G}{\partial M_3 \partial M_1} & \frac{\partial^2 G}{\partial M_3 \partial M_2} & \frac{\partial^2 G}{\partial M_3^2} \end{bmatrix}$，是 $G(M)$ 在 $M^{(0)}$ 点处的海塞矩阵。

根据海塞矩阵判定多元函数极值的定理，即：设多元函数 $G(M_1, M_2, M_3)$ 在 $M^{(0)}$ 点的邻域内具有二阶偏导，若 $\frac{\partial G}{\partial M_i} = 0$（$i=1, 2, 3$），且根据海塞矩阵的正定性，企业可作出符合自身的最优决策。

当企业的海塞矩阵 $G(M^{(0)})$ 为正定矩阵时，$G(M_1, M_2, M_3)$ 在点 $M^{(0)}$（$M_1^{(0)}, M_2^{(0)}, M^{(0)}$）处可以取到极小值，企业此时应调整政策，以提高生产管理的效率。

当企业的海塞矩阵 $G(M^{(0)})$ 为负定矩阵时，$G(M_1, M_2, M_3)$ 在点 $M^{(0)}$（$M_1^{(0)}, M_2^{(0)}, M^{(0)}$）处可以取到极大值，企业此时应保持当前状态，持续实现生产管理效率最大化。

当企业的海塞矩阵 $G(M^{(0)})$ 为不定矩阵时，$G(M_1, M_2, M_3)$ 在点 $M^{(0)}$（$M_1^{(0)}, M_2^{(0)}, M_3^{(0)}$）处不能取到极值，企业当前政策不是最优政策，应进行调整优化。

当企业的海塞矩阵 $G(M^{(0)})$ 为半正定或半负定矩阵时，$G(M_1, M_2, M_3)$ 在点 $M^{(0)}$（$M_1^{(0)}, M_2^{(0)}, M_3^{(0)}$）处或许可以取到极值，企业应采取其他方式对当前情况进行衡量。

2. 生产管理系统

企业的生产管理系统利用最新的物联网、云计算、人工智能技术，集成 MES、

ERP、WMS、TMS 以及多种智能硬件设备的综合管理平台，从而实现工厂的生产管理、运营调度、质检追溯、运维监控等功能，打造数字化、自动化、智能化的现代工厂，最终达到降低能耗、增加生产效益、保证产品品质、提升企业管理水平的效果。企业的生产管理系统包含以下四个部分，如图 4-6 所示。

图 4-6　企业的生产管理系统

（1）设备互联。通过物联网、传感器、PLC 控制器、采集终端等技术，对接工厂的钢筋加工机、切割机、成型机、行车等加工设备，实施监控设备状况，生产计划自动下发执行，实现设备和系统的联动。从两个方面来阐述实现各种设备之间互联的意义。

从公司层面来看，虚拟软件是很重要的。在装配生产线上，各个厂家生产的机械设备都要相互配合。在产品进入生产企业前，必须建立一个对所有设备进行控制的数字化模型，以模拟实际应用情况，并实现软件的虚拟化。基于此，可以使所有的计算机和设备之间智能连接，也就是由软件定义体系结构。

从商业模式层面来看，企业要保证所有设备都可以参与进来，任何类型的流程都可以实施，而且此类技术需要底层很复杂、很坚固，但顶层有很大的灵活性，而且简单易用。

（2）生产管理。构件标识芯码兼容，支持和兼容条码、二维码、RFID 芯片等物品常用的身份标识技术，自动采集生产追溯，采集并记录生产流程信息，把控生产流程，掌控生产节奏。

（3）智能报表。智能报表自动生成报表，支持数据导出，便于管理者把控全局。生产报表中的信息包括数量、品类、日期等。在生产管理方面，建立完整的产品报告有助于：①管理者可以通过这些信息跟踪批号，并发现变化点、相应的质量投诉。②可作为即时质量监测，以促使经理发挥适时调剂的功能。③通过对宏观数据进行分析，为企业的经营决策提供参考。

（4）堆场管理。堆场管理是堆场部门在卸货时，由堆场部门负责的仓储管理。可视化的堆场实时更新堆场的数据，可视化构件的位置，构件的入库、出库，位置的动态管理。企业的生产管理系统工作流程如图 4-7 所示。

图 4-7   生产管理系统工作流程

4.4   电子商务产品生产标准化建设

电子商务产品生产标准化是以电子商务产业生产阶段为对象进行的标准化活动。标准是依据电子商务产品新的科技成果和先进的生产经验，由主管部门批准，以特定形式发布的对产地环境状况、生产投入品、产品质量、生产设备及场所等作出统一规定的准则和依据。基于推动电子商务标准化的规律及内在机理，相对传统的"自上而下"电子商务生产标准化供给实施路径，深入研究消费者的标准化需求及其内在动力的作用，重视标准化技术、服务和政策的供需契合，重视参与主体在电子商务产品标准化生产实施过程中的信息反馈，设计出适应企业需求、增强企业主体地位、最大限度激发其参与积极性的推动方案。

4.4.1　生产技术标准化

电子商务生产的标准化是提高产业经营效率和产品附加值的内在要求，是保障电子商务市场均衡供应、提高产品质量安全水平的重要途径。从技术范式层面来说，电子商务生产的标准化生产水平主要表现为以下几个方面。

（1）通过投入环节生产要素的调整，即资本、技术等先进要素对土地、劳动力等传统要素的替代，带来产品成本的降低与生产效率的提升。

（2）生产过程的无害化控制，具体可表现为"无污染生产技术"的实施与废料残留的双控制。

（3）产出环节电子商务产品质量和附加值的提升及电子商务产品废料残留物减少带来的环境成本节约。

从制度范式的角度来说，电子商务生产标准化可从微观与宏观两个层面考察。

从微观层面来看，标准化水平主要体现为电子商务生产的组织结构与微观理性主体的策略性行为，无约束、不稳定、松散式、自给自足的散户经营模式与规模化、产业化、品牌化、产销对接的集约化经营模式及其演化的中间形态构成了经营主体的策略性行为选择集。一般来说，产业组织结构的变迁、经营主体的策略性互动往往改变电子商务生产的空间布局与集中度，甚至形成新的产业标准化均衡。

从宏观层面来说，电子商务标准化水平可以从自下而上的诱致型制度与自上而下的强制性制度的作用深度、广度及其具体表现形式进行判定。在市场化不断深入推进的过程中，劳动力的大规模空间转移与资金在产业间的流动配置使得诱致型制度变迁在劳动力、资金投入机制与产业组织机制中获得了一定的体现。

值得注意的是，来自于更优质电子商务产品市场需求拉动与基于隐私安全的政府规制政策展示出了不同环节之间制度渗透、融合、变迁动力与边界趋于模糊的基本特征，区别于技术范式"统一制造、统一管理、统一技术"的"三统一"与"新类别、新设施、新技术"的"三新"。制度范式的电子商务生产标准化既注重通过发挥工厂、劳动力、资本、技术、品牌等要素的组合效应来扩展电子商务生产的有效生产边界，也注重要素与制度之间的配套化及各个环节之间制度的兼容而形成的制度成本节约。

4.4.2　生产流程标准化

（1）标准制定体系建设。构建以国家标准为主，地方和企业标准为补充的质量标准体系框架：围绕保护电子商务生态环境、提升电子商务产品质量安全开展产品质量标准制定，完善电子商务标准体系和企业标准体系；围绕增强产品品质，从源头开始加强对电子商务生产、加工、销售环节的质量安全监测，检验标准和管理标准进一步优化；围绕提升产品市场竞争力，重点打造优质电子商务品牌，开展良好电子商务规范认证和地理产品认证。

（2）质量检测体系建设。建立"风险预警、质量追溯、质量安全检测、重大事件应急"四大体系为主的一整套质量监督检测体系，并形成以省级质检中心为龙头，市（区）级质检站为基础，基地和批发市场抽检点为补充的质量检测体系框架。通过源头备案、过程监督、抽查检验，确保电子商务产业"从工厂到手中"的全程质量安全，为电子商务标准化实施提供有力的技术支持和有效的执法依据。

（3）科技服务体系建设。重点抓好技术指导服务，为生产者提供日常技术服务及信息咨询。按照"适用、实用、有效"的原则，加强电子商务标准化示范管理技术宣传培训。联合科研机构和电子商务龙头企业，建成一支由企业技术骨干、电子商务科研高校等专家组成的技术服务队，不定期到电子商务示范区为企业集中解决生产经营中遇到的问题，推广先进科学技术。同时，出台各类优惠政策，吸引外来企业，安排专项资金支持科技创新，鼓励本地企业加大对电子商务新品种、加工包装技术和推广项目政策的倾斜和资金支持。

4.4.3　生产环境标准化

（1）设施体系建设。为提高产品的使用寿命，降低事故的发生，加强对生产设备的管理。在设备系统的建设中，相应部门将根据生产需求，对所需设备进行选型、采购、安装、维修和检查，并按设备管理要求进行合理的保管、使用和定期维护。若设备老化，不能满足工作要求或不能使用，使用单位则应向技术人员提出技术鉴定和咨询，并对设备进行报损、报废。

（2）资源体系建设。合理安排生产流程，将计划、组织、协调、控制生产活动的资源合理使用，有效利用生产资源，实现经济、合理的生产活动，以及预期的生产目标。运用"契约"的方法，强化企业在生产资源管理中的综合生态保护，从而达到企业的生态管理目的。

（3）检测体系建设。通常指原料在进入仓库后，到产品进入仓库之前，各个环节的质量管理。工艺检查的方法有：①首件自检、互检和专检相结合。②将过程控制与抽检、巡检相结合。③多个工艺的集中检查。④按工艺步骤进行检查。⑤成品检查。⑥综合取样和全面检查。工艺质量管理指在产品的生产过程中进行巡回检查，其检查方法有：①首件检查。②核对原材料和产品的生产信息。③巡视，确保适当的检查时间和次数，并严格按照检查规范或操作指南进行检查，包括产品质量、工艺规程、机器操作参数、物料摆放、标识、环境等。

（4）市场体系建设。一方面，健全标准化法律法规，严格执法，规范标准化主体行为，对扰乱市场秩序的行为予以严厉打击，维护良好的电子商务产品购销市场；另一方面，加快电子商务流通体系和信息化体系的建设。

（5）实施体系建设。加大政策扶持倾斜，集中项目资金和注入优势资源，在政府统一协调下完善基础设施建设和主地整治、流转，建设电子商务标准化示范区，进行电子商务集约化、规模化生产，由示范区内电子商务生产大型企业、中小型企业、工厂等经营主体带动推广实施标准化生产。

4.5　本章小结

本章将电子商务生产以"产品溯源""品牌打造""标准建设""生产管理"四个部分为依据分类展开。首先介绍了电子商务产品，以传统产品的分类及定义切入，详细论述了电子商务产品的定义、属性、创新等，并对电子商务产品溯源系统进行简要介绍。其次介绍了电子商务产品的品牌打造，从"地理标识""品牌识别""品牌维护"三方面进行介绍，讲述了电子商务产品品牌打造的全过程。再次分别从"技术""流程""环境"提出电子商务产品生产标准化建设的要求和必要性。最后提出规范的电子商务产品生产流程及管理模式。

在工业 4.0 时代，电子商务生产应持续向数字化、智能化方向不断改进，企业也应创造新型智能制造解决方案，以助力电子商务企业持续改进流程、预防问题发生、优化运营时间，跳出空间限制，改造价值链，重塑企业核心竞争力！

4.6　复习思考题

1. 简述产品五层次的具体内涵。

2. 简述经济学和市场学两个学科方向对产品定义的异同。

3. 简述电子商务产品的定义、分类及属性。

4. 分析电子商务产品创新的动力和表现。

5. 谈谈你对产品溯源系统的理解。

6. 简述品牌打造对电子商务的意义。

7. 简述产品定位的方法，并举出实例。

8. 谈谈你知道的品牌如何助力企业发展。

9. 简要分析电子商务生产标准化的意义。

10. 简要分析电子商务生产标准化的内容和流程。

11. 谈谈你对电子商务企业生产管理的理解。

12. 谈谈你对逆向生产、个性化生产、定制化生产的理解。

13. 简述生产管理的每个模块。

14. 谈谈你对信息化、数字化、智能化生产管理的理解。

15. 简述企业生产管理系统的流程。

第5章 电子商务交易原理

 学习目标

1. 了解电子商务交易的具体运作过程。

2. 了解电子商务的整个交易过程具有哪些风险及风险的类型。

3. 掌握电子商务交易基本模式的内涵及各电子商务模式之间的区别。

 能力目标

1. 了解传统商务与电子商务在交易环节的具体区别，理解二者之间的联系。

2. 熟悉、了解并知道如何防范电子商务交易的具体风险。

3. 掌握电子商务交易基本模式的运作逻辑，能够针对实际案例进行模式分析与优化。

 思政目标

1. 了解我国《"十四五"电子商务发展规划》的具体内容，思考我国如何从"电子商务交易大国"发展为"电子商务交易强国"。

2. 了解并掌握我国新的发展格局，即"国内大循环为主体、国内国际双循环相互促进"，思考新形势下我国电子商务如何培养交易新优势。

3. 熟悉我国的收入分配制度，思考电子商务对生产分配方式和格局带来的影响。

4. 掌握共同富裕的基本内涵，思考如何通过创新电子商务助力我国共同富裕加快实现。

本章知识图谱

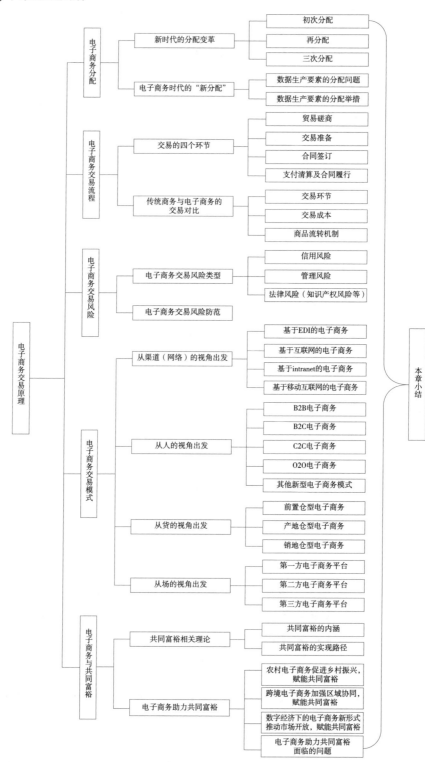

🔍 导入案例

下一个淘宝? 抖音电子商务还有几重关

2021 年 12 月 2 日，抖音测试了一款名为"抖音盒子"的 App，并将其定位为潮流电子商务平台，这标志着抖音正式开启对独立电子商务业务的探索。早在 2019 年，抖音就开始探索自己的电子商务之路，在电子商务领域采取了一系列操作，如封禁第三方链接、上线抖音支付、升级抖音商城、布局字节物流、测试抖客计划、建设独立电子商务平台等，与某些头部电子商务平台极其相似。

抖音电子商务，走向独立

早期，字节跳动的电子商务业务以"淘宝客"的形式存在，通过向第三方电子商务平台导流收取佣金实现营收。为自建电子商务平台; 2020 年 6 月，"抖音小店"成立; 2020 年 10 月，抖音发布公告称封禁第三方链接。至此，抖音内部形成电子商务闭环基础架构，将流量留在内部。2021 年 8 月，"抖音小店"正式升级为"抖音商城"，形成中心化的电子商务入口。2021 年 12 月，抖音宣布测试独立电子商务 App"抖音盒子"，以打造字节跳动的综合性电子商务平台。

布局基础设施，抖音电子商务闭环打通

为形成真正的闭环，抖音持续完善电子商务基础、丰富货物来源。首先，支付是电子商务平台的必要门槛。2021 年 1 月，字节跳动成功推出抖音支付，成为帮助字节跳动实现金融业务的基石。其次，快速可靠的物流体系是电子商务业务的另一重要板块。2021 年 8 月 25 日，字节跳动连续成立两家物流服务公司。最后，为保证物流数据安全，抖音在 2021 年 8 月初换用自主电子面单。虽然抖音对于物流体系的搭建十分重视，但要想实现快速物流网络布局，可谓困难重重。

微信开放外链，独立 App 困难重重

2021 年底，微信官方宣布用户可以在微信私聊和群聊中直接访问外部链接，电子商务平台的商品链接也可以打开，完成下单和支付。这对于非腾讯系的平台来说，无疑是巨大利好。

对于即将独立的抖音电子商务 App 而言，其自身仍有巨大劣势。首先，作为一项全新的 App，用户流量的导入是一大难题。其次，下载后单纯进行直播带货能否吸引用户实现购买、完成流量转化更是难以预料。最后，抖音电子商务具有单次购买、即时消费的特点，注重公域流量，复购率非常低。

进入独立电子商务 App 的抖音，如何实现平台的搭建及运营，如何发挥抖音

的独特优势与强者抗衡，还需要更多的时间探索。请结合本例思考，电子商务交易流程具体有哪些？"抖音盒子"与其他电子商务平台相比，优势在哪？风险在哪？能否结合优势为其选择合适的交易模式，并设计出完整的交易机制？

电子商务交易原理主要就是解决分配，助力共同富裕。

5.1　电子商务分配

5.1.1　新时代的分配变革

分配源于国民经济的循环运动。国民经济是从生产开始，经过分配，达到最终消费、积累的不断循环利用的运动过程。在社会再生产的过程中，分配是非常重要的环节，它在生产环节之后，将生产与消费连接在一起，最终目的是消费环节效率的提高。

分配在日常生活中常被人所熟知的定义指对市场中的各种劳动力、买卖双方所持有的资金、流动的商品以及生产资料进行分配。分配是社会生活中生产关系里某一部分的映射，体现在国家社会、企业和个人等社会成员将社会产品进行分拨，各自占有。准确来说，分配这一行为被囊括在物质生产部门，但由于其实际上在社会中无处不在，因而具有重要意义。分配除了是对商品、资金等社会资料的分配外，还是对上述资料所包含的价值的分配，能够同时满足社会生产和社会生活的双重需求。由此可见，分配不仅是一种行为，更是价值流向。

合理的分配能够促进生产的进步、社会的和谐。我国生产力在这几十年间快速发展，我国的社会主要矛盾也在进入新时代后发生了巨大转变，主要矛盾的变化相应地带动了分配内涵的转变，习近平新时代分配理论就以这一变化为理论依据的基点，提高了对分配的进一步要求。即分配需要具有获得感，需要成为有质量的分配。新时代对经济发展、社会稳定提出了新要求，对社会再生产提出了新目标，也对分配新格局的演进提出了新思路。

2021 年 8 月 17 日，中央财经委员会第十次会议指出，要坚持以人民为中心的发展思想，在高质量发展中促进共同富裕，正确处理效率和公平的关系，构建初次分配、再分配、三次分配协调配套的基础性制度安排，加大税收、社保、转移支付等调节力度并提高精准性，扩大中等收入群体的比重，增加低收入群体的收入，合理调节高收入，取缔非法收入，形成中间大、两头小的橄榄型分配结构。其中，"三次分配"一词受到全社会的共同关注。

1. 初次分配

初次分配是市场按照各生产要素在社会生产过程中作出贡献的比例进行的分配。市场基于要素的边际贡献进行分配，在初次分配生产要素的过程中具有重要作用，可以优化生产要素的配置，进而提高产品生产效率，是推动实现高质量发展的本质要求，同时，这也是初次分配在我国市场的基本原则。通俗来说，初次分配相当于按贡献分配，只要能利用生产要素作出贡献，就能分到一杯羹。

2. 再分配

再分配又叫做社会转移分配，是在政府机构征收税收和政府非税收获得收入后，基于初次分配的结果，将收入主体的收入进行再次分配的过程，这里的收入包括现金，也包括实物。在这一过程中，发挥指导作用的主体和初次分配不同，是由政府作为主体进行指导，分配更加公平公正。另外，基本公共服务也能成为再分配过程实施的载体，基础公共服务的提高可以推动社会经济可持续发展。

2. 三次分配

中央财经委员会第十次会议提出，构建初次分配、再分配、三次分配协调配套的基础性制度安排，意味着"三次分配"正式升级为国家基础性分配制度的重要组成部分。

（1）三次分配概念的提出。三次分配最早出现在厉以宁教授撰写的文章《论共同富裕的经济发展道路》中。该文章创造性地指出影响收入分配的三种力量，提到道德力量是超出市场机制与政府调节力量之外的第三种可以影响收入分配的力量，主要针对的目标人群是高收入及超高收入的群体，这一群体通过社会累积财富，而后应该通过公益慈善活动回馈社会，主动承担起社会责任，以自身社会地位带动更多人形成共同富裕。同时，在作者的另一本书中也指出三次分配增长的可预期性。社会中的三次分配按照时间先后顺序可以将其分为由市场调节、政府调节和个人社会责任感调节而产生的分配活动。在厉以宁的定义中，三次分配的内涵基本可以等同于捐赠。

（2）三次分配内涵的不同讨论。三次分配如何定义，在学届多分为两种观点。

第一种观点认为，三次分配是在初次、再次分配的基础上进行的实物社会转移。由于实物社会转移是政府机构出资，向个人提供公共消费品、公共服务，所以，三次分配所涵盖的内容已经超越了，或者说不局限于捐赠和慈善事业。

第二种观点认为，三次分配离不开政府作用，这种观点认为三次分配按照自觉自愿的形式和原则进行，是在公益组织（如志愿者、慈善机构等）的指挥下，将伦理道德作为动力，推动分配进行，并具有自治性和多样性特征。在这个过程中，政府应当起到鼓励和助推的作用。而这个观点与第一种观点相似，同样认为三次分配不只包括公益事业，还包括政府作用。此观点还提到："在我国推进现代化的过程中，三次分配是完善社会主义市场经济、对接'强起来'新时代国家治理的重大命题。"

结合上述观点，本书认为，三次分配和公益慈善相关，且这种行为遵循自愿原则，是内心道德力量的"物质性"外化。

（3）三次分配内涵的确定。中央财办副主任韩文秀在有关共同富裕的话题中详细阐述了三次分配的重要内涵。他指出，三次分配这一行为是在社会主体自愿的基础上进行的，并非强制进行的。同时，国家应当出台相应激励性的税收政策，以慈善行为补充分配结构。

这一重要论述对三次分配的内涵进行了明确：①明确了三次分配在改善分配结构中的地位属于"补充作用"，而非决定性作用。因此，在优化收入分配、实现共同富裕目标的过程中，重点仍是初次分配和再分配。②明确了实现三次分配的主渠道是慈善捐赠。③明确了三次分配实现主要依靠道德力量，坚持自愿原则而非强制。④明确了政府在三次分配中具有一定的地位，它通过政策性行为，发挥鼓励慈善捐赠等行为的作用。

综上，明确三次分配的具体内涵和"初次分配、再分配、三次分配"框架的构建，能够推动低收入群体的收入增加，最终实现中收入层次规模的扩大。三种相互补充、相互支撑的分配体系对橄榄型分配格局的形成具有重要意义。

根据以上内容，三类分配比较如表 5-1 所示。

表 5-1　三类分配的特征对比

分配阶段	初次分配	再分配	三次分配
目标	效率	公平	美好生活
主体	劳动个体	全部个体	企业 / 高收入群体

续表

分配阶段	初次分配	再分配	三次分配
作用力量	市场力量	政府力量	道德力量
配套体系	市场经济体系等	税收体系 社会保障体系等	激励体系 公益保障体系
作用领域	市场领域	行政领域	生活世界
财富关系	创造	分配	优化
分配方式	按劳分配 多种分配方式相结合	税收、社会保障 政府转移支付等	慈善捐赠、资助等

5.1.2　电子商务时代的"新分配"

在三类分配方式中，基础分配方式是初次分配，这种分配方式是针对货币和人力这两种资本持有者如何分配利益产生的，初次分配在三类分配方式中至关重要。如果在初次分配这个过程中出现了不公正行为，那么，后续的再分配和三次分配都将受到严重影响，无法将结果扭转。在初次分配市场中，调节机制的缺失会导致分配秩序更加混乱，进一步加剧收入差距。而在初次分配中，市场发挥了决定性作用。

在进入数字经济时代后，数据以新生产资料的形式出现，推动人工智能的发展，人工智能的发展使之成为新的生产力，新的生产力又带来了新的变革（如区块链变革），进而改善了现有的生产关系。电子商务在新时代、新关系和新生产力的共同作用下，发挥着建立市场关系、对产业和服务新业态进行创新、拉动经济增长的重要作用，对初次分配产生了巨大影响，已成为数字经济的重要组成部分和抓手。故电子商务时代的"新分配"主要针对初次分配中的要素进行讨论。

生产要素在过去经验性的定义中主要包含有劳动、土地、资本等生产要素。在科学技术进一步发展和知识产权相关制度和政策不断完善的背景下，生产要素将知识、技术、管理、信息等纳入体系中。2020年4月9日，中共中央、国务院印发《关于构建更加完善的要素市场化配置体制机制的意见》，国家明确指出，要进行市场化配置的生产要素主要有五种：土地、劳动、资本、技术、数据[①]，如图5-1所示。

生产要素往往要组合使用才能达到效用最大化，仅仅使用一种生产要素无法最大程度地推动经济增长，拿数据这一要素举例，数据只有在与算法、模型相结

---

① 中共中央国务院. 关于构建更加完善的要素市场化配置体制机制的意见 [EB/OL]. （2020-04-09）[2022-04-01].http://www.gov.cn/zhengce/2020-04/09/content_5500622.htm.

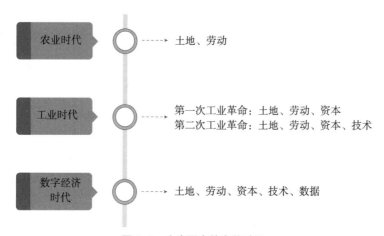

图 5-1   生产要素的变革过程

合的时候，才能发挥最大的效用，进而创造价值，这种价值的创造包括三种模式：①价值倍增，若把数据这一要素和其他单一要素相融合，则该单一要素所能发挥的价值将会倍增。②资源优化，即将数据和其他要素相结合，提高传统要素间的配置效率，资源配置效率的提高进一步带来生产要素的变革，是提高经济增长速率的关键，是数据最重要的价值。③投入替代。数据具有激活其他要素创新能力的作用，也就是说，在数据这一要素的加持下，我们可以使用更少的资源来创造更多的财富，这对传统的生产要素产生替代效应，如图 5-2 所示。

图 5-2   数据生产要素价值传导机制

1. 数据生产要素的分配问题

数据作为生产要素，可能存在以下问题：①初始投资大，产权不明晰。数据自产生到存储，离不开基础设施的支持，而基础设施往往由政府和企业共同投入生产资料建设完成。尽管如此，政府也应当划清与市场的界限，让市场发挥其本身的作用。②具有先行者优势，容易形成垄断。数据具有消费的非竞争性，无边际成本，存在先行者优势。③存在外部性，而外部性又有正负之分。正外部性是指生产者的生产行为会为其他人带来收益，但生产者不能从这些收益中获得补偿。负外部性主要体现在数据的安全性上，数据一旦被非法使用，将会造成大量的财产损失，甚至威胁到使用者的人身安全。与正外部性相反，生产者的生产行为会为他人带来成本，第三方不能因为成本的增加而获得补偿。

2. 数据生产要素的分配举措

（1）注重数据的共享与开放。在与大数据共存共享的时代，数据不仅要求数量大，还要求能被活用，这是数据能发挥其价值的标准。如何最大化实现数据的价值，开放和共享是最好的形式，数据会随着被使用而得到更充分的完善，不断产生新价值，形成新内涵。云计算的发展推动了数据活用的进程。伴随云计算的不断发展，大数据能够准确地与其需要的产品和场景链接，进一步投入应用。

（2）注重数据来源方权益的维护。如何使用数据是一个重要的问题，尤其是消费者的个人数据，在使用的过程中必须尊重且维护个人信息、个人隐私的安全，遵守国家相关法律规定。只有掌握好数据使用的"度"，才能更好地利用数据带来的效益，进一步促进数据的使用和共享，走进良性循环。

（3）选择合适的数据赋权模式。数据的赋权应充分考虑是否为数据形成投入了资源、技术等。明确原始数据的所有权，网络中的运营商享有衍生而来的各项数据的权益，他们不仅可以利用这些数据对权益进行平衡，也能通过这些数据进一步实现技术方面的创新与生产效率的提高，从而推动社会经济的发展。

（4）注重数据的挖掘。数据不同于其他生产要素的最大特征就在于它具有潜在价值。科技的进步速度越快，对数据的处理程度越高，数据价值越高。这个世界上没有无用的数据，只有没能被好好处理、没有被认真挖掘的数据。此外，由于不同的主体部门对数据的需求不同，因此，数据挖掘这一个环节多由各方共同参与，按需挖掘，利用自己开采的数据信息进行生产开发，保证数据在不同维度、不同领域的多样化。

5.2　电子商务交易流程

交易指双方以货币及服务为媒介的价值交换。交易流程指交易主体为完成交易所进行的操作和处理的整个流程。

5.2.1 交易的四个环节

以信息流、资金流、物流为出发点，将交易分为四个环节，如图5-3所示。

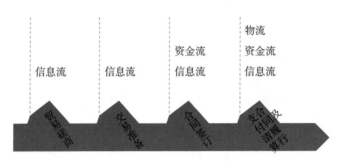

图 5-3   交易的四个环节

1. 贸易磋商

这一阶段，买卖双方开始接触，以移动设备或直接面谈的形式就买卖的具体细节进行谈判，如商品的具体信息、价格、优惠力度、后续合作事宜等，最终将上述细节以合同的形式敲定。消费者整理已得信息，选定购买商品，在贸易磋商阶段与厂商达成意向性的文本框架协议。在贸易磋商阶段，买卖双方的相关活动主要涉及信息流的传递。

2. 交易准备

从广义的角度来说，交易准备阶段指参与交易的各方为交易签约做准备的阶段。买方需按照自己的喜好拟定购物清单及交易计划，进行商品搜索并完成各项对比分析，同时针对不同卖家、商品信息不断调整并完善自己的购物计划，最终确定出最优计划，即实现自身利益最大化的计划。卖家则需要针对自己所销售的商品类型进行全方位的市场调查和分析，了解市场现状和其他竞争对手的销售情况，并根据自己的商品特征制定出合适的销售策略及方式，通过有效的营销手段增强商品的知名度和影响力，找到合适交易的买家，制造交易的机会，将自身影响力扩大，抢占市场份额等。除了买卖双方外，还有其他第三方，如中介、银行金融机构、物流公司等都会在交易准备过程中的某一个环节出现。

从狭义的角度来说，交易准备阶段指买方和卖方通过互联网发布交易需求信息，在互联网上搜寻交易的机会和对象，了解交易规则以及条件等，其他参与交易准备的主体不再作为核心要素，因此不纳入分析范围。

不论是广义视角还是狭义视角，交易准备阶段各参与主体的相关活动主要涉及信息流的传递。一般情况下，在此阶段，大多采用狭义角度进行分析，只针对买卖双方进行重点讨论。

3. 合同签订

该阶段指买卖双方落实文本框架协议，最终以书面形式或电子文件形式形成合同。在此阶段，买卖双方的相关活动不仅涉及信息流的传递，还可能涉及资金流的传递，如合同中要求预付定金。

4. 支付清算及合同履行

在该阶段，根据合同中所列条款及双方的合同履行情况，如买方付款完成、卖方发货、买方确认收货等过程，处理双方收付款并进行结算，最终完成所有交易阶段，即获得交易结果。在此阶段，信息流、物流、资金流均有涉及。

5.2.2　传统商务与电子商务的交易对比

1. 交易环节

传统商务与电子商务交易一样，都包含上述提到的四个交易环节，但传统商务交易环节运作的过程又与电子商务交易存在很大差异，如图5-4所示。

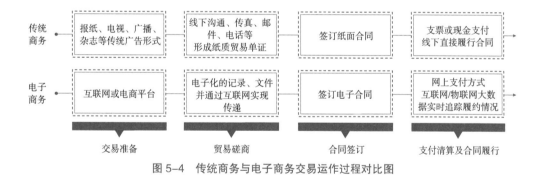

图 5-4　传统商务与电子商务交易运作过程对比图

（1）传统商务的交易环节。在传统商务中，交易准备环节所倚靠的媒介形式主要包括电视、广播、传单等，买方通过这些渠道将交易商品的信息发布出去，卖方可以对商品信息进行查询、匹配、对比。贸易磋商主要通过线下沟通、传真、邮件、电话等方式完成，完成后留下纸质的贸易单证，如发货单、合同、销售发票等。在合同签订阶段，签订纸质的具有法律效力的商贸合同，从而保证贸易商榷的结果，以此监督合同的执行。在支付清算及合同履行阶段，支付方式主要有两种：一种是支票，主要在企业之间交易数额较大的贸易中使用；另一种是现金，主要用于小额交易，在这样的交易中，其中一方一般是个人，且一般为零售交易，合同履行主要在线下直接实现。

（2）电子商务的交易环节。在电子商务中，交易准备阶段需要进行交易的、产品相关的各种信息都可以通过互联网进行发布和检索，通过互联网手段进行对比，且商品种类的可选范围、商品信息的可比范围更广，信息匹配呈现出快速、高效、精准、个性化的特点。在贸易磋商阶段，纸面贸易单证依托互联网特性变成了电子化的记录、文件，并通过互联网实现传递。在合同签订阶段，纸面合同不再是主流，而是用第三方授权的电子合同取代。在支付清算及合同履行阶段，可采用信用卡、电子支票、电子货币等网上支付方式，更加便捷；同时，合同履行实现透明化，可通过互联网或物联网的大数据实时追踪交易参与方的履约情况，如是否支付货款、是否发货、是否正常运输商品、是否拒收等。

2. 交易成本

经济活动离不开成本，每个环节都产生成本。生产环节产生的成本包括但不限于原材料、人工、产品制造等；交易环节产生的成本包括但不限于信息检索、贸易谈判等；流通环节产生的成本包括但不限于时间、物流信息、资金等；消费环节产生的成本包括但不限于以货币形式支出的购买成本、使用成本，以及以非货币形式支出的时间、精力、体力等成本。在消费环节，消费成本包括货币成本（消费价格成本、购买成本、使用成本）和非货币成本（消费时间成本、消费体力成本、消费精神成本）。电子商务的核心目标是促成交易。相比传统线下交易，电子商务交易在互联网上进行，所有交易环节都在信息平台中完成，大大降低了交易成本。

1937年，罗纳德·科斯首次提出"交易费用（交易成本）"思想，他在《企业的性质》中指出，交易成本是"通过价格机制组织生成的最明显的成本，也就是所有发现相对价格的成本""市场上发生的每一笔交易的谈判和签约费用及利用价格机制存在的其他方面的成本"。随后，一批经济学家在此基础上构建了新兴古典主义经济学，着重研究了交易中产生的成本，即外生交易成本和内生交易成本，分别代表着交易过程中实际产生的所有费用和交易过程中可能会产生的风险所带来的费用（用概率和期望来衡量）。学术界对交易成本进行了广义和狭义的定义，广义交易成本是一切非鲁滨逊经济中出现的费用，狭义交易成本是外生交易成本，包括搜寻、谈判和实施过程中产生的成本。本书主要对狭义交易成本展开讨论。

对于市场交易两大主体即厂商和消费者而言：

$$交易成本\ C^T=搜寻成本\ C_S^T+谈判成本\ C_N^T+实施成本\ C_I^T$$

其中，搜寻成本 C_S^T、谈判成本 C_N^T、实施成本 C_I^T 均对交易成本有正相关影响。

（1）搜寻成本 C_S^T

$$C_S^T=C_{S1}^T（d）+C_{S2}^T（t）$$

其中，搜寻成本 C_S^T 指消费者为获取某一商品的相关信息而需要付出的成本，或厂商捕捉潜在消费者并对其进行产品宣传的成本；$C_{S1}^T（d）$ 是搜寻空间成本，受消费者与厂商（店铺）间的距离 d 影响，$C_{S2}^T（t）$ 是搜寻时间成本，受搜寻、购买所需时间影响；且 $C_{S1}^{T\prime}（d）>0$，$C_{S2}^{T\prime}（t）>0$。

电子商务交易依托互联网进行，不存在时空局限性，在搜寻信息或产品的过程中，距离和所花费的时间大幅减少，即 $d_E<d_T$，$t_E<t_T$，则

$$C_{SE}^T=C_{S1}^T（d_E）+C_{S2}^T（t_E）<C_{ST}^T$$

（2）谈判成本 C_N^T

$$C_N^T=C_{N1}^T（m）+C_{N2}^T（n）$$

其中，$C_{N1}^T（m）$ 是谈判空间成本，受消费者与商家间的距离 m 影响；$C_{N2}^T（n）$ 是谈判时间成本，受交易双方谈判间的时间 n 影响，且 $C_{N1}^{T\prime}（m）>0$，$C_{N2}^{T\prime}（n）>0$。

由于电子商务交易谈判通过网络进行，所以谈判过程的各要素发生变化，$m_E<m_T$，$n_E<n_T$，则：

$$C_{NE}^T=C_{N1}^T（m_E）+C_{N2}^T（n_E）<C_{NT}^T$$

（3）实施成本 C_I^T

实施成本 C_I^T 是交易不同时发生所产生的仓储物流成本及店面货架放置成本。在电子商务交易环节中，交易双方通过网络可以完成实时交易、实时发货，大大减少甚至避免了仓储物流成本和店面货架成本，即

$$C_{IE}^T<C_{IT}^T$$

综上所述，电子商务模式下的交易成本为

$$C_E^T=C_{SE}^T+C_{NE}^T+C_{IE}^T<C_T^T$$

可见，电子商务交易提高了商品交易的效率，大幅降低了商品交易的成本。

3. 商品流转机制

（1）传统商务商品流转机制。传统商务商品从生产到来到消费者手中，中间经过了一级又一级的中间商，是一种"间接"的流转机制。由于这种机制经历的

环节较多，因此导致流通费用如运输费用、储藏费用大大增加。此外，每经过一级中间商，商品价格都会不断增加，以满足中间商的自身利益，最终导致商品出厂价与销售价之间产生极大的价差，消费者的购买成本远大于商品的生产成本。部分生产商采用直销模式，即直接将生产出的商品运输到零售端，直接面向消费者。这样的商品流转机制虽然降低了商品价格、提高了商品销量，但同时也会增加生产商的销售成本，因此无法给生产商带来更大的利益，如图 5-5 所示。

图 5-5   传统商务商品流转机制

（2）电子商务商品流转机制。电子商务的出现使商品流转机制发生了巨大改变，出现了商贸模式和厂商模式两种商品流转机制。商贸模式指批发商和零售商通过互联网或电子商务平台出售货物。厂商模式则绕过中间商，建立最直接的面向消费者的流转渠道，即通过互联网平台将商品直接送至消费者手中，同时从消费者处获取具有时效性、高价值的需求信息和反馈意见，实现无阻碍的信息交流，不断加快商品升级创新和服务提升改进，如图 5-6 所示。

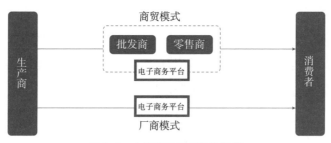

图 5-6   电子商务商品流转机制

5.3   电子商务交易风险

5.3.1   电子商务交易风险类型

电子商务交易过程指在网络环境中，通过互联网平台进行交易的整个过程。

电子商务随着时代的进步和科技的发展变得愈发先进，在此基础上，企业引入电子商务，将其应用于生产销售的各个环节，帮助企业更好地完成产品宣发，减少从生产到销售的中间环节，进而减少交易成本，同时基于电子商务平台，企业能与消费者建立更深的联系，增加消费者进行交易的可能。虽然电子商务的应用为企业带来了不少好处，但因电子商务集网络虚拟性、交易非直面性及支付安全性等问题于一体，所以，通过电子商务进行交易的主体往往会承担不同程度的安全威胁，即电子商务交易风险。电子商务交易风险一般分为信用、法律和管理风险，本书重点讲述信用风险和管理风险。

1. 信用风险

市场经济是信用化之后的商品经济。信用是市场交易中非常重要的部分，尤其在经济逐步走向全球化之后，信用更是成为进入国际市场的凭证。同时，信用更是电子商务存在和发展的基础[①]。交易双方的信任在电子商务交易活动中的作用远远大于其在传统交易活动中所起的作用。电子商务信用是参与电子商务交易的各方主体之间形成的互动信任关系。信用风险指提供信用的一方遵守承诺，在规定的时间内将承诺的产品或服务交付给对方后，面临的信用接收一方因各种原因拒绝按照承诺履约的风险。

电子商务交易环境中常出现由于买卖双方信用参差不齐而导致信用信息不对称的情况，我们将这种情形称为信用风险。信用风险在互联网的背景下更加凸显，交易双方由于无法获知对方信息和信用的真实性，因此使得交易更加谨慎。电子商务交易中的信用风险按照信用风险的主体不同分为买方、卖方和买卖双方共存信用风险，如图 5-7 所示。

图 5-7　电子商务交易信用风险关系图

---

① 覃征 . 电子商务概论 [M]. 6 版 . 北京：高等教育出版社，2019.

1）买方信用风险

买方信用风险指卖方在正常履行承诺后，所面临的买方违约或延迟履约的风险，主要表现是买方因各种原因拒绝在规定时间内付款。这一行为的目的一般有：①利用这笔欠款要挟卖方，以获取更多的优惠来降低自身成本。②争取时间差，利用这段时间将本该偿还的资金进行其他投资，以获取额外利润。

2）卖方信用风险

卖方信用风险指电子商务交易买方在正常履行承诺后，所面临的卖方违约或延迟履约的风险，主要包括以下几种类型。

（1）虚假信息。电子商务交易中最常发生的就是虚假信息。在电子商务交易的过程中，卖方可能出于快速吸引客户、扩大销量、避免承担交易风险等原因，发布虚假的、夸张的信息，或向买方提供虚假的商品信息等。

（2）拖延发货。拖延发货指卖方未按合同规定在约定的时间内将产品发出或提供服务。可能存在两个目的：①要挟提高价格。②赚取预期价格上涨过程中的价格差额，谋取利益。

（3）质量问题。质量问题是卖方提供给买方的商品存在质量上的缺陷，影响使用甚至是无法使用。提供质量相对较差的商品，一是为了节约成本、以次充好；二是可以看作一种放弃交易的表示。

（4）数量问题。商品数量不符指卖方未按照合同或订单中约定的规格向买方提供实际商品数量。为稳住客户、维系客户，卖方有时会在商品数量不足的情况下接下大额商品订单，随后通过生产进行补充。

3）买卖双方共存信用风险

（1）交易抵赖。交易抵赖指在合同签订生效后，买方或卖方因各种原因不再认可该协议，通过各种手段拒绝承认合同中的条款，拒绝承认合同具有法律效应。交易抵赖有完全抵赖和不完全抵赖之分。完全抵赖是签订合同一方拒绝承认整个合同，不完全抵赖是签订合同一方拒绝承认合同中的某些条款，二者的目的不同，前者在于直接停止交易，后者在于修正条款，使交易对己方更有利。

（2）交易留置。交易留置指在交易合同达成后，一方单方面终止交易行为，致使整个交易活动中断搁置，迫使另一方承担违约责任的行为。

（3）责任规避。责任规避主要针对电子商务平台，指电子商务平台在发起某种影响交易主体的行为后拒绝进行弥补。比如，电子商务平台强制关闭某些违规平台店铺，导致店铺中正在进行的交易被强制关停，客户信息和资金遭受损失，但平台拒绝赔付或承担相应责任。

2. 管理风险

管理风险是指在电子商务交易环节中因管理不善、判断失误、技术缺陷等原因，影响整个交易过程，甚至为交易双方带来损失的情况。管理风险共分为：①交易流程管理风险，即在电子商务交易中由于流程设置不当、管理不精而造成的交易模式不稳定、市场反应滞后。②人员管理风险，常发生于人力资源部门的招聘失败、成员离职等，可能影响企业的正常运行。③交易技术管理风险，这是管理风险中的核心，将进行重点介绍。

由于电子商务不同于传统商务，因此，在进行交易时必然会涉及各种信息技术，在享受技术带来利益的同时也会面临相应的技术风险。交易技术管理风险主要包括以下类型。

（1）信息的截获和窃取。信息的截获和窃取是指在未经允许的情况下，通过技术手段将他人发送的电文截断并窃取，从而获取他人机密，如消费者的银行账号、密码及交易双方的交易合同等。

（2）信息篡改。信息篡改是指攻击者通过截取获得原有信息，并将原有信息进行修改，再发往原有地址，以此破坏信息的正确性和完整性。这种破坏手段主要包括篡改、删除和插入。篡改，即改变交易信息流的次序、信息的内容，如购买付款对象、付款金额、商品数量、商品发出的地址、交易时间数据等；删除，即删除某条交易信息或交易信息的某些部分；插入，即在交易信息中插入一些原本不存在的其他信息，让接收方无法读取或读取错误的信息。

（3）信息假冒。信息假冒是指攻击者通过伪造信息或伪装身份来欺骗用户。一般的假冒手段包括：①伪造电子邮件、伪造用户。②假冒他人合法身份。前者主要伪造发送邮件和订货单等，或以伪造的用户身份窃取商家手中掌握的各种信息；后者主要利用他人的合法身份进行消费和栽赃，或是冒充主机、网络控制程序等欺骗用户，甚至占用其资源。

3. 法律风险（知识产权风险等）

法律风险主要表现为对市场交易环境和主体的制度约束，包括各种围绕消费者和服务者权益的法律制度的建立和相关制度的健全性，如知识产权侵权风险、税收法律风险等。

（1）知识产权侵权风险。在电子商务时代，知识产权风险主要表现为电子商务年代信息的新特性与知识产权具有的特性的强烈冲突，比如，知识产权的专有性在网络这样公开、公用和共享的环境中很难体现，也很难受控，其地域性也与网络传输的无国界性相冲突。鉴于上述原因，电子商务领域的知识产权风险就更加使企业注意。电子商务活动涉及的知识产权问题往往包括：域名、素材、数据库、软件等元素，进而与专利权、商标权、版权、著作权等知识产权问题产生重叠和冲突。因此，在电子商务领域，知识产权的保护迫在眉睫，只有充分保证知识产权的安全性，才能进一步推动电子商务的发展。

（2）税收法律风险。匿名性和全球化是电子商务的最大特征，这使得纳税人的查证变得较为困难。电子商务与传统商务交易不同，用于约束传统商务税收的法律沿用到电子商务领域就已所剩无几，这就导致电子商务领域偷税漏税的现象层出不穷，严重影响了行业的健康发展。这无异于为政府工作带来极大麻烦。

电子商务领域存在税收法律风险，主要是因为电子商务具有五个特点：无址化、无纸化、无形化、无界化和纳税人身份隐匿性强。首先，无址化使税务部门无法探知网络店铺的确切位置，或者说，很多电子商务商铺都没有真正的常用地址，这就使得税收法律中的来源地确认依据缺失。其次，无纸化摒弃了纸质凭证，完全以数字化形式保存资料，隐蔽且保密性好，但对于税务机关而言，追踪掌控难度较大。再次，无形化，部分征税对象从有形产品变为无形产品，征税对象的性质难以确定。再次，无界化将传统区域经营的概念打破，由于涉及多个区域，因此难以对征税的管辖权进行界定。最后，纳税人身份隐匿性强，互联网的匿名性使纳税人身份能够得以隐藏，加大了征税难度。

5.3.2　电子商务交易风险防范

电子商务交易风险的防范需要政府、企业与消费者共同发力，共同营造公平、开放、透明、互惠的电子商务交易环境。

针对政府部门，要加强政策监管法律保障，完善信用保障体系，完备税收征管机制。信用保障体系的完善可以通过完善第三方交易平台漏洞、互联网交易实名制和个人诚信征信档案的建立等手段完成。税收征管机制的完备可以采用的方式包括：①与技术手段相结合，改造电子商务交易的税收征管形式。②征税方式多样化，控制并落实税收管辖权。③与金融机构互联互通，随时掌握征管信息。

针对企业，要加快技术升级，保证安全级别。通过提高技术来保证电子商务交易中的交易安全、信息安全等，具体安全技术已在"电子商务安全技术"小节中进行介绍，此处不再赘述。

针对消费者，要加强风险识别意识：①选择值得信赖的交易对象，信誉、信用、地址及口碑是最重要的评价标准。②选择大型的、有保障的交易平台，对于自己没有听说过的、购买人数不多、访问量不大的网站持怀疑态度，不要轻易下单。③选择常用的、合法的交易方式，最好通过正规的第三方支付平台进行支付，有了中介平台的存在，买卖双方的财产安全问题就得到了充分保障。④保留交易过程中的一切记录和凭证，通话录音、聊天记录、汇款单、购物单证等都是在遇到特殊情况时进行维权的重要证据。⑤保持谨慎，不轻信任何人、任何信息，对各类密码进行严格保密、定期更新。

5.4　电子商务交易模式

电子商务按照不同的标准有不同的划分，例如：基于电子商务参与主体进行分类，则包括 B2B、B2C 等；基于电子商务交易对象进行分类，则包括有形电子商务和无形电子商务；基于电子商务交易的范围进行分类，则包括区域化电子商务、远程国内电子商务和全球电子商务。基于不同视角，分类结果也各不相同。电子商务的主要环节及最终目的都是通过线上完成商品交易，因此，基于交易构成四大要素，即"渠道""人""货""场"，提出一种新的电子商务分类方法。

电子商务是在开放的网络渠道中，以浏览器和服务器为基础，交易主体之间在不见面的情况下进行交易，完成各项商务、金融等相关活动的新型商业运营模式。各大网络平台（"场"）为消费者（"人"）提供质优价廉的商品（"货"），吸引消费者购买的同时，促使更多商家（"人"）入驻。

5.4.1　从渠道（网络）的视角出发

1. 基于 EDI 的电子商务

基于 EDI 的电子商务指利用专用网或增值网（VAN）进行 EDI 方式的电子交易。

国际标准化组织将 EDI 定义为将商业或行政事务按照一个公认的标准，形成结构化的事务处理或文档数据格式，是从计算机到计算机的电子传输方法。简而言之，就是根据协议，借助计算机网络对商业文件进行标准化处理和格式化处理，随后在交易主体的计算机系统之间进行数据（如各项单据、各项报表等）的交换和处理。EDI 在国际商贸领域的应用使贸易进入新阶段，即无纸贸易，这为推动全球经济发展带来了良好影响。

2. 基于互联网的电子商务

基于互联网的电子商务指利用互联网进行电子交易。互联网是一种采用 TCP/IP 协议组织起来的松散的、独立合作的国际互联网。由于具有价格低、范围广、功能多等独特优势，因此，基于互联网的电子商务取得了非常良好的发展。

3. 基于 intranet 的电子商务

基于 intranet 的电子商务在以 internet 技术建立的 intranet 网络中进行电子交易。intranet 是在 internet 的基础上发展起来的企业内部网，是在原有局域网上附加一些特定的软件，将局域网与 internet 连接起来，从而形成企业内部网络。它以 TCP/IP 协议为基础，以 Web 为核心应用，构成统一方便的信息交换平台。intranet 是企业内部 MIS 系统的体现。最容易理解的 intranet 商务的例子是商场、超市的信息管理系统，它通过收银台（前台）输入信息并处理，在后台进行总体管理。

4. 基于移动互联网的电子商务

移动通信和互联网二者结合，由此形成了移动互联网，它是一种新型的、开放的电信基础网络，综合了移动通信和互联网双方的优势，因此具有开放共享、互联互通、跨越时间空间等特性。移动互联网以宽带 IP 为技术核心，通过运营商接入互联网，向用户提供语音、数据、多媒体等多项服务及其他各式应用。

电子商务（e-commerce）的发展衍生出多个领域的相关概念，如基于移动互联网的电子商务（mobile e-commerce）与普通电子商务的不同在于应用这种电子商务的载体是手机、电脑等移动终端。基于移动互联网的电子商务将移动互联网所涵盖的各项技术与电子商务结合在一起，使电子商务突破时空限制，让人们能够在不同时间、不同地点，以不同形式随时进行购物交易及各种活动。

5.4.2　从人的视角出发

1. B2B 电子商务

1）B2B 电子商务的定义

进行 B2B（business-to-business）电子商务交易的主体是企业，交易主体通过专用网络或 internet 传递数据和信息。B2B 电子商务利用 B2B 网站和移动客户端将企业内部网的产品服务与客户紧密联系起来，以此提供更好的服务，为客户带来更棒的消费体验。B2B 电子商务交易的对象相对固定、交易过程复杂但规范、交易对象广泛。

2）B2B 电子商务的交易类型

（1）垂直型。面向制造业或面向商业的垂直 B2B（direct industry vertical B2B）。这一类 B2B 电子商务模式存在上游和下游两个方向，生产商作为整条供应链的中段，向上与供货商之间存在供应关系，向下与经销商形成销售关系。

（2）综合型。面向中间交易市场的 B2B。综合型 B2B 也是水平 B2B，在这一类型的 B2B 交易中，它为各个行业中相近的交易提供平台，将销售者与采购者汇聚在一起，提供交易的机会，有利于交易双方的信息交换。

（3）自建型。自建型 B2B 一般只有行业中的头部企业才能做到。资金雄厚且具有需求的企业基于自身情况，选择自行搭建电子商务平台，并将此平台作为产业链的沟通和交易平台。

（4）联营型。联营型 B2B 是行业整合垂直与综合这两种 B2B 模式建立起来的跨行业电子商务平台，目的是提升电子商务交易平台的信息覆盖程度和准确性。

2. B2C 电子商务

1）B2C 电子商务的定义

B2C 电子商务是企业直接面向消费者销售产品和服务的电子商务，是企业通过互联网，以数据信息的形式，将各种商务活动传递到消费者手中，使消费者直接参与零售的模式，因此又称电子零售（电子销售）或网络销售。

2）B2C 电子商务的交易类型

（1）品牌垂直型。在品牌垂直型电子商务中，最典型的是电子产品品牌官网。所有的品牌垂直型电子商务只有具备相当的品牌影响力和产品类型及储备，才能获得足够的流量，满足用户需求。

（2）平台综合型。由于平台综合型电子商务的体量较大，因此，要想增加收入，就需要坚持开放更多的平台业务。所以，对于综合电子商务来说，更多的是扩大自身的品类范围，同时结合用户的消费行为，根据用户个人情况提供最合适的服务。目前的主流综合型电子商务平台都基于用户画像，借助大数据分析来开展精准营销，在提升用户黏性的同时实现更多的增值收益。

（3）平台垂直型。平台垂直型电子商务将上述两种电子商务的优点集合，在提供多重选择的同时做到了单品类的细化分类，呈现出"小而精"的特点。对于顾客而言，这样的平台能在多方面满足自己的个性化需求，尤其是在那些专业度高、标准化程度不高的市场中，消费者更是需要更具特色的服务。

3. C2C 电子商务

（1）C2C 电子商务的定义。C2C 电子商务是消费者与消费者之间的电子商务，具体内涵是个人工作者提供产品或服务给个人消费者。C2C 电子商务是在双方诚信的基础上发展起来的商务模式，基于互联网技术实现可持续发展，推动绿色经济增长。

（2）C2C 电子商务的交易类型。从网站交易分类上来看，C2C 模式网站可分为两类：综合性 C2C 网站和垂直/行业性 C2C 网站。从产品、服务与市场上来讲，C2C 模式主要分为三类：以产品和服务为核心的交易、市场的再分配和协作式共享。其中，第一种多应用于租赁领域，第二种属于所有权的转移与再分配，第三种主要包括资产和技能的共享。

4. O2O 电子商务

1）O2O 电子商务的定义

O2O 即 online to offline，指将电子商务与线下相结合，把互联网变成进行线下交易的第一步。依托线上平台，将线下商业贸易导流入线上进行营销和交易，同时，客户可以在线下享受相应服务，以有利于快速形成规模。O2O 模式的最大特点是：线上推广的效果有据可查，产生的每一笔交易都可以被跟踪。

2）O2O 电子商务的运作流程

O2O 电子商务的消费过程包括线上和线下两个部分。消费者在线上平台获取产品或服务的相关信息、优惠等，再通过线上平台进行预定、支付，而线下则只专注于提供服务。在 O2O 模式中，消费者的购买流程一般分为五步。

（1）第一阶段：引流。线上电子商务平台将有需求的消费者召集到一起，或是把没有需求的消费者的线下消费需求唤醒，这成为线下消费决策的起点，一般的平台包括：各大地图 App、社交应用软件、点评网站等。

（2）第二阶段：转化。线上平台通过展示商品信息、商铺位置、产品优惠服务详情等，来吸引消费者注意，帮助消费者进行对比选择，最终完成消费决策。

（3）第三阶段：消费。消费者在完成决策后，将在线上电子商务平台中获得的详细信息用于线下商户中的消费和服务。

（4）第四阶段：反馈。在线下消费完成之后，消费者将自己的此次消费体验上传至线上平台，以期帮助其他消费者作出选择。同时，这些信息也会帮助商家掌握用户想法，更好地完善产品和服务，吸引更多消费者进行使用。

（5）第五阶段：存留。通过线上平台的用户数据，本地商户可以随时对老客户进行维护，与客户进行沟通，更加了解用户心理，增加用户黏性，使二次消费乃至多次消费成为可能。

综上所述，O2O 价值模式如图 5-8 所示。

图 5-8　O2O 价值模式

3）O2O 电子商务与其他电子商务模式的对比

O2O 电子商务立足于实体店本身，线上、线下同时开展，是一个有机融合的整体。O2O 电子商务对带有服务性质的消费重视程度高于其他电子商务模式，如餐饮、住宿、教育等；O2O 电子商务需要消费者亲自到线下门店获取产品或服务，无法提供送货上门等其他电子商务模式所具备的服务；O2O 电子商务的库存不是商品而是服务。

5. 其他新型电子商务模式

除了以上传统的电子商务交易模式外，随着消费需求的升级和技术的创新迭代，还衍生出一系列新型电子商务模式。从电子商务交易参与者的视角出发：随着角色地位的变动，衍生出 C2B、C2M 电子商务模式；随着参与者类型的增多，衍生出 D2C、BAB、BUG 电子商务模式。

（1）C2B。C2B（customer to business）模式是指消费者面向企业的电子商务模式，这一模式将相对而言处于劣势的群体集合起来，通过数量上的提升来达到加强话语权的作用，并最终获得更多的利益。C2B 模式将商品的主导权、先发权从厂商手中剥离，将话语权交到消费者手中，购物中心形态变成了汇聚需求。

（2）C2M。C2M（customer-to-manufacturer）是指消费者面向工厂的电子商务，这是一种新型工业互联网电子商务，在这一模式下，消费者直接下订单到工厂，工厂根据消费者的个性化需求，从头进行设计生产，最后发出、送到消费者手中，主要包括纯柔性生产，是小批量多批次的快速供应链反应。

（3）D2C。D2C（direct-to-consumer）是指生产销售者面向消费者的电子商务，中心概念是消费者分享产品使用心得，进行互动推荐从而获得商家所派发优惠的一种新型电子商务模式。除了一般的解释外，这一电子商务模式还有另外三种解释，包括经销商对消费者（distribution to consumer），DIY（do-it-yourself），设计师对客户（designer to customer）。

（4）BAB。BAB（business agent business）基于 B2B 电子商务模式建立，是为解决交易企业之间相互匹配、相互信任的问题而出现的。以平台的可信性打造诚信的交易环境，通过大数据匹配、智能推荐、数据优化等技术，将有需求的交易主体匹配到一起。

（5）BUC。BUC（business to university to consumer）是指以大学电子商务平台为中介，连接企业与消费者的新型电子商务模式，这个模式与其他电子商务模式的最大区别在于大学生这一中间群体。

5.4.3　从货的视角出发

1. 前置仓型电子商务

前置仓是指设置在离消费者较集中的社区较近的小型仓储单位。卖方提前将产品配送至此地，待客户付款后，在前置仓组织包装，完成"最后一公里"配送。

2. 产地仓型电子商务

相对于前置仓而言，产地仓规模更大，是大型企业在供应商产地附近建设的仓库，方便供应商直接送货进仓。产地仓的设置实现了高频次、小批量的连续补货：可以使物流规模化，降低成本；能够提升现货率，缩短订货周期；可以优化备货结构，提高应对紧急订单的能力，最终实现买卖双方共赢。

3. 销地仓型电子商务

销地仓型电子商务由本地市场建仓，将产品配送到当地的各个社区，再以消费者自提或送货上门的形式完成交易。

5.4.4　从场的视角出发

"场"是指网络交易平台。

1. 第一方电子商务平台

第一方电子商务交易平台属于卖家（企业及商家）平台，在卖家自建的网上商城进行商业交易，它不依赖于其他电子商务平台而进行电子商务活动。

2. 第二方电子商务平台

第二方电子商务平台属于买方平台，买家通过平台发布需求信息，卖方可通过平台查看、匹配需求信息，并与买方进行沟通谈判，最后达成交易。

3. 第三方电子商务平台

"第三方"是独立于卖家和买家而存在的一方，交易平台既不属于卖家也不属于买家，但它集合众多卖家和买家在其上进行商品的营销交易活动，平台方提供平台而获取收益。第三方电子商务平台也是第三方电子商务企业，是独立在买卖双方的服务性平台，按照服务和交易的标准，为平台使用者提供服务，包括发布买卖信息、信息检索、下订单、支付款项、物流配送等。

第三方电子商务平台的特点包括：①独立性，第三方电子商务平台是独立于卖家和买家的第三方平台，是连接二者的交易市场。②依托网络，第三方电子商务平台在电子商务的基础上发展而来，因此必须在网络的覆盖下才能发挥作用。③专业化，作为一个独立的平台为交易双方提供各项服务，需要各项专业的管理及服务技术。

5.5　电子商务与共同富裕

5.5.1　共同富裕相关理论

"治国之道，富民为始。"习近平总书记在中央财经委员会第十次会议上强调，共同富裕是社会主义的本质要求，是中国式现代化的重要特征，要坚持以人民为中心的发展思想，在高质量发展中促进共同富裕。在全面建设社会主义现代化国家新征程上，扎实推进全体人民共同富裕，必须全面准确地理解和把握其深刻内涵，理解其实现路径。

1. 共同富裕的内涵

1）共同富裕的提出

1953 年 12 月 16 日，中国共产党中央委员会通过了《中共中央关于发展农业生产合作社的决议》，决议中提到："为着进一步提高农业生产力，使农民能够逐步完全摆脱贫困的状况而取得共同富裕和普遍繁荣的生活。"共同富裕这一概念首次出现在党的正规文献中。毛泽东直接主持、参与了该决议的起草及修改，因此，"共同富裕"概念可以认为由毛泽东首倡。

1985 年 3 月，邓小平在《一靠理想二靠纪律才能团结起来》讲话中指出："社会主义的目的就是要全国人民共同富裕，不是两极分化。"

2021 年 8 月 17 日，中央财经委员会第十次会议对共同富裕形成了最新提法，即共同富裕是全体人民的富裕，是人民群众物质生活和精神生活都富裕，不是少数人的富裕，也不是整齐划一的平均主义，要分阶段促进共同富裕。

综上所述，习近平新时代中国特色社会主义思想进一步丰富和发展了共同富裕的理论内涵。共同富裕具有鲜明的时代特征和中国特色，在建设社会主义现代化强国的道路上，全体人民通过辛勤劳动和相互帮助，普遍达到生活富裕富足、精神自信自强、环境宜居宜业、社会和谐和睦、公共服务普及普惠，实现人的全面发展和社会全面进步，共享改革发展成果和幸福美好生活。

2）共同富裕的深层内涵

（1）共同富裕是全民共富。从共同富裕的范围来看，共同富裕涵盖全体人民，一个也不能掉队，通过允许一部分人、一部分地区先富起来，进而满足最广大人民群众对美好生活的需要，使全体人民共享改革发展成果。

（2）共同富裕是全面富裕。从共同富裕的内涵来看，共同富裕的最终目的不是简单的物质财富的丰富，而是涵盖物质、精神、文化、生态、社会、公共服务等相关领域的多维度的富裕，是物质文明、政治文明、精神文明、社会文明、生态文明的全面提升。

（3）共同富裕是共建共富。从共同富裕实现的路径来看，实现共同富裕决不允许"养懒汉""等靠要"现象，而是鼓励全体人民通过辛勤劳动和相互帮助，在人人参与、人人尽力的基础上实现人人享有，共建美好家园，共享美好生活。

（4）共同富裕是逐步共富。从共同富裕实现的进程来看，由于我国发展不平衡不充分问题仍然突出，城乡区域发展和收入分配差距较大，因此，实现共同富裕并不是一蹴而就的过程，而是一个分阶段、循序渐进的过程，这个过程具有长期性、艰巨性、复杂性，要在实现现代化过程中逐步解决好这一问题。

综上所述，共同富裕的内涵如图 5-9 所示。

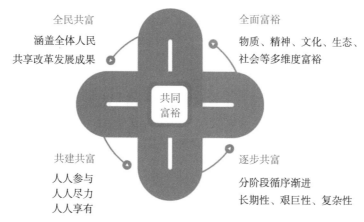

图 5-9　共同富裕的内涵

2. 共同富裕的实现路径

在推进共同富裕建设的进程中，既要遵循规律、积极有为，又不能脱离实际、吊高胃口，要尽力而为、量力而行，注重防范化解重大风险。要实现全体人民共同富裕，就要贯彻落实党的十九届六中全会精神，凝聚共同奋斗的社会共识，人人参与、人人尽力，共建共享，在更高水平上办好"做大蛋糕"和"分好蛋糕"两件大事，解决好"富裕"和"共同"两方面问题。共同富裕主要通过五大路径实现：在高质量发展中实现共同富裕；通过勤劳创业实现共同富裕；通过促进人的全面发展实现共同富裕；通过基本公共服务均等化实现共同富裕；通过优化分配制度和政策实现共同富裕。

5.5.2　电子商务助力共同富裕

1. 农村电子商务促进乡村振兴，赋能共同富裕

1）乡村振兴与共同富裕的关系辨析

达到共同富裕的要求是国家经济发展达到较高水平，不同群体之间的差距受到控制，逐渐变小。2021 年，我国人均 GDP 已超过世界人均 GDP，达到 12251 美元，正在向高收入国家人均 GDP 靠近，在 2025 年之前，我国就能跨进高收入国家门槛。共同富裕这一目标的完成重点仍然放在农村地区，2021 年的数据显示，我国城乡收

入比高达 2.5，区域发展不平衡，收入差距大，发展格局无显著变化，这样的情况长期存在，缩小城乡之间的差距对实现共同富裕而言，是一个需要攻克的难题，只有减小城乡差距，实现乡村振兴，才能促进城市和农村的共同发展及人民的共同富裕。

2）农村电子商务促进乡村振兴的内在逻辑

（1）农村电子商务缩小城乡数字鸿沟。近年来，政府大力支持农村电子商务发展，推进乡村振兴，不断加大财政政策的倾斜，并通过一系列措施推动技术、资金、人才等要素流向农村地区，推动农业标准化、信息化、城镇化，实现农村地区产业的转型与升级，加速形成乡村互联网产业，促进农村地区实现与城镇地区资源和要素的双向融合，不断缩小城乡数字鸿沟，促进城乡之间形成互惠互利、明确分工的发展格局。

（2）农村电子商务推动乡村产业振兴。农村电子商务是推动乡村经济向前发展的巨大动力。一方面，农村电子商务的出现改造了乡村的原有产业，使乡村产业变得更加多元化。农村电子商务通过互联网这一巨大连接通道将小乡村和大市场进行连接，打破了时空限制，打开了农产品的销售渠道，打响了农产品区域品牌，将农产品的管理和销售进行网络化改造，将原本个体农户的特色产业转换成地方的特色产业，实现了经济发展和农民增收。另一方面，农村电子商务将催生出全新的产业与就业机会，如加工储藏、物流配送、美工摄影、销售客服等。此外，农村电子商务的发展成熟将加速农村互联网经济圈的形成，带动人才返乡就业、创业，促进产业振兴与人才振兴。

（3）农村电子商务促进农村消费升级。农村电子商务的出现为农村消费模式的革新带来了巨大动能，是促进农村消费经济发展的重要载体，农村人民总体收入增加了，可支配收入也提高了，所以拥有了更大的消费能力。同时，农村电子商务加速了基础设施建设与流通体系建设，在打开农产品上行通道的同时，也将工业品下行的渠道开放，农村消费市场需求爆发。越来越多的网商平台瞄准农村下沉市场，促使农村消费更加便捷，选择空间更加广阔，实现了双赢的局面，如图 5-10 所示。

2.跨境电子商务加强区域协同，赋能共同富裕

共同富裕是立足于当下经济社会所处阶段基础上的状态，就目前来看，我国的共同富裕是立足于社会和数字经济时代的共同富裕。作为推动我国经济发展的重要动力，以及加快我国产业转型升级的重要手段，跨境电子商务这一新业态、

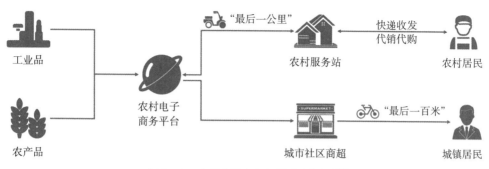

图 5-10　农村电子商务打通"双向通道"

新模式推动了区域间的协同发展，是共同富裕实现的坚实基础。

（1）跨境电子商务推动共享性增长方式发展。进入互联网时代后，数据的重要性完全体现。由于生产数据的成本低到可以忽略不计，因此，数据这一生产要素打破了稀缺性生产要素的限制，实现了推动社会经济持续增长的目标。在跨境电子商务这一领域，更是将数据的应用提到了非常重要的地位，互联网数字科技将传统商业模式中信息不对称和资源存在屏障的问题完美解决，实现了买卖双方之间"三流"共享，进而推动商业模式的共享性增长，最终达到跨境电子商务的发展与共同富裕的实现，相互推动共同发展。

（2）跨境电子商务重塑原有市场关系地位。跨境电子商务与传统商业模式之间存在巨大差异，主要是在市场及雇佣关系资源、主导地位等方面进行了巨大突破。这些变革创造了更多的就业机会，提供了更多的从业平台，创造了更多的社会价值，使社会财富的社会福利增加，推动社会进入新的发展阶段。由于跨境电子商务本身具有普惠性和分享性，因此它带动了传统行业中各企业的转型升级，这与共同富裕解决不平衡不充分问题的目的一致，所以，我们可以说，跨境电子商务的发展为共同富裕提供了强有力的助益，因此，二者之间具有强契合度。

（3）跨境电子商务促进互利共赢与共同发展。在我国范围内，跨境电子商务将各个领域、各个区域、各行各业的企业汇聚到一起，打破时空限制，参与到跨境电子商务生产与消费的环节中，将城乡区域和行业之间的关系进行进一步协调，弥补区域间差异。放大到全球范围来看，跨境电子商务与"一带一路"深度融合，这体现了习近平新时代中国特色社会主义思想的"五大发展理念"。携手"一带一路"沿线国家实现互惠共赢，助推共同富裕目标的完成。

3. 数字经济下的电子商务新形式推动市场开放，赋能共同富裕

1）数字经济下的电子商务新形式的具体内涵

随着时代的发展和科学技术的进步，大数据、人工智能的应用推动电子商务快速发展，不断产生电子商务新模式。不同的电子商务模式逐渐将应用场景扩展到各行各业、生活的各个领域、各个场景，对建立市场关系、创新业态、加速经济增长作出了重要贡献。

在数字经济背景下，电子商务的新形式包括社交电子商务、直播电子商务和社区电子商务等，将用户作为核心，通过信息技术对传统商务中的"人、货、场"三大要素进行重构，形成新的业态，主要具有以下三大特点。

（1）从功能性消费向体验式消费转变。

（2）从以产品为中心到以用户为中心。

（3）从单一场景到多场景融合。

2）数字经济下的电子商务新形式赋能共同富裕的内在逻辑

在数字经济背景下，电子商务为共同富裕的实现作出基础性共享，主要将交易主体及相关方的市场关系纳入网链，提高一次分配的公平性，将结果作为二次分配的基础，大幅提高二次分配的准确程度，保证社会公平，从而推动共同富裕。

（1）数字经济下的电子商务新形式加强供需链接。由于数字经济下的电子商务新形式打破了时空限制，将供需双方的对接效率提高，将散落在市场网络中的市场个体纳入网链，成为网络中的一个节点，因此使市场结构更加稳定，能够在更大范围内将资源配置优化，从而应对市场活动的不确定性。

（2）数字经济下的电子商务新形式缩小要素获取差距。共同富裕实现的基础在于拥有公平公正的市场。只有在公平公正的市场中，所有的分配才能正常发挥其作用。数字经济下的电子商务新形式从产品、知识、技术等方面的公平、公开出发，缩小市场中各方主体获取各个要素的差距，以构建更加公平的起点，进而打造公平公开的市场，成为共同富裕的基础。

（3）数字经济下的电子商务新形式催生开放式创新。数字经济下的电子商务新形式在各生产要素上下足功夫，经由这些要素对传统产业从采购到销售的整条供应链进行全面渗透，将实体经济和虚拟经济完美融合。基于上述环节，加强各产业间的联系，带动全社会产业共同升级。同时，高效、低廉的电子商务应用为创新打下基础。从总体上看，数字经济下的电子商务新形式为共同富裕的实现提

供了全方位担保。

4. 电子商务助力共同富裕面临的问题

1）偷税漏税问题

税者，民之所负，国之所入。税收作为二次分配的重要手段，客观上成为调节政府与公民之间财富分配的关键性杠杆，对推动共同富裕起着重要作用。近几年，国家税务部门加大了对高收入人群以及高收入行业的税收监管，严厉打击一切偷税漏税骗税的行为，以维持我国税收秩序，这一系列措施在国内取得了积极成效。但与此同时，有关偷税漏税的手段也随着打击力度的加强而不断升级，往往具有高隐蔽性。

（1）直播带货领域的偷税漏税问题。由于电子商务领域的纳税和监管机制不同于传统商务，存在很多漏洞，很难对成交量、交易额的真实性进行彻底的税务检查，无法发挥税收政策的监管作用，也无法保护消费者的合法权益，更无法达到线上和线下的统一，因此，偷税漏税行为的监管难度极大。其中，由于网络主播法律意识不强，存在侥幸心理及业内监管不严等原因，直播带货成为偷税漏税的重灾区。首先，直播带货能快速变现，受金钱诱惑的部分从业人员对法律的认识还不深刻，想从中牟利、藏匿灰色收入，这危害国家税收安全。其次，直播带货的主播由于依赖虚拟网络获得收入，并无实体经营，再加上平台机制不够，健全监管力度不大，留下太多漏洞，因此导致主播有着可乘之机。

（2）偷税漏税问题治理。对于偷税漏税问题，尤其是直播带货领域的偷税漏税问题治理而言，应实现部门之间联合行动、区域之间信息共享，进行全链治理，增强政府对网红经济监管治理的预防性、主动性和全面性，将所有交易主体的信息纳入监管范围，并将政府、行业和平台集合，形成监管体系。政府应将政策进行修改，取消不合理优惠政策，加强税收漏洞的填补；平台提供技术性改造，实现监察、预警、审批、处理等功能，从而时刻引导网红经济的健康发展；行业自我监管，进行税收相关政策宣传，形成良好的税收环境。此外，应从国家安全角度加强资本监管，并出台相关法律，对网络平台的资本、技术、传播内容等进行规范，支持守法自律、高质量、正能量的网络红人，确保网红经济产业在健康有序的轨道中发展壮大。

目前，国家互联网信息办公室、国家税务总局、国家市场监督管理总局联合印发《关于进一步规范网络直播营利行为促进行业健康发展的意见》，明确强化信息共享、深化监管联动，着力构建跨部门协同监管长效机制，加强对网络直播营利行为的规范性引导，鼓励支持网络直播依法合规经营，切实推动网络直播行业在发展中规范，在规范中发展[①]。

2）大数据"杀熟"问题

在日常交易中，消费者或多或少都经历过以下情形：想要购买某一件商品，随着浏览次数的增加，价格变得越来越高；同样的产品或者服务，新用户比老用户享有更低的价格，拥有更多的优惠；在网上预订产品或服务，实际到店消费时却发现网上价格高于店内挂牌价格；使用高品质、高价位手机购买商品，价格高于用其他普通手机……这些现象均被称为大数据"杀熟"，正如人们所说的"最了解你的人最能利用你的价值"。

（1）大数据"杀熟"。大数据（big data）指资料数量庞大到采用主流软件或工具没有办法进行收集、处理、整理，变成帮助企业作出更佳决策目的的资讯。大数据的特征有：数据规模大、数据类型多、价值密度低、数据处理速度快。

随着科学技术的进步，大数据已经成为无法改变的主流趋势。但每个事物都有两面性，大数据的广泛应用也导致了"滥用的数字权利"。

大数据"杀熟"是商家在互联网上通过大数据的应用采集消费者信息，将消费者进行画像和分类，对老顾客或经常购买自家产品的顾客实施价格歧视策略，即同一种商品卖给熟客的价格更高，将熟客的信任作为"踏板"，放大自身利益所得，这种行为是商家故意的，是具有欺骗意味的行为，为消费者带来了实际损失，如图5-11所示。

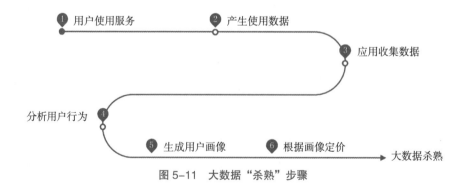

图 5-11　大数据"杀熟"步骤

---

① 国家互联网信息办公室，国家税务总局，国家市场监督管理总局.关于进一步规范网络直播营利行为促进行业健康发展的意见 [EB/OL].（2022-03-31）[2022-04-01].http://www.gov.cn/xinwen/2022-03/31/content_5682632.htm.

（2）大数据"杀熟"的危害。大数据"杀熟"不仅损害了消费者的合法权益，更是违背了公平和诚实交易的原则。在这样的情况下，消费者对互联网上的平台及企业的信任程度大大降低，产生了大量信任危机。企业和平台面对这样的情况也都不再将重心放到产品和服务本身的改进和创新上，而是通过资本和信息技术等手段来获得更多利润，罔顾市场规则造成资源浪费。因此，大数据"杀熟"在一定程度上破坏了整个社会的安定和富裕，成为了破坏共同富裕的阻力。

（3）大数据"杀熟"问题治理。对大数据"杀熟"问题的治理应从多方面入手，既要发挥市场力量，又要提升监管能力和制度保障。

一是加强政策制度监管。2022 年 1 月 4 日，国家互联网信息办公室等部门公布了审议通过的《互联网信息服务算法推荐管理规定》[①]，并于 2022 年 3 月起施行。这项规定一方面限制了平台利用算法控制推荐的内容，使平台和商家必须遵守大数据使用规则；另一方面保障了人们不会因为算法沉迷网络，同时也避免了因为日常消费高而被大数据"杀熟"的现象，对大数据"杀熟"现象也有明显的制约。

二是明确数据权益边界。经营者应明确告知用户和监管部门收集数据的范围、手段，以及使用数据的目的等，让用户对自身信息如何使用、如何被获取有足够的了解。同时，监管部门应规范经营者对个人信息的利用，要求经营者不得使用个人信息进行价格差异化区别对待。

三是推进算法透明机制。监管机构应引导企业将算法伦理纳入企业规章制度中进行管理，从而减少社会中算法用在不应当被使用的地方的情况。

四是抑制市场支配地位。消费者在察觉到平台杀熟的行为后，应快速转换其他平台，不给这样的企业和平台成为市场主导的机会。

3）平台"二选一"垄断问题

在网络环境中诞生的电子商务与传统商务相比，具有明显的网络外部性。外部性所产生的正反馈效应使电子商务平台的边际效用随客户的增长而增加，所以，在规模较大的电子商务平台中，客户的交易成本远小于规模小的电子商务平台，规模经济的存在也使得规模较大的电子商务平台更具吸引力，形成马太效应，甚至可能形成垄断。在电子商务中，最常见的就是平台"二选一"问题。

（1）平台"二选一"的含义。"二选一"为滥用市场支配地位，构成限定交易

---

① 互联网信息服务算法推荐管理规定 [EB/OL].（2022-01-04）[2022-04-01].http://www.cac.gov.cn/2022-01/04/c_1642894606364259.htm.

行为，指平台要求商家签订只能选择一个平台进行经营和参与活动的合同。一般情况下，这样的平台具有市场支配地位，因而商家对其具有依赖性。

（2）平台"二选一"的危害。平台"二选一"的产生完全破坏了市场的公正竞争秩序，是资本无序扩张的表现。这样的行为强行制造了竞争壁垒，同时遏制了创新的发展，阻碍了技术升级迭代和产品服务优化。此外，经营商家及所有消费者的权益被损害，甚至产生损失，极大降低了社会效益。最后，"二选一"行为不仅会影响消费者福利，还会传导至整个产业链，对整体经济带来影响，降低经济运行效率。在共同富裕的指引下，互联网平台在获得第一次分配所带来的各方面红利之后，更应该承担起应负的责任和义务。

（3）平台"二选一"问题的治理。针对平台"二选一"问题，国家不断加强监管力度，《反不正当竞争法》《电子商务法》《国务院反垄断委员会关于平台经济领域的反垄断指南》[①] 对解决垄断问题提供全方位的帮助。2021年，国家开始重视"二选一"问题，提出需要严格整治这一问题，并召开相关新闻发布会，会上指出，应当加强治理反垄断和恶性竞争，严惩平台"二选一"等不正当竞争行为，并发布了《关于充分发挥司法职能作用 助力中小微企业发展的指导意见》[②]。

从整体和长期来看，平台"二选一"问题的治理需采用法律、政策、社会三层治理架构。在国家监管的基础上，社会监管机构也应规范行业秩序，促进企业形成自律行为，构建新方法、新模式、新渠道进行治理。

5.6 本章小结

电子商务的本质是商务，商务的核心是商品交易。不论是现有的哪一种电子商务模式，其核心作用仍然是作为连接供给方和需求方的平台，促进交易的快速达成：一方面，电子商务作为一种销售渠道，交易是必要的功能，有了交易，产品才能转化为商品，才能从生产端向消费端开始流动；另一方面，扩展性功能需要将达成交易作为实现的前提。

在电子商务交易过程中：明确电子商务交易的运作流程是激发电子商务交易

---

① 国务院反垄断委员会关于平台经济领域的反垄断指南 [EB/OL]. （2021-02-07）[2022-04-01]. http：//www.gov.cn/xinwen/2021-02/07/content_5585758.htm.

② 最高人民法院 . 关于充分发挥司法职能作用 助力中小微企业发展的指导意见 [EB/OL]. （2022-01-14）[2022-04-01].https：//www.court.gov.cn/zixun-xiangqing-341901.html.

主体活力的重要途径；精准识别电子商务交易过程中的风险类型并加以防范，是确保电子商务交易规范有序的重要保障。在现有电子商务基本模式的基础上，不断加强"人、货、场"三要素的交互，创新电子商务新形式、新模式、新业态，是加快我国电子商务高质量发展，加大电子商务对共同富裕的贡献力度，从而迈向电子商务发展强国的必由之路。

5.7　复习思考题

1. 简述初次分配、再分配、三次分配的具体内涵。

2. 简述数据生产要素分配的相关举措。

3. 简述交易过程中的四个环节，并分析传统商务交易环节与电子商务交易环节的区别。

4. 分析电子商务与传统商务在商品流转机制上的区别。

5. 电子商务交易的风险类型有哪些？具体包括哪些内容？请举例分析。

6. 谈谈你对电子商务风险防范的理解，并列出具体措施。

7. 从渠道（网络）的视角出发，电子商务交易模式可以分为哪几类？

8. 简述 B2B、B2C、C2C 电子商务模式的异同。

9. 简述 O2O 电子商务模式的运作流程。

10. 谈谈你知道的新型电子商务模式。

11. 简要分析前置仓、产地仓、销地仓的区别。

12. 简要分析第一方、第二方、第三方电子商务平台的异同。

13. 谈谈你对共同富裕内涵的理解。

14. 分析农村电子商务推动共同富裕实现的传导机制。

15. 分析跨境电子商务推动共同富裕实现的传导机制。

16. 分析数字经济下的电子商务新形态与共同富裕的作用关系。

17. 谈谈你对大数据"杀熟"、平台"二选一"的理解，并思考如何解决此类问题。

第6章 电子商务流通原理

 学习目标

1. 了解电子商务流通的产品采购和仓储知识。

2. 了解电子商务流通中物流与配送模式。

3. 掌握产品流通对电子商务行业发展的影响。

 能力目标

1. 了解产品采购、仓储、物流与配送等各个模式的异同。

2. 掌握产品流通三环节各模式的适用场景。

3. 掌握电子商务的流通框架，并能自行表述。

 思政目标

1. 了解产品流通三环节的发展将如何解决我国电子商务流通中的"最后一公里"等问题。

2. 思考产品物流与配送的创新对建设城乡高效配送体系的意义。

3. 掌握电子商务流通对我国在新发展阶段贯彻新发展理念、深化供给侧结构性改革的推动作用。

🔍 **本章知识图**

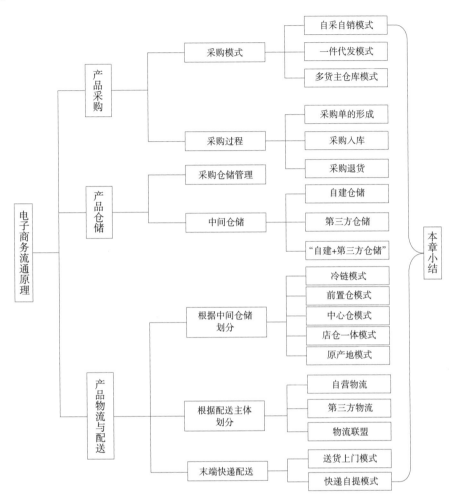

🍳 **导入案例**

担当作为，持续推进三级物流体系建设

围绕商务部等 17 部门《关于加强县域商业体系建设促进农村消费的意见》的政策文件，中国邮政将持续全面落实县乡村三级物流体系建设，推动农村消费提质扩容。

（1）坚持整体规划，系统性推进三级物流体系建设。中国邮政将按照统一规划、统一标准、统一品牌、统一系统的"四统一"原则，以"两中心一站点"（县级中心＋乡镇中心＋村级站点）为主要建设模式，进一步健全完善三级物流体系建设推进方案，全面构建开放共享、智能快捷的邮政县乡村三级物流体系，提升最后一公里投递能力。到 2021 年年底，完成首批 417 个重点示范县市三级物流体系建设；力争用两年时间完成全国三级物流体系建设。依托邮政寄递、农村电子商务、普惠金融等业务资源，打造中国邮政助力乡村振兴的协同服务模式。

（2）突出重点领域，全面提升三级物流体系的服务能力。①优化农村网络架构。以县级中心、乡镇中心（乡镇支局所）、村级站点为三级节点，采取"县级中心＋乡镇中心＋村级站点""县级中心＋村级站点""县级中心＋乡镇支局所＋村级站点"三种组网模式，构建邮政县域服务网络基础。②加强三级节点建设。强化县级中心枢纽节点功能，推进处理中心和仓储中心一体化建设，根据地方产业发展需要统筹规划建设冷链仓储；实施"邮政在乡""快递下乡"的换挡升级工程，推进乡镇邮政局所和快递网点的标准化、信息化改造，强化乡镇中心在三级物流体系中县乡邮路与投递线路的连结点、邮快合作代收代投交接点的功能；建设村级"综合便民服务站"，依托村邮站、邮乐购站，整合村委会、便民服务站等现有资源，实现多站合一，增强末端节点的综合服务能力。③增强网络服务能力。优化县乡邮路，采用"自有＋委代办＋交邮合作"相结合的方式，提升邮路运营效能；优化投递作业组织，通过"县级中心辐射""乡镇中心辐射""乡镇支局所辐射"三种模式，提升重点乡镇投递频次；优化整合投递线路，加大资金投入、出台补贴政策，推进农村投递汽车化。④推进"交邮合作""邮快合作"。结合交通运输部办公厅印发的《2021年推进农村客货邮融合发展工作方案》，推动邮政快递与农村客运、货运的融合运营。扩大邮快合作范围，打造以邮政农村基础网络为主体的县级共配平台，全方位提升县、乡、村三级民营快递代投能力，形成农民受益、"邮""快"共赢、政府满意的良性循环局面。

（3）构建运营体系，全面打造邮政惠农综合服务模式。①打造综合服务平台，提升农村基本公共服务均等化。围绕"开放共享、叠加赋能、建立生态"的理念，健全"网点＋站点"的服务生态，打造"普服"+"普惠金融"+"农村电子商务"+"邮快合作"＋"政务便民"＋"惠农合作"的"普服＋5"转型模式。②打造惠农服务体系，聚力破解"三难"痛点。针对农业农村"融资难""销售难""物流难"等痛点问题，发挥邮政的"三流合一"优势，构建"政府＋邮政＋新型农业经营主体"的为农服务体系，为新型农业经营主体提供集农村金融、农村电子商务、农产品寄递以及农资农技等为一体的综合服务解决方案。以助力农民合作社高质量发展为重点，促进小农户融入现代农业发展格局。③健全产销对接体系，服务农业特色产业发展。围绕各地农业产业特点，加强中国邮政农产品基地布局，用两年时间完成全国 150 个农产品基地建设，启动建设"产地仓""销地仓"，对接"田头仓"；强化农产品品牌赋能，通过社会化合作建立农产品全程品控溯源体系，畅通品牌农产品从田间到消费者的道路，缩短中间环节，助力农民增收。④强化农村金融产品与服务供给，为农业农村注入源头活水。落实人民银行开展金融科技赋能乡村振兴示范工程的文件精神：加快实施中国邮政储蓄银行三农金融数字化转型规划，推动构建数字普惠金融生态；加强信贷产品创新，聚焦乡村振兴重要主体，以信用村建设和供应链金融等为抓手，持续做好融资服务；推进农村信用体系建设，健全"三农"数据平台，积极与农村政务、农村公共缴费、农村"三资"、农村产权交易等平台进行对接，做好"三农"数据的整合、治理与应用；推进邮惠万家直销银行发展和数字人民币试点，全力推进金融科技赋能乡村振兴的场景建设。

思考：

（1）三级物流体系建设对农村生活会有什么实质性影响？

（2）推进乡村振兴仍需从哪几个方面入手？

资料来源：中国邮政集团有限公司 . 搭建三级物流体系，构建邮政惠农生态 全力打造中国邮政助力乡村振兴特色服务模式 [EB/OL].（2021-08-30）[2023-02-20]. http：//ltfzs.mofcom.gov.cn/article/dzswn/ncdf/202108/20210803193067.shtml?ivk_sa=1024320u.

电子商务流通原理主要解决生产与消费之间的时效性。

"流通"是经济学概念，商品流通指商品通过交换从生产领域到消费领域的全过程，其目的是实现商品的"价值交换"和"实物交换"。

商贸流通业就其本质而言属于第三产业。广义上的商贸流通业囊括了商品所有者一切贸易关系的总和，集合了商流、物流、信息流和资金流，包括批发、零售、餐饮、物流、信息和金融等；狭义上它仅仅指批发、零售、餐饮和物流这四个产业。电子商务作为一种商贸模式，是商贸流通系统中的一个个体，在信息流、物流和资金流三大基本要素的支撑下，电子商务和商贸流通业之间存在相互作用。在我国经济快速发展的过程中，还存在着鲜明的地域差异问题。在商贸流通业方面，可利用电子商务信息技术的应用来提升区域间的交易质量，而地域经济又具有发展不平衡的特征，可充分利用这一优势，合理布局经营范围，提升产业层次，同时反过来也为电子商务发展服务。所以，电子商务与商贸流通业之间的关系是相互互补、彼此支持。电子商务很有潜力地促进了贸易流通业的发展，因此，电子商务的流通是商贸流通业在电子商务领域的一种体现。参考商贸流通业的广义与狭义定义，以及产品的流通过程，可以按次序将电子商务流通划分成产品采购、产品仓储、产品物流与配送三个环节。

6.1 产品采购

从电子商务企业的运营模式来看，传统企业的商品来源多为企业自己生产的产品，而基于主流的电子商务企业的商品往往来自于采购。电子商务的采购流程是由采购业务人员向供应商发起商品订货的流程。基于采购，才能有后续关于商品的入库、退货、销售、物流等业务，因此，采购是电子商务流通的第一个环节。在电子商务企业中，采购系统的作用在于根据企业对商品的需求，确定何时采购、向谁采购、以什么价格采购，以及何时收货等采购事务。对于电子商务企业来说，一个良好的采购系统可以帮助企业缩短订货提前期、降低库存水平、节约成本、保证正常售卖和活动促销、提高服务质量。电子商务的供应商不同于生产企业，不但有传统的商品供应商，还有虚拟商品供应商，代发、代销等多类型的供应商，在采购业务进行的策略上各有不同。这里仅对实体商品的供应和采购进行分析。

一般来说，采购系统主要包括供应商管理、采购订单管理、采购入库管理、退货管理等方面的业务。

6.1.1 采购模式

在电子商务行业里，常见的采购模式主要有三种：自采自销模式、一件代发模式和多货主仓库模式。其中，自采自销和一件代发模式最为常见。

1. 自采自销模式

自采自销模式指电子商务企业仓库里面的商品并不是自己生产的，而是通过供应商采购，然后在自己的网店或网站里展示并销售商品。在这种模式下，卖家进货后就拥有了对商品的所有权。这种模式类似于传统的批发，需要电子商务企业进行批量进货，而很多供应商是不支持单件进货的，因此，进货的资金需求非常庞大，且会带来存货积压的风险。

2. 一件代发模式

随着技术发展和社会进步，与传统购物相比，消费者更倾向于网上购物，各个购物平台的线上店铺数量庞大，竞争也在加剧。因此，发货迅速、品控稳定、质量优质的货源才能不断满足代理商的需求。缩短产品进货环节势在必行，因此，"一件代发"的商业模式应运而生。它与自采自销模式都是当下十分常见的模式。

具体而言，这种模式意味着，一旦平台将商品销售出去后，那么，负责送货的并不是平台，而是供应商，然后再根据订单结算商品和物流费用。从严格意义上讲，这种模式不仅涉及采购环节，还涵盖了产品的发货。和自采自销模式相比，这种模式下的卖方并没有拥有商品的所有权，实际的供求关系在供应商和有商品需求的买方之间，供应商会将商品的款式、颜色等关键信息展示在网页上，然后通过搜索引擎推广给有需求的买家。

在一件代发模式下，供应商会在消费者下单后自行发货，网点的经营者并不需要自建仓库去存储商品，因此，这种模式既节约了商品库存的费用，又有效避免了商品堆积而找不到销路的情况。并且，一件代发巧妙地避开了传统批发模式的弊端。传统的批发模式对采购商品的数量和金额是有一定数额限制的，但在一件代发模式下，哪怕只下单一件也可以发货。此外，网上的商品价格日渐透明化，网店的采购方可以较轻松地"货比三家"，选取价格和质量最合适的进货渠道。对于电子商务开店的新手而言，这种开店的操作十分简便，只需在平台注册账号并提供供货厂家的产品图片和介绍即可，不需要前期在产品信息上花费精力。

但是，一件代发模式有可能会导致卖家被塞上供货商的积压库存，从而承担风险。而且，随着网络信息的逐渐透明化，利用信息差赚取差价的一件代发模式也会逐渐在商品的价格和品质挑选上失去优势。供应方的选择和签订协议的变化等未知变数可能会冲减该模式原本货源稳定、商品品控良好的优势，反而带来这方面的风险。

3. 多货主仓库模式

比起前两种模式而言，多货主仓库模式不太常见，但该模式的特点决定了它在未来有较大的发展空间。这种模式具体指头部物流公司将仓库开放给供应商使用，当供应商的商品入库时，它的商品所有权属于供应商。对于电子商务平台和供应商来说，独占、锁定、共享库存都可能存在。在电子商务平台向供应商发起采购后，变更相应商品的货主即可。

这种模式起源于中小电子商务企业的需求。这类平台要想保证物流效率，就需要在全国各个配送末端建立仓库，但这是一个需要投入极高成本和很长时间的事情。这种资源投入的级别足以拖垮一个中小规模的电子商务公司。而多货主仓库模式的优势在于它可以解决中小电子商务企业因建仓和进货而产生的资金占用问题，能增强销售末端的管控能力。而对于开放仓库的头部物流公司而言，可以充分利用闲置的仓储能力，将其出租变现，从而实现物流公司和电子商务平台的互利互惠。

6.1.2 采购过程

1. 采购单的形成

商品的采购标志着电子商务流通的开始，而所有的采购行为都是围绕采购单展开的。

电子商务业务部门根据企业自身的需求在采购系统中填写采购计划，采购计划通过审批后，采购员将采购询价单发送给供应商，供应商再把自己心中的反馈报价发给采购员，通过这样的流程将定期协议价落实下来，之后，采购员将最终确定的采购价格录到采购单中。上述工作完成后，电子商务企业就会正式开始采购商品。典型的采购单包括仓库、SKU、数量、需求时间、申请人、备注等信息，如图 6-1 所示。

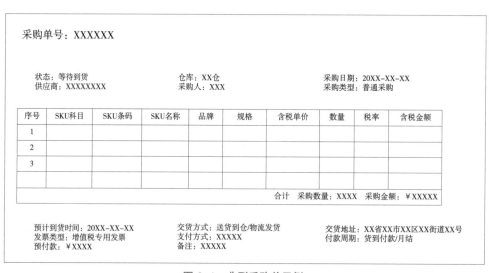

图 6-1　典型采购单示例

采购单是采购的核心，采购流程是围绕采购订单开展的。采购单以 SKU 为单位展开，主要流程可以分为如下六步，如图 6-2 所示。

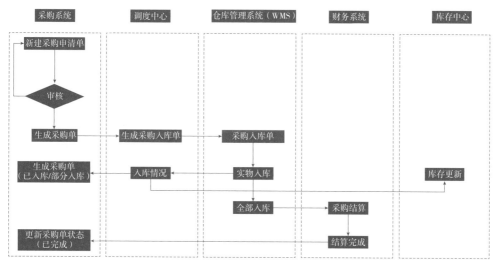

图 6-2　采购流程

（1）业务方提请采购订单，填写采购信息。审核部门审核提交的采购订单：若审核不通过，则驳回重新编辑采购单；若审核通过，则流转至下一步。

（2）商户和供应商确定采购细节，签订采购合同。

（3）调度中心生成采购入库单，调度下发仓库，在仓库管理系统生成采购入库单。

（4）采购实物入库后，仓管系统会生成实物入库单，调度中心根据实物入库情况，更新采购单与库存。

（5）由于有些商品会分批入库，因此，待所有商品均入库后，财务系统会生成采购结算单，并在财务系统内流转结算。

（6）结算完成后，会据此更新业务系统中的采购单状态，变更为已完成。

在采购流程中，首先要依据安全库存、采购提前期、订货点、订货量等因素制定采购计划，然后根据采购计划新建采购申请单。采购计划中的安全库存是为了防止采购中的不确定性（如产品出现质量问题等）设置的库存。当低于安全库存时，采购系统会产生预警或生成采购单自动补货。从生成采购单到采购实物入库，这中间有一定的采购周期，周期的长短将影响采购仓储的管理。而订货点与订货量主要与需求相关，采购系统可以基于对需求的预测，决定什么时间点进行订货，以及订货量是多少。

上述过程为单个采购单的形成过程。除了单独下单外，还可以批量下采购单。批量下采购单又分为多订单－多供应商的情况、多订单－多仓库的情况。在这种情况下，系统会分别按照供应商和仓库的维度对订单进行拆分，分发给各供应商和各地的仓库。

2. 采购入库

当在采购系统下单并通过审批时，信息将同步至仓库管理系统（warehouse management system，WMS），生成对应的采购入库单。同时，采购人员要将采购清单发给供应商，并在清单中注明采购商品的品名、规格大小、数量及到货时间等关键信息，便于之后的流程管理。

供应商按照采购清单上的要求将采购方需要的商品发出，当商品送到目的地后，仓管人员要根据采购清单核实实际收到的商品数量，然后核查商品的质量是否合格。一般来说，当商品数量比较多时，会采用抽检的方式来检查商品质量。如果这批商品在数量或质量上存在问题，那么，仓管人员必须第一时间将问题反馈给采购主管，采购主管再和供应商协商处理办法。

库管方在确认商品的数量无误后，检验员根据进料标准检查货物，为符合标准的货物办理入库手续，禁止不符合标准的货物进入。在所有货物入库完成后，采购员、库管员、检验员、厂商需要在入库单上签字确认。当所有传入的订单都显示"已收货或已完成"时，入库的结果将被上传到业务系统，传来的采购单由财务部门进行打款结算，订单状态将被显示为"已完成"。

商品在仓库中、上货架前，需要给货物贴码。最小存货单位（stock keeping unit，SKU）作为系统中商品的唯一标识码，与仓库中的每个商品一一对应。这不仅可以帮助系统识别该货物，还简化了后续商品的挑选和出库流程。上架员可以根据系统推荐的库位或自行选择库位上架，扫描库位码和商品码，确认上架数量并更新库位库存。当商品完成上架后，订单状态将显示为"已完成"。

3. 采购退货

整个采购过程包括两个主要过程，即前面所述的正向采购进货和即将介绍的逆向采购退货。发生退货是十分常见的现象，这是电子商务企业将一些商品返还给供应商的流程。具体来说，企业会在以下三种情况下作出退货处理：①企业收到的商品存在问题，即没有通过质检的商品，在这种情况下，存在问题的这部分商品是可以拒收且不做入库处理的。②消费者收到存在质量问题的商品。③销售不出去的商品。

首先，仓库要确认商品可以进行退货处理，然后通过商品的状态进行"正转残"或根据商品的库位来调整,并将这些信息反馈给采购业务员。其次,采购人员根据收到的信息新建采购退货单(或者仓储部门可以直接使用 SCM 系统新建退货单)。退货单经过业务内部审核后,与"供应商和商家管理平台"同步,经平台审核后,同步上传到 WMS 系统进行退货操作。再次,WMS 系统再将退货出库明细回传到 SCM 系统,上位系统扣减库存。最后,系统根据出库明细生成验收出库单。单据的流转与采购进货单相似。

6.2　产品仓储

6.2.1　采购仓储管理

在进行采购后,要对采购而来的商品进行仓储管理。

采购行为的核心对象是 SKU。采购价格和库存是 SKU 最关键的参考因素。采购是一种与供应商有关的采购系统内部的行为,库存则是与仓库有关的电子商务WMS 系统内的行为。因此,在采购系统中,采购商品列表展示的数据主要有:SKU 的类目、条码、名称、品牌、规格、单位、实时成本和总体库存等。细分下来,供应商维度的价格数据主要有:SKU 信息、供应商、协议价、最近采购价格、历史价格等。仓库维度的库存数据主要有:SKU 信息、仓库、仓库库存、可用库存、在途库存、周期需求等,如图 6-3 所示。

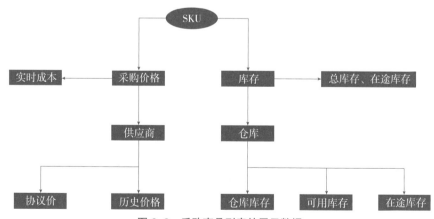

图 6-3　采购商品列表的展示数据

由于采购的 SKU 必须进入具体的仓库,所以,采购人员需要了解每个仓库的库存。具体的 SKU 库存信息见图 6-4 所示。其中,已经下了采购订单,但还没有到货的库存量为在途库存。由于有一部分的在途库存是可以作为预售库存放在前端销售的，所以，我们将 3 天内的在途库存单独列出，但是，必须要提前告知消费者这部分商品的发货时长。

序号	仓库	仓库库存（件）	可用库存（件）	3 天内在途库存（件）	在途库存（件）	最近 1 个月出库量（件）
1	北京仓	1500	1400	200	200	3000
2	上海仓	800	750	0	100	1500
3	杭州仓	500	420	400	450	1000
4	武汉仓	600	590	100	600	2000
	……					

图 6-4　采购库存单示例

6.2.2　中间仓储

采购商品入库后，在电子商务流通过程中处于配送的中间位置，在流通过程中有着重要作用的中间仓储，既是生产厂商和电子商务企业的研究规划重点，又是现代电子商务流通中的一个重要环节。高效合理的仓储有助于生产商提高物资流动的速度，降低成本，确保生产的顺利进行，并使得电子商务企业提升货物配送效率，实现对资源的有效控制和管理。

根据仓库的所有权来划分，流通的中间仓储可以划分为自建仓储、第三方仓储、"自建 + 第三方仓储"三种模式。

1. 自建仓储

自建仓储指企业将产品储存在自己修建的仓库里。在这种模式下，企业对物料搬运的设备和修建的仓库有绝对的掌控权和话语权。如果企业要求在仓库作业中必须保持高度的自主性和高度稳定的产品存储条件，那么，自建仓库的确是个良好的选择。

由于电子商务公司拥有仓储的所有权，所以，只要能够按照自身企业的产品特性进行仓储系统的设计，就能够更好地了解仓储的状态，并能够有效协调仓储和其他系统的关系，从而提高运营管理效率。此外，由于自行建造的仓库可以得到长期利用，因此，根据规模经济理论，单位货物的仓储成本得以降低。产品储存在自有仓库中，在某种程度上可以体现企业实力，能够给客户带来企业实力强大、经营稳定可靠的良好印象，有助于提高企业的竞争优势。

企业自行搭建仓库需要投入大量的人力、物力、财力，与别的仓储方式相比投入成本偏高。不管企业对仓储空间的需求如何，仓库的容量是固定的，不能随着需求的增加或减少而扩大或减少。当企业对仓储空间的需求减少时，企业仍需承担仓库中未利用部分的成本；而当企业对仓储空间有额外需求时，仓库却无法满足，可见自建仓储的内部调动灵活性较差。同样，在外部方面，仓库的选址灵活性也存在问题。如果企业只能使用自建仓库，那么它们就失去了战略上优化位置的灵活性，因为仓库数量是有限的，空间位置也是固定的。市场的规模、位置和客户的偏好都对电子商务企业能否在市场上生存具有重大影响。如果不能适应这些仓库结构和服务的变化，企业将错过许多商机。

　　2. 第三方仓储

　　第三方仓储（third-party warehousing）又叫合同仓储，是电子商务企业将仓储物流活动转包出去，由合作的外部公司、企业提供综合物流服务的仓储方式。

　　相比传统的租赁仓库，第三方仓储的设计水平更高，可以实现更高水平和专业化的存储，能更好地满足某些特殊商品的存储要求（如对温度要求非常敏感的生物药品）。此外，第三方仓储还可提供高效、经济、准确的专业化分销服务。从本质上看，第三方仓储是电子商务企业和专业仓储企业之间建立的合作伙伴关系。与传统的仓储公司不同，第三方仓储可以为货主提供存储、装卸、拼装、订单分拣、现场库存、运输调配、运输管理、信息和托运人所需的其他综合物流服务。

　　第三方仓储的资源利用率远高于自建仓库。第三方仓储可以更高效地处理季节性生产者典型的淡季和旺季存储问题，并提高仓储设施和空间的利用率。同时，第三方仓储公司的管理专家拥有更具创新性的分销理念，掌握更多降低成本的方法，因此，后续的物流效率更高。第三方仓储能够同时接收来自不同货主的大批商品，并能以拼箱的方式进行大规模运输，很大程度上节约了运输费用。由于同时处理的是属于不同货主的商品，因此，这种"规模效应"相比自建仓储而言更加高效。此外，电子商务平台普遍需要更多的时间和人力来建立成套的分销设施，以开辟新的市场，但通过使用第三方仓储网络，电子商务公司在推广产品时，可以利用这种短期第三方仓储来探索市场对其产品的需求，从而较快达成目的。

　　尽管第三方仓储具备以上所述的优势，但也有一些不可避免的短板。与自建仓储相比，采用第三方仓储的电子商务企业对仓库没有所有权，对物流活动没有控制权。此外，在仓储的运作过程中，企业对雇佣员工的控制较少，这对商品价值总和较高的电子商务企业而言，在途商品损毁率上升的风险将有所增加。

3. "自建 + 第三方仓储"

这种综合的模式将上述的自建仓储与第三方仓储结合起来，即部分自行管理，部分外包出去，且两种模式可以随时切换。采用这种混合模式的电子商务企业在货物的生产或储存上往往有特殊性要求，如个性化组装、分仓多区位布点等。

混合模式下的电子商务企业可以将其仓库数量减少到个位数，将每个地区的物流外包给第三方仓储。这种自由仓储和第三方仓储相结合的仓储方式帮助企业减少直接劳动成本，扩大市场范围，同时保留对集中仓储设施的直接控制权。

6.3 产品物流与配送

电子商务经济的发展和电子商务的流通与物流的模式息息相关。物流（logistics）作为供应链条的一部分，其原意指"实物分配"或"货物配送"，是为了满足客户需求而对商品、服务型消费等从产地端到消费端的高效、低成本流动和储存进行规划、实施与控制的过程。

电子商务物流又被称为"网上物流"，是一种基于互联网技术的新型商业模式，旨在推动物流业的创新发展。它汇集了世界上物流需求最大的货主企业和物流服务供应商，成立了一个中立、公平和自由的网上物流交易市场，帮助物流供需双方高效地进行交易。电子商务产品的物流与配送是电子商务流通体系的重要组成部分，是扩大内需和促进消费的重要载体，是连接国内国际市场的重要纽带。推进产品物流和配送高质量发展有利于更大范围地把生产和消费联系起来，提高国民经济的总体运行效率。[1]

6.3.1 根据中间仓储划分

在新的零售背景下，电子商务平台努力实现产品的精准快速配送，注重集约化发展，更加关注消费者的需求和满意度。根据仓储类型和仓库与消费者之间的距离，物流模式可分为五类：冷链模式、前置仓模式、中心仓模式、店仓一体模式、原产地模式。

---

[1] 商务部等 9 部门发文加快构建新型再生资源回收体系，支持建设绿色分拣中心。

1. 冷链模式

冷链物流（cold chain logistics）指产品在生产、储藏运输、销售到消费前的各个环节中，始终处于规定的低温环境下，以保证质量，减少损耗的物流配送模式。该模式对冷藏、冷冻设备的要求较高，相应的管理和资金方面的投入也比普通的常温物流要大，适用于一些比一般常温物流系统要求更高更复杂的商品，如初级农产品、加工食品、药物等。采取冷链物流模式的电子商务，其仓库、自营仓库和第三方仓储在物理距离上都远离消费者。当客户下订单时，自营仓库或第三方仓储会选择专业的冷链物流公司，将食品以冷链包装的形式送到客户手中。

"十三五"时期，国家出台了《关于开展首批国家骨干冷链物流基地建设工作的通知》《关于推动物流高质量发展促进形成强大国内市场的意见》等一系列相关政策，以支持冷链物流产业的发展。[1]《中华人民共和国国民经济和社会发展第十四个五年规划和 2035 年远景目标纲要》中明确指出，要建设现代物流体系，加快发展冷链物流，完善骨干冷链物流基地设施条件。冷链物流的运输体系和流程如图 6-5、图 6-6 所示。

1）冷链配送流程

在冷链物流模式的上游，产品保存在低温冷库、冷藏车等专业制冷设备中，以保证这些特殊产品的质量。在冷链商品流通的中游，产品将经历干线运输、装卸入库、冷藏保存等步骤，这些步骤均在冷藏、冷冻的条件下进行。在此之后，这些商品将进入下游的卖场，储存在商业冷柜中，或直邮到下游的消费者端。

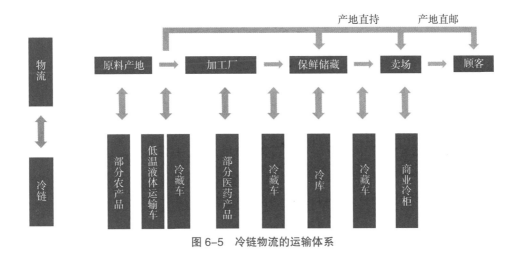

图 6-5　冷链物流的运输体系

---

[1] 中商产业研究院，全国各省市冷链物流产业"十四五"发展思路汇总分析。

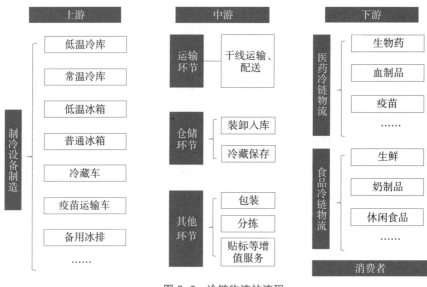

图 6-6　冷链物流的流程

2）特点

从冷链物流运输的商品性质出发，冷链物流的特点主要包括以下几点。

（1）货物易腐性。使用冷链物流模式的货物多是对温度和储藏条件有较高要求的生鲜产品和医药产品，如生物药品等，往往具有易腐性和较差的耐藏性。温度条件控制不当将导致冷链商品表面滋生微生物，产生一定程度的货物损毁。

（2）配送时效性和协调性。由于冷链物流运送的产品的特殊性和消费者的高质量要求，所以，货物在运输途中的时间越长，变质的风险就越大。因此，冷链物流比一般商品物流需要更多的准备时间。冷链物流需要各方面的协调、密切配合和综合安排，以确保货物的质量，同时，应尽量缩短物流时间，提高客户满意度。

（3）配送高成本。冷链物流的高成本主要体现在：①由于冷链配送产品的特殊性，所以，物流系统必须投资专业的冷链设备，如冷库和冷藏车，这意味着高额的初始投资成本。②因为冷链产品在整个运输过程中必须储存在严格规定的低温环境下，所以能源消耗非常高。③与传统物流产品相比，在流通过程中需要冷链运输的产品，由于其易腐性，将产生货物自然损坏的费用，这将导致成本提高。

（4）配送设备高专业性。冷链物流的配送过程需要配备专业的设备和技术，以保证冷链产品在流通过程中的全程低温环境，如专业的冷藏车辆、特殊的温控装置及先进的物流信息技术等。物流设备的高专业性会导致整个配送过程开支巨大。

3）适用情况

与传统的常温物流体系相比，冷链物流的要求更高、更复杂，资本支出也更高，是一个巨大的系统工程。通常，这种模式适用于对温度变化敏感的商品，生活中常见于综合平台类的生鲜电子商务。

国内某电商的冷链物流，如图 6-7 所示。

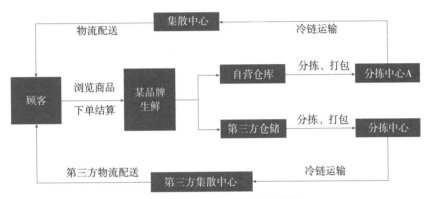

图 6-7　国内某电子商务的冷链物流

该电子商务品牌于 2014 年开始建设冷链物流系统，并于 2018 年引入冷链物流系统，以供应生鲜和药用产品。基于冷链存储网络、冷链输送网络和冷链流通网络"三位一体"的综合服务功能，该冷链已成为一个拥有核心产品和科学技术的冷链服务平台。此外，该品牌还建立了 F2B2C 全过程、全场景的一站式冷链服务平台，以实现商品与消费者之间的安全支付。在冷链储存方面，该品牌在全国拥有 10 个专用冷库，涵盖了 −30℃的深冷层、−18℃的冷冻层、0~4℃的冷藏层等，每个温区的温度和湿度都被实时监控和管理，以充分保证货物在运送过程中的质量。在核心城市推出"211"送货服务后，该品牌还推出了晚上 10 点至凌晨 7 点的"夜配"服务和 2h 内送货的"精准达"服务。这些服务在各方面都缩短了生鲜产品的交付时间，提高了其交付效率。

一般而言，传统的订单流程大概为仓库 – 分拣中心 – 客户。但是，由于该品牌的生鲜运输流程不同，因此，该品牌基于配送网点建立了移动存储模式，然后将"库存前置"，也就是所谓的移动订单流，这样，拉近了消费者和商品之间的距离，提高了送货效率，实现了畅销类商品"小时达"。该生鲜移动仓库模式不仅有效提升了客户体验，还提高了现场客户的关注和互动，也进一步将该品牌生鲜的竞争力巩固在高位。该冷链集冷链仓储、冷链城配、生鲜特快为一体，为生鲜运输和配送带来了方便，提高了效率。

2. 前置仓模式

前置仓是电子商务企业为提高配送效率而研发出的一种物流配送模式。该模式通过供应链末端的小型仓储单位，以大量分布式的小型仓库代替传统的配送中心，以便更好地缩短消费者和仓储之间的距离。

1）前置仓配送流程

前置仓会根据社区的情况进行定位、选择并建立仓库，进行大约 5km 范围内的划圈，覆盖周围社区，确保能在 2h 内将商品送到消费者手中。首先，依靠数据分析和自身供应链资源（如有合作的原产地、城批市场和品牌供应商等）选择适合的商品，配送至城市分选中心进行产品检测，再经过包装组单等步骤，将这些标准产品运输至前置仓，进行小仓囤货。同时，组建物流团队，在消费者下单后，将短存的商品进行简装，在 2h 内将商品从前置仓配送到消费者手中，如图 6-8 所示。相较于传统的配送中心，前置仓通常更靠近消费者，这可以使供应链网络进一步下沉。

图 6-8　前置仓的模式链条

2）特点

前置仓作为一种全新的仓储模式，借助其优势，可以在保证生鲜质量的同时，实现高效配送。而中央仓作为传统模式下的仓储方式，其主要用于集中配送。生鲜产品将通过中央仓运输到每个城市的配送中心，然后再由配送中心运输给消费者。

由于成本原因，中央仓库往往位于远离市中心的郊区，运输距离较长，难以满足消费者在交货速度方面的需求。为解决这些问题，就开发了前置仓。

在前置仓模式下，消费者直接在生鲜电子商务平台下单，产品直接从前置仓中取货打包，并进行配送，这是由于商家已经根据周边消费者的需求情况而提前将商品运送到了当地社区附近的前置仓内，通过这种物流运输方式，消费者下单的商品送到消费者手中的时间缩短了，生鲜产品的损耗也降低了。

数字化程度高，精准预测终端需求。前置仓不仅是整个供应链中触达用户的最后链接点，也是离用户最近的分布式经营中心和数据中心。大数据分析和智能算法的不断进步，使对消费者绘制的画像更清晰，预测的流量更准确。以流量为核心，通过流量运营供应链，更准确地进行商品采购，更及时地调整商品品类和数量。

3. 中心仓模式

中心仓又被称为中央仓，是一个传统的物流概念，属于物流系统的第一层。它可分为中央配送中心（central distribution center，CDC）和区域配送中心（regional distribution center，RDC）。中央配送中心指从供应商处接收多品种、大批量的货物，通过存储、保管、分拣、配货及流通加工、信息处理等作业后，按需求将配齐的货物交付给物流公司或指定的组织机构。

中心仓通常位于靠近原产地或供应商的地方，方便聚合产品往外分销。根据对应的客户群位置，大区仓或城市仓可设立下一级物流体系。随着电子商务的快速发展和快递行业的规整，很多平台都采用工厂直发、产地直销的物流体系，广义而言，这种工厂仓库和产地仓都可以称为"中心仓"。

1）中心仓配送流程

在消费者下单后，中心仓将统一收集订单，然后将货物从源头端（如一级批发市场、农产品主产地等）运输至流通端的中心仓。在中心仓里，各个订单需要的产品将被分拣、打包并装车，订单汇总后进行商品聚合，在选定时间段里统一打包并向外发送，最终运输到消费者手中，如图 6-9 所示。

2）特点

（1）投入成本较小。前置仓一般布局在小区附近，而中心仓往往选择修建在

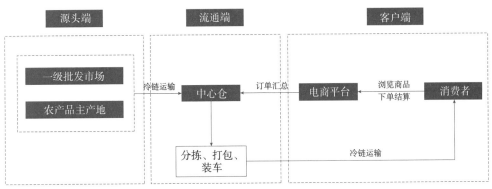

图 6-9　中心仓模式的流程

郊区，因此，租金会更少。此外，一个中心仓的面积很大，一般一个地区一个就足够了，不需要像前置仓一样修建很多个。

（2）人员配置少。由于中心仓具有数量少、面积大的特点，且这种仓库不具备营业的功能，因此，在工作人员的配置上，比前置仓等模式需要的人数要少得多，也不需要营业导购的能力，工作需求较为简单，在员工工资方面开支较小。

（3）运作时间段集中。中心仓通常会在一个固定的时间去统一处理客户订单，配送也是统一配送，虽然不会有很长时间的延迟，但生鲜食品和药品对订单响应速度和商品的配送速度都有很高的要求，因此，中心仓在这类市场上的竞争力明显不足。

3）"中心仓＋前置仓"模式的应用

以国内某生鲜电子商务为例，产品将依次经过供应商、中心仓和前置仓的储存和配送，最终在较短时间内送至顾客手中，如图 6-10 所示。

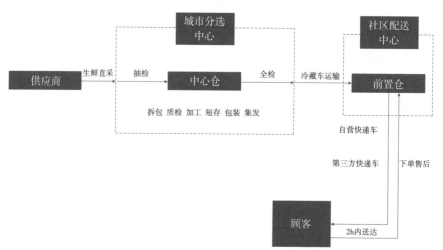

图 6-10　中心仓＋前置仓的模式流程

（1）供应商供货。中心仓根据现有库存和销售情况预测并制订采购计划，向供应商发起采购请求。供应商按照中央仓的要求，在适当的条件下，通过空运、陆运和海运的方式及时交货。

（2）中心仓存储、配送。中心仓工作人员会对收到的生鲜产品进行抽检，只有验收合格的食品才能存储在中心仓。在前置仓的库存系统向中心仓发出补货订单后，中心仓将迅速组织相关食品的完整检验、出库和配送，使用冷藏车将生鲜产品送到前置仓。

（3）前置仓存储、配送。生鲜产品到达前置仓后，前置仓员工会检查并存储这些产品。当消费者下单后，工作人员就会根据订单信息迅速分拣商品，检验质量合格的商品就会由自营或第三方配送人员去配送。

（4）消费者下单和售后。消费者在平台上选择商品后，如果对收到的商品不满意，可以在平台规定的时间内申请退货或换货，但前提是该商品要符合平台的退货标准。在提交退货申请后，前置仓工作人员将积极回应客户的需求，及时处理退货商品。

4. 店仓一体模式

店仓一体模式，即"到店 + 到家"模式，该模式凭借以门店为中心的特点，推动了线上线下融合发展，培育消费者养成线上下单、线下提货的消费习惯。这里的门店既担任了小型超市的角色，又充当了线上配送的仓储中心的角色。

1）店仓一体模式的流程

在这种模式中，供应厂商可以直接向线下店铺供货，这种"店铺"同时也执行仓储的作用，而不是像传统物流模式那样另建仓库，也免去了仓库的租金、人工投入和运营投入等。在线上到家的情况下，消费者通过电子商务平台挑选商品并下单，生成订单后，线下店铺的店后仓进行商品的包装和配送，快速将其送到消费者手中，如图 6-11 所示。而在线下到店模式中，消费者直接去店里进行选购，可以获得直接加工服务。这种店仓一体不同于单一的配送到家和线下购物，可以说，"线上到家 + 线下到店"丰富了消费者的购买体验。

2）特点

（1）满足及时送达的需求。店仓一体化主要服务周边 1~3km 内的消费者。线下店铺作为小型仓库可以实现产品的极速送达，运输时间基本在 30min 之内，保

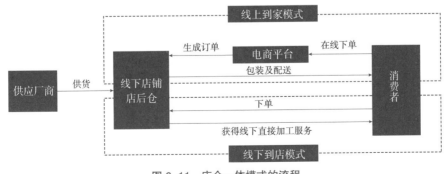

图 6-11　店仓一体模式的流程

障了生鲜类产品的高品质，并满足了消费者对产品质量和及时达的双重需求，给消费者带来极佳的购物体验。另外，线下店铺让消费者对购物环境、商品品质和服务质量等有真切的感受，有助于增强消费者的信任度，并提高消费者的留存率和复购率。

（2）线上线下互相引流。店仓一体模式是互联网驱动与线下门店体验的结合。对于线上用户来说，线上能购买的商品在线下店铺均有展示，而线上用户为了了解线上与线下销售的产品质量品控是否具有差异性，通常更愿意前往线下店铺自提，从而实现线上用户对线下的导入。而通过服务人员的引导和会员等活动的吸引，热爱线下购物的消费者得以沉淀。对线上线下两个渠道用户的全覆盖，降低了线上店铺的获客成本，同时为线下店铺带来客流量，达到双赢的效果。

（3）数据化运营。相比传统商超，店仓一体模式多了线上购物渠道，同时也可以通过线上更好地把握消费者的需求。通过汇总线上店铺订单，收集消费者的手机号码、客单价、近期采购物品等信息，平台可以分析消费者的近期购物倾向。例如：针对近期的热销产品，线下门店可以改变摆货方式，将其放在更显眼的位置，进一步增加产品的曝光；而对于销量不佳的产品，可以采取与热销产品捆绑销售的形式，通过提供组合折扣价来拉动销量。这可以帮助平台贴近消费者，无线逼近消费者的内心需求，从而有的放矢，进行更加精准的营销活动。

3）适用情况

国内某新零售商超先驱就是典型的店仓一体化模式。该零售商打造线上线下一体化的新零售模式，既满足了消费者在店内购物的需求，又额外为消费者提供了各类休闲娱乐活动，全面提高了消费者的购物体验。

消费者在门店内看到的任意一款产品，均可以在线上店铺找到同款，且价格和质量与线下产品相同，这符合消费者"所见即所得"的心理。此外，访问该品牌线下商店的用户将被邀请安装一个App，这将使线下消费者更容易在线订购，从而引入一个线下体验、线上下单的闭环消费模式。为消除线上线下对接障碍，该品牌还通过电子标签等方式将线上和线下的产品管理结合起来，包括所有产品的价格、促销和积分等信息，形成线上线下消费的闭环，同时实现全渠道销售。

5. 原产地模式

原产地模式即产地仓模式，就是在产品的原产地生产商附近设仓，为厂家或品牌方做直发，从而使物流集约化、规模化，与多级经销的普通物流模式不同。

（1）原产地模式的流程。这种原产地直发模式可以将销售物流中的许多独立环节统一起来，实现商品从生产者到消费者之间的物流环节一体化。原产地的产品经由产地农业公司、产地农业合作社等代办机构运输至产地集散中心。商品流通经过物流中心仓和零售终端，最终到消费者手中，如图 6-12 所示。这一过程中，产地仓距离原产地非常近，而离消费者比较远。中仓储的位置设定保证产品在运输的"最后一公里"有质量保证。这种模式主要针对第三方电子商务渠道。随着线上销售份额的增加，原产地模式已经慢慢成为部分品牌商重点发展的物流方式。

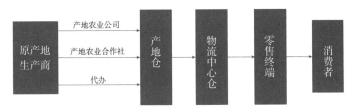

图 6-12　原产地模式的流程

从逻辑上来看，产地仓模式与前置仓恰好相反：在物理距离上，产地仓离配送的末端更远，离原产地更近；在服务对象上，由服务客户转换为服务原产地供应商；在供应链条上，不断向上游延伸，更加偏向于对供给侧的物流优化。

由于产地直发模式不是由传统上的经销商来负责销售与物流，而是由厂家直发，小批量、多批次地直达客户端，因此更能真实反应消费者需求，记录所有的消费场景，帮助供应方理解末端，比较符合柔性生产原则。

（2）特点。产地仓模式为供应链上的各方带来诸多好处。

对于上游供应商来说，这种模式可以实现从产地仓向分拨中心、转运中心的多频次、小批量的连续补货，缩短供应商的账期和订货前置期，优化备货结构并提升现货率，提高处理紧急订单的能力，提高供应商的销量，提升客户时效体验。同时，原产地仓库靠近供应商也降低了物流成本。

对于下游的电子商务平台来说，由于产地仓的位置特点，在途库存会增加，安全库存得以降低，从而减少滞销，电子商务企业的库存面积也可以缩减，现货率得以提升。多频次、小批量的补货提高了供应商的送货频率，降低了库存的周转天数。在运营管理方面，平台可以提前知道未来商品的到货量，降低收货难度，提高收货效率，减少仓库和上下游的沟通成本。

（3）适用情况。2020年，我国脱贫攻坚战取得全面胜利。2021年全面推进乡村振兴，这是"三农"工作重心的历史性转移。要推进乡村振兴，就要从源头解决我国农业农产品的仓储保鲜问题，保障农产品出村的"最先一公里"，以此巩固拓展脱贫攻坚成果，同乡村振兴有效衔接，提升乡村产业链、供应链的现代化水平。

对于主要收入都来自农产品销售的农民来说，做好"最先一公里"至关重要。产地仓模式的应用可以使农产品及时运输出去，不烂在地里，减少产品损耗。同时，产地仓连接了种植端和生产端，通过现代信息科技提高了农业转化率，实现了农产品的数字化生产和标准化种植，让订单农业模式大大帮助农民。

国内电子商务零售先驱品牌就尝试了"最先一公里"的优化升级。产地仓的应用连接了供产两端，并结合数字化技术，构建更高效的仓配体系。在种植端，该品牌结合合作基地和农户种植、采摘标准，通过数字化系统监测和指导，确保种出来的农产品优质且损耗低。在供应链端，通过基地的冷库、辐射基地的冷链物流和产地仓，在稳定农产品品质的同时，也为每一种农产品建立分级标准，从而真正实现优价。

6.3.2　根据配送主体划分

根据电子商务企业物流运营的实际流程，电子商务产品的物流主要包括物流运输阶段和末端配送阶段。

当客户下单后，系统会将该订单信息发送给距离消费者最近的仓库，由该仓库来完成商品的打包和派送。商品会首先送到仓库所在地的城市分拨中心，然后再由分拨中心将相同城市目的地的快递统一运送到目标城市的配送中心。在末端配送阶段，配送中心将根据客户的服务要求（如时间限制）制订配送计划，将快件送至客户手中。

根据物流配送的主体不同，即配送的操作者来划分，电子商务的物流可以划分为自营物流、第三方物流、物流联盟配送三大类。

1. 自营物流

自营物流指企业自身经营物流业务，建设全资或控股物流子公司，完成企业物流配送业务，即企业自己建立一套物流体系。这类企业的主要经济来源不在于物流，但有能力自身承担物流业务并从中获利。

在自营物流模式中，所有环节均由电子商务企业的物流部门或自有物流企业负责，包括电子商务企业自建的物流配送中心、末端自提点，以及组织快递车辆和配送人员。这是一个完整的系统，从上游的商品供应、采购、运输、储存，到下游的商品出库、运输、配送，需要电子商务企业各个环节的互联互通，需要更多的人力和资金投入，进一步考验快递企业的网络结构整体布局和决策流程。

1）自营物流的优势

电子商务企业拥有物流服务的特点赋予这一物流模式独特的优势，在控制权、企业资金流转、交易成本和品牌价值等方面拥有竞争力。

（1）掌握控制权。采用自营物流模式的电子商务公司，对于其内部的采购和销售环节的商品性能、规格，供应商的供货品质和平台经营能力而言，可以掌握最详尽的资料。因此，可以利用这些信息有效协调物流活动的各个环节，更迅速地解决物流管理问题，并从供应商和最终客户那里及时获得信息，随时调整业务战略。例如，企业可以根据各种相关因素设定仓库的位置，并将订单和其他信息送到与消费者距离最短的仓库，强大的控制权对物流效率的提升起到重要作用。

（2）盘活资产。选择自营物流的企业发现，企业的经营管理结构和原有物流资源更容易转变，从而增加资金的流动，为企业创造更大的利润。

（3）降低交易成本。在自营物流模式下，由于不存在信息不对称，因此，企业拥有物流服务商的完整、真实信息。企业可以充分利用自己的管理权控制商品的购销，不必花费人力和财力为仓储、运输、配送和售后服务等问题进行谈判，避免了多重交易成本，降低了交易的不确定性和交易成本。

（4）提高企业品牌价值。自营的物流系统能够自主控制销售活动，所有的环节均由电子商务企业的物流部门或自有物流企业负责：①这可以亲自为顾客服务到家，使顾客近距离了解企业、熟悉产品。②企业可以掌握最新的顾客信息和市场信息，并根据顾客需求和市场发展动向对战略方案作出调整，提升战略的针对性和顾客满意度。同时，对客户需求的深入了解有利于电子商务企业开拓增值业务。

2）自营物流的劣势

（1）投资负担增大。为实现物流的直接组织和管理，采用自营模式的企业必须花费大量的资金来配置仓库、运输设备和物流人员，企业的投资负担大幅度增加，如此一来，企业在其他方面的投资就会相应减少，破坏了企业抵御市场风险的能力，降低了企业的竞争力。

（2）管理难度较大。虽然物流对业务有非常重要的影响，但对于大多数电子商务企业来说，物流部门仅仅是物流部门，物流活动不是企业的核心业务。在这种情况下，企业如果选择采用自己并不擅长的自营物流模式，那么，该企业的管理人员便不得不花费大量的时间、精力和资源来处理这些辅助性工作，跨行业经营的专业化程度不高，事倍功半，且自身的关键性业务也没有起到该起的核心作用。因此，自营模式的物流会导致部门管理较为困难，且企业的核心竞争力也可能受到影响。

（3）应用规模受限。对于规模不够大的电子商务企业来说，购买和销售的产品数量非常有限，使用自营物流模式很难实现规模经济。一方面，这导致了高额的物流成本，降低了产品在市场上的竞争力；另一方面，由于使用范围有限，物流配送的专业化程度很低，难以满足电子商务企业的物流配送需求。

（4）效益评估难以准确进行。在自营物流的企业里，所有的商品流通过程都由专门的物流部门或物流公司来完成，形成了一个集成化的系统，内部各职能部门不会将物流分离出来进行独立核算，因此，企业无法计算出准确的物流成本，无法客观地进行效益评估。

2. 第三方物流

第三方物流是相对"第一方"发货人和"第二方"收货人而言的，它是由第三方物流企业来承担企业物流活动的一种物流形态，独立于供需双方。

1）第三方物流的配送流程

以国内某知名电子商务平台网站为例，买家在平台下单后，卖家按照订单的要求，将货物打包，通过电话、网络下单、快递单打印等方式与第三方物流公司签订物流合约，将货物交付给快递员，快递员将收到的快递包裹送到区域网点，等待运货车辆将其送到快递公司所述的区域集货网点。当货物到达区域网点后，它们将被重新分类并被运往目的地的区域物流中心。货物被扫描并重新分配到分销仓库，在那里，货物被组织起来，以到达适当的分销点。根据签约规定的服务，选择空运或陆运。货物将按照收件人的地址重新分拣，然后以整车整机的形式运出，送到买方所在的物流集散中心，在那里重新排序并运送到快递点，由买方检查和签收（图6-13）。

2）第三方物流的优势

（1）业务优势。在业务质量方面，第三方物流模式无疑具有很大的优势。由

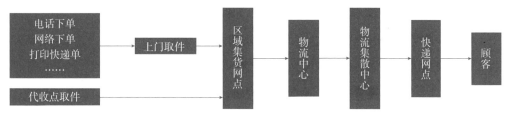

图 6-13　第三方物流模式

于货物的特点和其他因素不同，因此产生的物流服务要求也大不相同，如存放周期短的生鲜产品和一些特殊药品需要快速运输、冷藏存储，危险化学品在路上派送时需要做好安全保障。企业自己拥有的物流系统往往无法满足这些差异化要求，但第三方物流市场却要根据这些要求来进行市场细分。因此，企业可以将这些工作外包给第三方物流企业，由其提供具有针对性的物流服务，从而大大提高贸易质量。

此外，第三方物流可以减少物流设备的落后和 IT 网络的延迟对企业的影响。在自营模式下，电子商务企业的非专业物流部门往往无法与外部资源协调，当企业的核心业务高速发展时，自营物流系统却由于设备落后和信息网络的限制而无法跟上业务向前发展的脚步，但第三方物流可以很完美地帮助企业突破由于硬件设施落后而造成的瓶颈。

通过这种方式，电子商务企业在仓库、车队和基础设施中投入的资金可以被释放出来，加速了企业的资金周转。这样一来，第三方物流模式可以实现资源的有效配置和较高的规模化程度。

（2）成本优势。①第三方物流模式可以降低电子商务企业的运作成本。专业的第三方物流提供商利用规模生产的专业优势和成本优势，通过整合各项物流资源，提高流通过程的资源利用率，使企业能从分离费用结构中获益。另外，企业通过外协物流作用可提前获得物流服务供应商申明的成本或费用，可变成本转化成不变成本，这种稳定的成本结构使规划和预算手续更为简便。②第三方物流可以减少企业的固定资产投资额。企业通过物流外包的方式，可以减少在物流基础设施和信息系统上的投入，变固定成本为可变成本，把物流需求的不确定性和复杂性所带来的财务风险转嫁给第三方，尤其是那些业务量呈现季节性变化的公司，外包对公司资产投入的影响更为明显。在节约了经营者和企业的成本和人力资源后，电子商务企业就有更多的资金和精力去投入到自身产品中，降低成本的同时可以提高竞争力。

（3）客服优势。电子商务企业可以利用第三方物流企业的信息网络的优势来提高顾客满意度，而别的物流企业无法做到这一点。该信息网络帮助企业提高处理订单的能力，减少对客户需求的响应时间，提供直接到户的点对点配送服务，通过缩短商品的交付时间来提高客户的满意度。

第三方物流提供的具有针对性的定制物流服务可以提高顾客的服务体验感，为顾客创造更高的服务价值，还将大幅增强企业的市场感召力。此外，第三方物流企业还有优质的信息网络资源，有能力监控整个物流过程，通过先进的信息技术和通信技术对在途商品进行实时监控，确保可以及时发现并处理运送过程中的意外事故，保障商品安全、及时地送达目的地。

3）第三方物流的劣势

（1）控制能力降低。在这种模式下，企业的快递业务全部外包给了第三方物流公司，电子商务平台如果想要掌握物流的全过程信息，就只能通过物流信息管理系统来获取这些信息，这样的话，就降低了平台对物流运营的控制力度，会使平台受到第三方物流企业的限制，造成反馈响应速度慢、配送服务质量和水平较低等运营效率问题，且由于存在外部服务商，企业内部更容易出现相互推诿的局面，影响效率。例如，在双方协调出现问题的情况下，可能会出现物流失控的风险，从而使企业的客服水平降低。

（2）客户关系管理存在风险。由于电子商务企业将自己的物流配送和售后服务都委托给第三方来完成，因此和客户的直接接触变少，企业和客户的关系被削弱，不利于建立稳定密切的客户关系。此外，客户信息是企业非常重要的一份资源，但对于第三方物流公司而言，它们并不是只与一个客户打交道，在第三方物流公司为企业的竞争对手提供服务的时候，将会增大企业商业机密泄露的可能性。

（3）经营风险增加。第三方物流与电子商务企业之间是一种长期的合作关系，如果物流企业自身经营不善，则可能影响电子商务企业的经营。但稳定的合作关系往往建立在较长的磨合期上，因此，解除合作关系又会产生较高成本。

4）第三方物流与"最后一公里"

物流配送中的"最后一公里"指从物流分拣中心到客户手中的这段距离，即通过运输手段将货物送到客户手中的过程。"最后一公里"的配送环节既是整个物流环节的末端环节，也是唯一和客户直接面对面接触的环节，是电子商务消费者极为看重的一个环节，是企业成败的关键环节。只有做好"最后一公里"的配送工作，整个物流过程才能是个畅通无阻的配送过程，才能让顾客满意，电子商务企业才能真正发展起来。

在社会快速发展和经济稳步增长的情况下，以无人化第三方物流为代表的自动化配送作为物流行业发展的新兴产业模式，可以有效促进"最后一公里"配送的发展。2020 年 1 月，随着新型冠状病毒感染疫情范围的扩大，无人化物流被广泛、快速运用到应急物资物流活动中，可以说，无人化物流是运输抗疫物资最安全、高效的方式。目前，我国无人化物流配送在疫情期间得以高效运用。国内某知名物流在 2020 年 2 月初成立无人化配送应急小组，测试范围选取武汉市第九医院到周边社区的配送区域，仅用 4 天就通过远程完成了无人配送的部署工作，并成功一次性完成了自动化配送物流活动。使用无人化机器人可以配送 50% 的订单，并将路线规划中的沿线小区纳入配送区域。在整个路线规划和运输运营的基础上，"无人化"第三方物流配送可以大大减少工作人员现场监督的次数，由系统直接实施远程控制，快递员可通过系统发出指令工作，提高了配送效率。

3. 物流联盟

共同配送（common delivery）也就是物流联盟配送，是一种由多个企业为了实现各自的物流战略目标，联合起来共同由一个第三方物流服务公司提供配送服务的模式，一般在配送中心的统一计划、统一调度下展开。这些企业进行横向联盟，形成优势互补、风险共担、利益共享的松散组织。就本质而言，它通过作业活动的规模化降低作业成本，提高物流资源的利用效率。

1）物流联盟的配送流程

物流联盟的配送流程，如图 6-14 所示。

2）物流联盟的配送特点

（1）互为合作伙伴，降低物流成本和风险。联盟内部企业之间的沟通联系十分紧密，可以相互分享各自资源，使得搜寻交易对象和交易信息产生的费用大大降低。此外，通过物流服务结盟，这些企业间可以建立起良好的信任关系，各种履约风险得以降低，服务中产生的冲突也可以通过和平协商来解决。

（2）契约长期合作，维持联盟内部的交易和利润稳定性。出于自身利益的最大化考虑，联盟内部的各方企业都认为有效的长期合作是最优策略，这种长期合作可以维持物流联盟的稳定性，进而每个企业都可以在联盟机制协调形成的内部

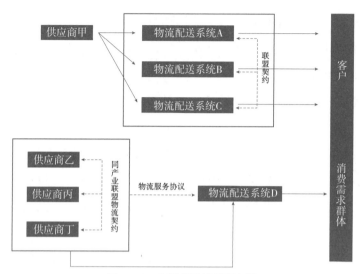

图 6-14　物流联盟的配送流程

环境里稳定发展。这样一来，交易过程中的不确定和低效交易的频率将大幅度减少，从这方面来说，又可以降低交易费用。这样一个稳定、长期的合作会激励这些企业把共同的利润做大，获得稳定的利润率。

（3）相互学习，扬长避短，模式发展潜力大。从物流的发展历程来看，物流联盟是企业与专业物流服务商之间建立的一种现代物流合作形式。在物流联盟中，物流组织的持续性发展将加深企业供应链间的联系，相互协作也会丰富用户的物流需求。随着持续、诚信的合作逐步开展，这些电子商务企业间可以相互学习，如对方的技术优势和丰富经验等，从而扬长避短，获得持续性发展。

但是，物流联盟模式由于涉及多个跨境电子商务企业，因此面临着诸多不确定性因素，难以保证运行效率。当物流联盟由于运作不良而导致成员无法获得预期利益，或联盟利益分配不合理时，都可能导致成员采取消极合作态度，从而无法充分发挥成员的优势互补价值。另外，在实际运作中，也常常会由于多种原因而导致物流联盟无法有效整合各成员的人、财、物等资源，从而使物流联盟不能发挥应有的价值。

3）物流联盟的应用

生鲜农产品的配送一直是企业物流业务的一个重难点。生鲜农产品具有订单量大和配送目的地分散的特点。由于单位价值低，对产品的鲜活程度要求高，因此，单独配送虽然可以保证新鲜度，但必然会大大增加物流成本，压缩利润空间。

结合生鲜农产品在配送过程中所展示的不同于其他商品的特质，构建一个物流联盟打通生鲜农产品末端配送的堵点，则能保障送出生鲜农产品的品质，同时又提高联盟成员的物流效益。

（1）联盟区域特性明显。生鲜农产品具有明显的产地区域特征，因此，在配送生鲜农产品时，不适合盲目追求扩大配送范围。如果一味追求扩大配送范围，则不仅会由于路途遥远而降低商品口感，也会增加仓储成本和运输成本。因此，在构建生鲜农产品配送的物流联盟时，需要把联盟控制在一定的区域内，合理进行资源分配，实现高效配送，降低对农产品品质的损耗。

（2）联盟增值服务多样。由于生鲜农产品的价值都普遍偏低，因此，物流联盟如果仅是单纯地为消费者配送农产品，那么，该物流联盟并不能满足消费者的多样化需求。如果联盟可以结合内部不同的配送企业优势，在配送环节提供全面的增势服务，如对农产品进行分级掠选，甚至可以针对不同的产品搭配不同的包装，就可以满足不同消费者的需求，提高市场竞争力。

（3）联盟响应机制敏捷。和传统配送方式相比，联盟的形式更便于实现种类丰富、批量规模小、配送频率高的配送服务形式。一般来说，零售商为了保持农产品的鲜活度，往往不会存有大量农产品，这就对构建生鲜农产品配送中的物流联盟提出了挑战，就需要联盟在规模经济和满足客户需求的小批量配送中寻找一个均衡点。物流联盟可以根据区域内的需求情况，对配送任务进行统一管理，合理分配配送量和配送路径。通过这种方式，联盟可以提供更高效的配送服务，甚至实现对零售商的一天多次配送，更好地保障农产品的新鲜度。

（4）联盟中间环节缩短。农产品的质量、口感和食用价值都会影响其鲜活程度。对于含有较高水分的瓜果蔬菜等农产品而言，如果配送的中间环节过多、配送时间过长，则会导致水分蒸发，降低鲜活程度，从而直接影响消费者的购买体验和农产品的销量。因此，构建生鲜农产品配送中的物流联盟会大幅减少从产地批发市场配送至零售商的中间环节个数，以保留易腐商品的鲜活度。

（5）联盟配送效率提高。联盟形成后，联盟内部零售商成员的信息将会统一整合在一起。在联盟形成前，传统的零散配送方式没有办法从整体的角度考虑配送地点，很多时候都会导致供应商在配送中的边际效应过低。但是，在联盟形成后，由于在一个区域范围内，生鲜农产品的每天需求量趋于稳定，除特殊情况外不会发生大幅度的上下波动，因此，联盟可以参考以前零售商所提供的信息，综合考虑配送距离、配送数量、配送种类等方面的信息，为供应商提供稳定的配送路径。如果出现特殊情况，联盟也可以根据具体情况重新安排配送路径。在配送环节形成物流联盟将极大提高配送效率，使得零售商也能够获得农产品质量和配送服务都相对稳定的状态。

（6）联盟配送风险降低。传统的生鲜类农产品的配送过程会受到交通拥堵、配送目的地过远或过于偏僻等的限制，很多时候既不能按时送达，又损耗了农产品的品质。在此类物流联盟中，成员处于风险共担的合作关系，以整体对抗市场波动带来的不确定风险。供应商相互协调在一定程度上避免了缺货风险。

6.3.3　末端快递配送

末端快递配送是商品流通过程的最后一段，是将包裹从快递服务商的最后一个配送网点配送到指定地址的物流活动。我国幅员辽阔，各地的地理环境、终端配送网点和设施的建设存在极大的差异化，快递配送的"最后一公里"对整个电子商务行业的发展至关重要。

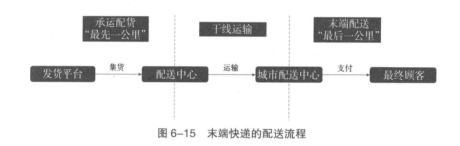

图 6-15　末端快递的配送流程

目前，末端快递配送模式主要分为送货上门模式和快递自提模式。

1. 送货上门模式

送货上门模式即电子商务企业按照"5R"原则，将货物在约定的时间投递至指定客户，是当前最普遍的末端配送模式。配送人员从城市配送中心出发，按照客户要求的地点，在货物即将到达时联系客户并送货上门。"送货上门"是配送人员与客户当面完成快递交接的一种服务，还可以提供当场验货、货到付款、及时退货等服务，在一定程度上增强了客户的收件体验。同时，配送人员能够直接获得客户的反馈，有利于企业业务的发展和改进。但在实际生活中，绝大多数客户并未指定时间，取送双方时间匹配存在差异。通常情况下，快递员需要等待，单次等待时间过长还将导致其他配送订单超时，有时也会造成二次投递的现象，无形中增加了快递配送成本，降低了配送效率。

综上所述，送货上门服务模式如图 6-16 所示。

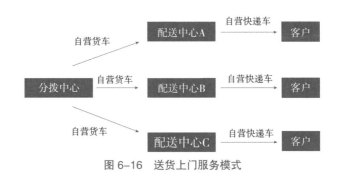

图 6-16　送货上门服务模式

配送上的"最后一公里"，从物流成本的角度来说，处于整个物流过程中的核心位置。改善和解决"最后一公里"问题，可以有效降低快递的物流成本，减少物流成本的总支出，增加快递行业的经济利润，从而在低端竞争中处于绝对优势地位。"向农村进军"是所有电子商务企业的重要发展策略，送货上门模式也已从城市走向农村乡镇，但由于交通、地理位置等原因造成"最后一公里"配送成本高、效率低的难题，这也成为横亘在快递下乡、电子商务下沉过程中的鸿沟。

2. 快递自提模式

快递自提模式即电子商务企业按照承诺时限将快件运送至指定提货点，并通知客户在约定时间内自主取货。快递自提模式减少了配送员单次配送的等待时间，配送员在相同的时间内能够派送更多订单，但是，快递自提模式同样存在弊端。自提模式增加了快递末端自提点的建设成本，且交付环节的简化也导致了货物损坏、追责赔偿更加困难等问题。

"自提"模式是配送人员将快递集中投递到网点，客户到达网点自助取件。该模式有效解决"送货上门"配送效率低、成本高等问题。目前，主要的"自提"网点形式有自提门店、智能自提柜与便民门店。

（1）自提门店。配送人员将快件送至自提门店，并通过短信通知客户取件，客户根据该信息到门店自提包裹。该模式通过建立末端配送门店，协助快递企业完成"最后一公里"的交付工作，实现配送人员、网点等末端资源的高效整合，为快递企业解决"送件难"的问题。

（2）智能自提柜。该模式通过设置电子控制与监控的自动化储物智能柜来完成快递的自提。快递企业将包裹存放至自提柜，发送短信通知客户取货，并告知提取码，客户根据该提取码自提包裹，这使得取件更加灵活。

从客户角度来看，相比有人值守的自提门店，自提柜通过提货码取件，有利于隐私的保护。从运营商角度来看，自提柜用技术代替人工服务。长期来看，若自提柜的使用能达到一定规模，那么，该模式会大大降低末端配送的人力成本。然而，由于入柜包裹的种类和尺寸受限、客户取件不及时、维护成本较高等原因，自提柜模式仍然存在一定的局限性，短期内无法完全取代人工配送。

（3）便民门店。这类门店一般指商超便利店、收发室等。究其本质，这种模式将便利门店当作末端配送网点。快递企业将包裹集中投递到便民门店，客户在方便的时间到就近的门店收取快件。

相比自建自提门店，该模式虽然节省了网点的建设成本，但也存在一定的不足。首先，便利门店有其主营业务，相比专业经营快递收取的网点，对快递的收取和管理必定不会到位；其次，由于客户不能及时取货，便民门店向客户收取超时费用，这势必影响客户的满意度；最后，与便民门店合作需要向其支付一定的派件费用，这增加了快递企业的投入。

综上所述，快递自提服务模式如图 6-17 所示。

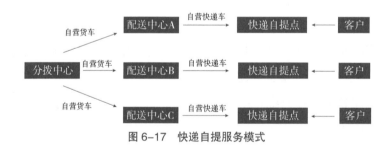

图 6-17 快递自提服务模式

6.4 本章小结

电子商务流通是商贸流通业在电子商务领域的一种体现，按照商品流通的顺序，可以将电子商务的流通划分为产品采购、产品仓储及产品物流与配送三个环节。

产品采购是电子商务流通的第一个环节，基于此，才有后续关于商品的入库、销售、物流配送等流通过程。在电子商务行业里，常见的采购模式有自采自销模式、一件代发模式和多货主仓库模式三类。采购环节生成采购单,之后进行正常的产品入库和退货。而作为电子商务流通的中间环节,采购而来的产品的仓储与接下来的流通过程中的仓储处于商品流通的中间位置。根据仓库的所有权划分,产品仓储可以划分为自建仓储、第三方仓储、"自建 + 第三方仓储"三种模式。

　　产品的物流与配送是电子商务流通体系的最后环节和重要组成部分,也是扩大内需和促进消费的重要载体。随着数字技术的发展和新零售时代的到来,多种多样的物流与配送模式应运而生。根据仓储距离顾客位置的不同和进行物流配送的主体不同,产品物流模式可以细分为冷链模式、自营物流模式等多种物流模式。末端快递配送则在商品流通过程中处于真正意义上的最后一段。这些物流和配送模式随着时代的发展和消费者的需求而创新、变化。物流配送的创新对解决"最后一公里"的问题十分关键。

6.5　复习思考题

1. 简述产品采购的具体流程。

2. 分析三种采购模式适合的应用场景。

3. 简述产品流通的仓储环节对电子商务发展的意义。

4. 目前,冷链物流模式在国内外有何应用? 发展状况如何?

5. 简述"前置仓 + 中心仓"模式的运作流程。

6. 原产地模式的应用如何保障我国农产品出村的"最先一公里"?

7. 第三方物流模式的创新将如何解决"最后一公里"的问题?

8. 疫情对物流配送的发展造成了什么样的影响?

9. 简述按配送主体划分的三种物流模式的异同点。

10. 简述末端配送在我国基层地区应如何合理应用。

11. 电子商务流通环节的创新将如何影响我国商贸流通业的发展?

12. 电子商务流通的发展对我国发展不充分不平衡问题的解决有何推动作用?

第7章 电子商务消费原理

 学习目标

1. 了解电子商务的消费现状。

2. 熟悉电子商务消费环节的消费行为及电子商务的消费特征。

3. 掌握基于马斯洛需求层次理论的电子商务领域"消费者需求"层次结构。

 能力目标

1. 了解电子商务中的消费环节运作原理。

2. 熟悉论述消费行为环节时所采用的数学表达及常见分类方式。

3. 掌握消费环节中的定义、模型及产生的影响。

 思政目标

1. 思考数字经济背景下，电子商务新业态、新模式如何发展，帮助学生更好地了解我国发展阶段、环境及条件变化，理解国家发展战略。

2. 熟悉电子商务消费的六大特征，了解电子商务新模式、新业态如何赋能经济增长，帮助学生树立创新意识，培养思辨能力，感受新事物，发挥创造力。

3. 掌握电子商务的运作和发展过程，思考数字经济与电子商务的关系，帮助学生认识国家产业政策、经济发展重点及未来新趋势、新走向。

本章知识图谱

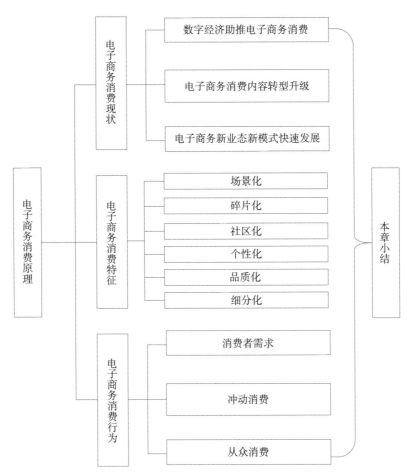

导入案例

UGC（User Generated Content）平台——小红书

小红书社区内容覆盖食品、出行、潮流、美妆、护理、文娱、健身、读书、母婴等各生活领域，每天产生超过 30 亿次的笔记曝光。小红书上的用户可以通过在社区发布笔记和评论来表达自己的心得体验，而其他用户在购买产品之前会通过搜索关键词进行消费前的功课。用户和用户间的双向互动在无形之中促进了真正好用的产品的销售，比起商家枯燥的宣传，同为消费者的其他买家的购物体验更有说服力。

小红书的定位是生活方式的共享平台。在小红书社区，用户可以向其他人分享自己的消费心得和使用感，在用户间的交流中，产生购买优质商品的欲望。购买欲产生后，用户可以通过购买界面购买，购买界面不同，价格也不同。其中有小红书自营的小红书福利社，不仅有小红书的强力背书，还有正品保障。看完草本后，在另一个界面上滑动选择商品的一站式服务，操作非常方便。

在小红书的案例中，我们可以看到这类平台的发展方向有三个层面。

（1）智能个性化。UGC 社交市场平台吸引用户最重要的一点是，根据用户的搜索记录，正确识别目标用户的喜好，推动感兴趣的方向。大数据推动有偏差，用户可以选择不感兴趣的，提高准确性。

（2）产品精品化。UGC 平台的产品销售板块是主要的利润来源，所有产品都要保证质量。如果不管产品的质量如何，那么，无论营销手段、平台的普及是多么好，也都是无用的功绩。平台必须检查入住品牌。首创时期引进知名度高的企业最好。随着自身的发展，可以牵引一些小企业，但必须注意检查。

（3）推荐专业化。UGC 平台一般有少数专家，专业性非常强，可以从专业角度提出很多意见。在用户看来，随着大 V 的步伐，对平台的依赖感和信赖感也大幅提高。平台的资源整合能力远比普通用户强，平台的专业化是比普及力强得多的软实力，肯定是 UGC 平台未来努力的方向。

思考：

1. 你认为小红书等 UGC 平台的发展方向是由什么决定的？

2. 谈谈未来 UGC 平台应如何发挥好精准连接消费需求的优势，实现用户资源的整合。

7.1　电子商务消费现状

7.1.1　数字经济助推电子商务消费

1999 年是我国电子商务的发展元年，阿里巴巴集团上线，标志着我国数字经济的开始。2015 年 3 月 5 日，第十二届全国人民代表大会第三次会议"互联网＋"行动计划将"互联网＋"战略提升到国家战略层面。近年来，随着大数据、移动互联网、AI、云计算、5G 等新一代信息技术的应用与普及，数字经济时代正在加速到来。新技术、新应用与互联网的融合演进，使互联网应用得到快速发展。特别是在新型冠状病毒感染疫情之下，电子商务、在线教育、远程医疗等数字经济展现出了顽强的韧性。数字经济发展速度快，辐射范围广，而且具有很强的影响力，正在成为对全球经济形势与发展格局进行重塑的关键力量。

根据第 49 次中国互联网络发展状况统计报告，消费呈现新发展状态，推动国内消费升级扩容，如表 7-1 所示。

表 7-1　国内消费升级扩容的具体表现

分类	国内消费升级扩容的具体表现
在消费群体方面	"80—90 后"的网购普及最高，"95 后"的消费潜力最大。1980—1995 年出生的"80 后""90 后"的网民群体的网购使用率最高，达 93%；1995 年以后出生的"95 后"群体的网购消费潜力最大，41.9% 的"95 后"网购用户的网上消费额占日常消费总额的 3 成以上，网购消费占比高于其他年龄网购群体
在消费趋势方面	国产品牌网购消费意识增强。在文化自信和品牌升级的推动下，国产品牌网购消费热潮高涨，国产品牌广泛受到网购用户青睐。数据显示，支持国货，网购国产品牌的用户占网购整体用户的 65.4%。网购国产产品的用户购买的品牌主要为手机数码、家用电器、美妆护肤、运动服饰等

《中华人民共和国国民经济和社会发展第十四个五年规划和 2035 年远景目标纲要》提出，要"推进网络强国建设，加快建设数字经济、数字社会、数字政府，以数字化转型整体驱动生产方式、生活方式和治理方式变革"。在企业数字化转型的同时，智能与制造融合发展，农村的数字化转型也不断拓展，大批新业态和新的商业发展模式蓬勃发展，现代农业信息化水平和生产能力空前提高；同时，在数字产业化方面，随着 5G 等关键核心技术攻坚，企业与消费者对大数据应用带来服务的认可使得数据成为推动经济发展的关键要素，IoT、AI、电子商务等数字经济化产业对城乡发展的贡献日益增加。

7.1.2　电子商务消费内容转型升级

随着经济社会的数字化转型，单纯具有机械式物理功能的工业品已经不能完全满足市场的消费需要。无论是 2B 还是 2C 端，都需要企业提供数字化、智能化、个性化的产品和服务。在电子商务时代，数据要素的补充有利于企业的产品和服务改变其消费方式。久而久之，新型网络消费方式为市场的更新换代带来源头活水。在这一背景下，企业也会迎来新的发展契机。网络消费的转型升级体现在以下几点，如图 7-1 所示。

从功能性消费到数据型消费。目前，消费者在具有数据特征的场景下完成消费，这要求市场的产品和服务不仅要具有一些机械式的功能，还必须具备基于数

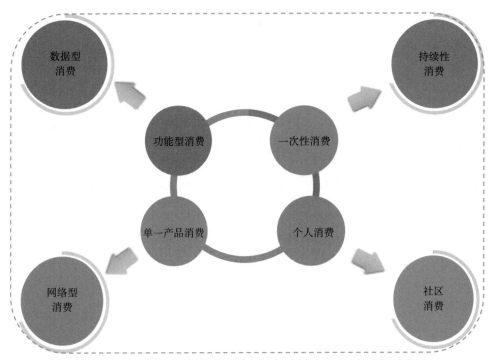

图 7-1   网络消费内容转型升级

据的服务功能。数据扩大了产品和服务的能力，企业和民众都希望支付数据服务带来的便利性相应的费用，从而产生了很多数据型消费。

从一次性消费到持续性消费。产品数字化创新大大提高了产品与客户相互作用的频率和粘度，形成了基于客户与数据结合的持续服务模式。以网络电视为例，顾客不仅一次性购买电视，还将支付连接到互联网上的各种内容的持续费用。这种持续的消费模式是传统企业必须重点考虑的数字化转换方向。总的来说，持续消费产生了以企业产品为基础的新商业模式。

从单一产品消费到网络型消费。在工业时代，具有一定功能的工业产品的销售往往只是单一产品的消费。物联网的出现意味着工业产品具有数字化转型的能力。企业在运营和服务时，具有产品网络、客户网络和其他网络空间的特征。新型网络消费形式的出现极大地拓展了市场空间。

从个人消费到社区消费。工业时代的消费模式是单一的个人单位，其生产、销售往往围绕着如何激活个人消费市场展开。在数据要素化时代，人与人之间具有更广泛的数据连接，这种紧密的连接关系不是商家所面临的单个个体，而是网络社区。

对于我国突出的结构问题而言，必须着力于生产、分配、流通、消费各阶段的打通，促进效率和公平的有机统一。其中，效率与更多生产的一环相对应，进一步强调"高品质的发展"。公平对待分配的环节更多，公平分配使生产和消费循环更顺畅。

7.1.3　电子商务新业态新模式快速发展

近年来，我国电子商务快速发展，已成为"数字经济和实体经济的重要组成部分"，是"催生数字产业化、拉动产业数字化、推进治理数字化的重要引擎，是提升人民生活品质的重要方式，是推动国民经济和社会发展的重要力量"。国家统计局数据显示，2021 年，全国网上零售额已达 130884 亿元，比上年增长14.1%。其中，实物商品网上零售额达 108042 亿元，增长 12.0%，占社会消费品零售总额的比重上升为 24.5%。同时，伴随网民数量增长红利的逐步趋减，电子商务消费渗透率的不断提升，电子商务发展速度也逐年趋缓。未来，在产业互联网的发展过程中，电子商务与消费需求的精准连接将会为电子商务的未来发展带来新的方向和增长空间。如何促进传统消费的数字化转型，服务于供给侧、产品创新及品牌建设等，这既是电子商务自身发展的必然趋势，也是传统行业数字化转型的第一驱动力。

在新技术革命和产业变革的推动下，电子商务的发展被赋予了更丰富的内涵，电子商务企业以消费者为中心，把握、理解、预测用户的需求，系统地创造产品和场景，满足不同消费层的真正需求和潜在需求。

电子商务未来发展的三个方向是业态革新、场景创新、模式创新。在新型冠状病毒感染疫情期间，直播电子商务业务、内容电子商务业务、社区团体采购的数量急剧增加，线下新零售也呈现出巨大的发展潜力，这些新模式展示了我国电子商务产业发展的巨大活力和广阔的发展空间，已经成为我国领导世界电子商务应用的重要领域。在革新的方向上，离线的实体空间和实体服务资源的深度融合成为电子商务发展的主要方向。例如，直播带货中的门播、工厂播、村播日益成为主流，社区团购与脱机便利店广泛结合，传统服务企业的电子商务应用比例也持续提高，通过增加电子商务的新模式，有力牵引大量传统服务业企业实现顺畅的数字化转换。

2021 年，元宇宙的出现显示了虚拟和现实的加速融合。2019 年，虚拟偶像诞生，洛天依和初音未来等开创了"新偶像时代"，即虚拟偶像的 1.0 时代。2021 年，"95 后"消费力成长，"00 后"成为新消费者，虚拟偶像迎来了第 2 个高潮，新技术、新概念、新体验等新模式迎来了虚拟偶像 2.0 时代。

除了虚拟偶像外，元宇宙也是 2022 年的关键词之一。元宇宙是以互联网为基础革新的新概念之一，是与现实世界相互沟通、平行存在的虚实共生世界，是无数的虚拟世界、数字内容互相碰撞、融合形成的初体状态的数字世界。元宇宙只不过是数字世界的过程之一。数字宇宙是与现实世界独立的虚拟世界，存在 N 个虚拟形式，可以容纳 N 个原始宇宙、N 个虚拟数字人、N 个 NFC 等。元宇宙的诞生带来了新的前进动力，牵引着数字化快速运行，产业界和投资界"不得不前进"。同时，多元化发展的前景也带来了不容忽视的营销可能性，新的虚拟世界带着新概念走上了兴起的道路，也是各产业勇于争夺的"价值"目标。

"90 后""00 后"等年轻消费者希望共享数据。电子商务企业以此为依据，提供具有个性、准确的产品和服务，订货量显著增加。

7.2　电子商务消费特征

以前，某个产品和服务的受欢迎度都是在销售数据出来之后才知道的。目前，越来越多的企业利用大数据、云计算、AI 等信息技术，将设计、采购、制造、物流、销售等环节全部转移到"云"，不仅能正确把握消费者的需求数据，还能在第一时间得到用户的反馈。同时，居民的可支配收入不断提高，高品位和高要求的消费者数量增加。随着这种趋势的变化，网络消费、智能消费、体验消费、定制消费等新兴消费势头强劲，消费也从"顺从大流"转变为"有态度"。

随着消费社会走向成熟，电子商务消费主体在各年龄、性别和社会阶层中推进，快乐原则影响逐渐加强，消费者开始追求个性、追求自我，消费多样化成为消费市场的最基本特征，重点表现在消费个性化、消费多元化和消费短周期化三个方面。同时，电子商务时代下的消费不受时空约束，市场碎片化形成，消费社区化凸显。电子商务消费逐渐形成了场景化、碎片化、个性化、社区化、细分化及品质化六大特征，具体表现如图 7-2 所示。

图 7-2　电子商务时代的消费特征

7.2.1　场景化

在传统消费模式下，消费时间和空间不够自主。在电子商务时代下，消费过程不再受时间或空间的限制。因此，电子商务可以在研究消费者心理的基础上预判消费者的行为，并设置相应场景，使消费者代入到消费的心理状态，从而更加容易发生消费行为。其中，消费场景的构建可以由一张图片、一篇文章、一个视频或是现实中的某场活动、某种氛围来实现。无论是线上体验，还是线下消费场所，感官的塑造都变得更加重要，需要通过全方位创造视觉、听觉、触觉、嗅觉等体验，来构建感官驱动情感的链接。品牌的"感官滋养力"成为品牌连接消费者的重要情感纽带，需要贯穿于品牌营销的各个环节。无论是场景创新，还是产品设计、产品选材以及消费者触点，都需要建立一种全新的、感官的、能够在情感上吸引消费者的品牌视野。

7.2.2　碎片化

随着人们生活水平的提高，消费者的需求已经超过了低级需求阶段，上升到审美需求和精神需求的境界。目前，各行业市场规模进一步扩大、细分，电子商务的发展随着市场需求变化。从本质上看，市场需求是消费者的需求，消费者的个性化、多元化需求为企业扩展了电子商务的新构想。未来，商店应充分利用电子商务时代的新优势，进行更准确的市场定位，满足消费者的多样化需求。

　　网络时代的生活形成了碎片化的结构，碎片化、超媒体化使人们追求效率和即时性，从而给消费者心理带来一定的影响，产生了消费者的碎片化需求。电影开场前、餐厅等餐时、上班坐车后等碎片化的场景，是电子商务消费的天然时机。

　　近年来，社会各领域都把焦点放在社会的碎片化现象上。在社会阶层分化、个人意识觉醒、价值体系和生活方式多元化等因素的影响下，过去的整体社会关系、市场结构、社会观念被分割，形成了单独的利益集团、文化部族和社会成分。在这种情况下，碎片化已经成为社会发展的主要趋势。在这一趋势的影响下，各领域都发生了巨大的变化。在消费方面，信息的片断有五种表现形式，每种选择都更理性，内心对感受和体验的追求更强烈，自我意识觉醒，对权威的信赖度变弱，随众倾向变弱。消费者从大量信息的广泛涉猎中追求有价值的"内容获得感"，内容路线迎来了新的"破茧"升级。从微信公众号的长图文兴起到小红书和微博的短图文种草热。从长视频的观众转移到短视频，直到提出中视频的概念。互联网行业的内容迅速重复更新。2022年，内容课程也有一些新的方向受到关注。例如，短小娱乐的系统化、内容费用的精良化、直播的常态化、中视频的升级、短视频的精致化等。

　　碎片化成的内涵，如表7-2所示。

表 7-2　碎片化的内涵

序号	内涵
1	生产力显著提高，生产能力严重过剩，大量类似产品出现在市场上。为提高自己在市场上的竞争力，使自己的产品获得成功，许多公司开始产品创新。人们的购买力不断提高，越来越多的消费者追求定制产品
2	下一代信息技术的发展给人类社会带来了颠覆性变化。人们收集和处理信息的能力大大提高，传统广告营销对消费者的影响越来越弱，人们的自我判断能力显著提高
3	在社会化批量生产已成为主要发展趋势的背景下，许多中小企业也可以为消费者定制生产。中小企业可以以较低的成本和较低的发言权加入产业链，但它们具有很强的稳定性和可持续性，可以继续促进其发展和增长。在传统媒体时代，全国人民经常关注同一个电视节目。如果公司投入高昂成本在热门电视节目中做广告，则很容易在消费者心中建立强大的品牌影响力。褪黑素、勤迪特曲等品牌的成功就是这样的逻辑。如今，人们经常使用手机、平板电脑等移动终端浏览社交媒体、视频网站、直播平台等。内容、受众和媒体呈现出明显的细分特征。 目前，企业仍然使用传统的营销方法来扩大产品销售，这已经变得越来越困难。面对这样一个支离破碎的时代，企业的营销策略也必须以自然有效的方式进行调整。支离破碎的时代是一个集权时代。传统的市场结构、营销逻辑、消费观念和消费价值观被彻底颠覆。人们通过他们的兴趣、职业和价值需求在网络社区聚集在一起。微信、微博和陌生人等社交媒体的出现突显了这一趋势。从营销角度来看，碎片化改变了消费者的信息获取方式、需求心理和购买习惯。传统的营销方式不仅成本越来越高，而且很难将营销内容有效地推广到目标群体

7.2.3　社区化

电子商务时代赋予了消费衍生出的社交属性，也激励了电子商务消费的社区化发展。实际上，社区化是在消费情景中对用户进行资产管理和深挖的过程，即实现了对消费者的深层了解，保持了消费者之间的高度互动性，进而促进消费者的消费黏性。

"社区电子商务"作为智能社会、智慧城市、数字乡村和数字经济发展的必然产物，是现代零售商业发展的新业态、新场景，更是现代城乡社区治理精细化、智能化、专业化的重要内容，是社会资本参与社区治理的重要力量，是创新社区便民、惠民、利民服务的重要形式，在应对突发事件、居家养老服务、助残济困等特殊需求方面具有关键作用。

7.2.4　个性化

随着经济社会的数字化转型，信息技术赋予的数字特征逐渐渗透到人们生活的衣食住行各个方面，数字经济呈现蓬勃发展态势。传统企业在销售过程中可以有效利用 5G 互联网、大数据等新手段进行营销，从而满足消费者的个性化需求。数字经济与实体经济的加速融合使生产逐渐精准化、精细化，同时满足消费者的个性化需求与产品的大规模生产。消费者对品质化、个性化需求与日俱增，不少电子商务或实体零售商选择发展自有品牌。自有品牌电子商务的产品风格、细节都基于大数据对用户的理解，集合了大部分消费者的生活理念，具有针对性的开发让商品更精准，更具个性化。

7.2.5　品质化

在当下，消费者对产品的需求不仅仅局限于物质消费，消费者的购买行为更多基于心理。消费者对产品的追求包含产品的使用价值与延伸价值。总体上表现为在物质生活得到满足后对产品追求的升级化。引起消费者消费心理转变的因素除了经济环境的影响外，还与消费者的日常生活环境密切相关。

消费者拥有了消费的主动权，也就是说，消费者的产品购买选择不再是被动地接受或拒绝产品，而更多地建立在自身购买意愿的基础上，不同消费者购买意愿的不同使得电子商务需要不断对运营模式进行调整，以迎合消费者对产品的多样需求。当代消费者在产品选购中，潜在心理需求的变化要求电子商务能够及时适应、转变，根据其对产品升级化的需求选取拥有多样价值的产品，尽可能地服务于消费者的心理。

随着电子商务的逐步成熟，消费者对网络购物的态度由猎奇心态逐渐向日常习惯转变，购买商品也从追求更低价格到追求更高品质。也正是消费者的需求转变促使电子商务不断发展进步，不断由"品质化"向"精选化"靠拢。未来，精选优质化产品会成为电子商务服务品质升级的新发展方向，同时，企业在进行商品定位、设计、销售的过程中也需要强化对当下消费需求的理解，为消费者提供更广泛的商品种类，给予消费者消费进程中更加广泛的选择平台和空间，进而实现消费者的品质化需求。

7.2.6　细分化

电子商务时代为消费者提供了更多的选择。对于年轻消费者来说，开始重视产品带来的自我认同感。为满足众多消费者的自我认同、个性化潮流、体验感，产品细分的程度也会不断深化。

在传统的市场营销模式下，企业在市场细分和市场定位时，基本上只限于某一地区内的消费群体，几乎难以为某一消费个人提供服务。随着互联网浪潮的到来，消费者的需求也显得更加多元化。因此，企业必须重视现有电子商务平台的各种资源，充分利用互联网、大数据等技术手段，对消费者进行更科学、更细致的专业化和个性化区分。同时，企业也可以以大数据挖掘等方法进行定位，有机地划分、联合来自不同地区的消费者，形成规模效应，进而为企业提供新的利益增长点。我国的零售业正在细分，不同消费者对不同行业的需求也不同。

7.3　电子商务消费行为

7.3.1　消费者需求

网络消费是消费者以互联网为技术手段，通过电子商务平台满足自身消费需求的消费方式。网络消费的购买过程是消费者产生需要到满足需要的整个环节，主要包括五个阶段，如图 7-3 所示。

图 7-3　网络消费的过程

（1）确认需求阶段 $S^{(1)}$。当消费者为改善自身缺乏的状态而产生交易需求 D 时，就会进入确认需求阶段 $S^{(1)}$。

（2）搜集信息阶段 $S^{(2)}$。消费者通过各类方式获取满足自身需求所需要的产品信息 $I^{S(2)}$，$I^{S(2)} = \{I_{\mathrm{T}}^{S(2)}, I_{\mathrm{E}}^{S(2)}\} = S^{(2)}(D)$。

（3）评估选择阶段 $S^{(3)}$。消费者对自己所获取的商品信息进行比较评估，$C^{S(3)} = S^{(3)}(I^{S(2)})$。

（4）购买决策阶段 $S^{(4)}$。形成决策的标准 $B^{S(4)}$，$B^{S(4)} = S^{(4)}(C^{S(3)})$。

（5）购后行为阶段 $S^{(5)}$。消费者在消费实现后，根据购买的商品或服务是否符合自己的预想心理目标，对自己的购买决策行为所作的评价 $E^{S(5)}$，$E^{S(5)} = S^{(5)}(B^{S(4)})$。除此之外，消费者不仅可以对所购商品进行评价，还可以将评价进行分享与传播，从而影响其他的潜在消费者。将这种购后分享方式记为 $E_S^{S(5)}$，分享范围记为 $S(E_S^{S(5)})$，则有：$S(E_S^{S(5)}) = [S_{ij}(E_S^{S(5)})]_\infty = \begin{pmatrix} S_{11}(E_S^{S(5)}) & S_{12}(E_S^{S(5)}) & \cdots \\ S_{21}(E_S^{S(5)}) & S_{22}(E_S^{S(5)}) & \cdots \\ \vdots & \vdots & \vdots \end{pmatrix}$。其中，$S_{ij}(E_S^{S(5)})$ 指第 i 个消费者的评价分享对第 j 个潜在消费者的影响。

综上所述，网络消费购买过程整体可描述为

$$E^{S(5)} = S^{(5)}(S^{(4)}(S^{(3)}(S^{(2)}(D)))) \tag{7-1}$$

美国著名心理学家马斯洛曾提出经典的需求层次结构理论，即马斯洛需求层次理论（Maslow's hierarchy of needs）。在这一需求层次理论中，马斯洛将需求由低级别到高级别分为五个层级：价格需求、品质需求、社交需求、个性定制需求和自我实现需求。这五种需求是个体行为最基本的、与生俱来的影响因素。

在电子商务消费情景下，当消费者对某种商品或服务产生欲望时，消费者生理或心理上的缺乏状态即为电子商务中的消费者需求。

基于马斯洛需求层次理论与电子商务特征，本书将电子商务消费中的消费者需求划分为价格需求 H_1^{N}、品质需求 H_2^{N}、社交需求 H_3^{N}、个性定制需求 H_4^{N} 和自我实现需求 H_5^{N} 五个层次，各需求层次的具体含义如图 7-4 所示。

图 7-4　电子商务消费需求层次模型图

与马斯洛需求层次理论相似，电子商务消费需求层次理论也具有以下三个特点。

①只有当消费者满足自身低层次基础需求时，才会出现更高层次的需求，即当消费者需求 $D \supset H_k^N$ 时，则有，$D = H_1^N \cup, \cdots, \cup H_k^N, 1 \leq k \leq 5$。

②当消费者无法满足高层次的需求时，就会依赖次高层次需求带来的假性快感，即消费者一定会尽力满足能力范围内的最高需求，此时，该层次需求带来的效用最大，则有，$U_1^N < U_2^N < U_3^N < U_4^N < U_5^N$。

③相比于全面满足低层次需求，消费者更愿意尽一切可能去努力满足高层次需求，即消费者在 H_m^N 层次上耗费的时间为 t_m^N，在 H_n^N 层次上耗费的时间为 t_n^N，若 $m < n$，则有 $U^N(H_m^N \times t_m^N) < U^N(H_n^N \times t_n^N)$，即 $t_m^N \gg t_n^N$。

1. 价格需求

价格需求是消费者的最基本需求。消费者购买的商品和服务在满足消费者认可的质量时，消费品的价格是影响消费者进行消费选择的最重要因素。消费品的价格越低，购买商品的优惠越大，折扣越多，消费者的价格需求就能获得越大满足。

2. 品质需求

消费者的品质需求是电子商务消费者的第二大需求层次。在满足价格需求的基础上，商品的正品保障、安全保障、售后保障等构成了消费者在消费选择过程中的第二大需求因素。

3. 社交需求

随着电子商务市场规模的不断扩大与繁荣，电子商务通过对用户进行社区化管理的手段赋予消费者在购买商品过程中的社交需要。通过团购拼单、好友砍价、分享返利优惠等方式，消费者与亲友、商家进行良性互动，进一步扩大市场份额，增加消费黏性。

4. 个性定制需求

现代科技的蓬勃发展和人类社会文明的日益多样为人带来了前所未有的巨大选择空间。各类全新生活方式和消费群体大量涌现。追求新潮、彰显个性和突显自我逐渐成为新一代消费者的主要夙愿和要求。如马斯洛需求层次理论所描述，需求是一个从低级到高级不断发展的过程。由于每个人的需求都存在着一定差别，因此，必然导致人的消费行为方式不同，于是，消费需求呈现出个性化趋势。个性定制需求具体包括个性定制化产品、时代潮流前沿、成就感等。新的商业创新，无论是产品的创新还是商业服务的创新，都将围绕高端品质和精神需求展开，让消费者更有存在感、仪式感、参与感和幸福感。

5. 自我实现需求

在互联网时代，消费者的自我实现需求可以通过线上参与生产制作、产品代言、宣传博主等方式进行实现。例如，随着社会的发展和人们整体素质的提高，可持续发展理念已得到越来越多的人认可和接受。购买环保食品，宣传绿色自然理念也成为满足自我实现需求的一种方式。马斯洛需求层次理论指出，自我实现需求的强度不会随着需求的满足而呈下降趋势，反而是越满足，这种需求越强烈。可想而知，在未来电子商务时代，人们对电子商务消费的自我实现需求将不断增长，有望进一步带动电子商务行业的发展繁荣。

7.3.2　冲动消费

冲动消费，通常指因商家促销广告或其他因素而购买非必需品或者其他消费。情感体验是导致消费者冲动购买的重要因素：在电子商务直播情境下。高愉悦、高唤醒的消费者更容易具有冲动性购买意图；促销力度、主播特征、直播间活跃度等外部刺激是影响消费者情感体验的重要因素，提高这些外部刺激的水平和强度能够增强消费者的感知愉悦和感知唤醒；情感体验是外部刺激影响消费者冲动性购买意愿的重要内在机制。

一般来说，冲动性购买包含四种类型：①纯粹冲动性购买（pure impulse purchase），即打破规范性购买模式的逃避式购买。②提醒购买（reminder purchase），即当消费者看到某个商品时被提醒需要购买的情况下发生的购买行为。③建议购买（suggestive purchase），即当消费者看到商品并想象出对这件商品的需求时发生的购买。④计划冲动性购买（planned impulse purchase），即消费者没有购买计划，但因为折扣等促销活动而发生的购买行为，如图 7-5 所示。上述四种冲动性购买的共同点是行为的非计划性。消费者在看到该商品之前没有明确的购买意向，但是在接受相关刺激之后当场决定购买。在购物过程中受到的刺激（stimulus）是消费者冲动性购买的催化剂。

图 7-5　冲动消费的类型

1. 促销力度

当主播给予的折扣力度足够大时，消费者会产生强烈的购买冲动。促销力度是影响消费者冲动性购买意愿的重要因素。促销折扣，尤其是限时促销是直播电子商务的重要特征，是直播电子商务情境下消费者冲动性购买时不可忽略的因素。

2. 主播特征

在直播间这一虚拟环境中，主播作为重要的信息源，可以对消费者情感产生重要影响。能够提高消费者愉悦和唤醒程度的主播特征主要是可信性、专业性、吸引力和互动性强。当消费者观看具有这些特征的主播直播时，更可能感受到较强的愉悦、专注和兴奋，进而会有更强烈的冲动，并作出非计划性的购买行为。

3. 直播间活跃度

当直播间的观众数量越多时，消费者越有可能受到从众效应的影响而跟随购买。直播间活跃度是直播电子商务不同于传统电子商务的新特征。在传统电子商务情境下，消费是个人消费过程，缺乏消费者之间的直接互动和影响。但是，直播间消费者共同观看直播的氛围是一种非常强烈的社会影响力。除此之外，直播间活跃度也是消费者对主播能力和信任的一种投票机制。活跃度高的直播间，其主播更可能受到消费者喜爱，消费者也更可能在该类直播间冲动消费。

4. 电子商务直播间的愉悦和唤醒

当消费者感受到较强的冲动性购买意愿时，往往是受到内在感知愉悦和感知唤醒体验的推动。同时，内在感知愉悦和感知唤醒体验也受外部刺激的影响。例如，吸引人的促销活动、优秀的主播、活跃的直播间氛围等都可以显著影响消费者的感知愉悦和感知唤醒等情感体验。

7.3.3　从众消费

从众消费指服从他人判断进行消费决策，体现了社会影响的表现形式。社会影响可以分为信息性影响和规范性影响。信息性影响指倾向于接受从他人那里获得的信息作为简化决策过程的指导；规范性影响指个体为了获得群体归属感或认同感而顺从他人的倾向。为避免被他人排斥，消费者选择受信息性和规范性影响。一方面，个体在决策过程中受认知限制、时间压力、信息缺乏或信息过载等因素的影响，无法作出理性判断，信任来自他人的信息，从而最大限度地提高决策效率。另一方面，消费者渴望获得群体归属感，以寻求集体庇护。消费者参与从众消费可以看成一种心理过程，与文本和图片相比，消费者对视频的参与度更高，因为视觉线索不仅能引导消费者关注产品功能，还能与之产生情感共鸣。当面临引人入胜的消费体验时，他们更愿意参与其中。

互联网创造的虚拟购物空间改变了消费者的行为模式。信息技术使网络消费更具协作性、动态性和高度互联性。消费者被描述为社会人，个体决策易受外部关系的影响。一般而言，消费者高度依赖于他们所联系的社会环境中的观念、观点或意见，并有意识或者无意识地与群体意念保持一致，从而获得心理满足。社会规范和人际关系是个体行为意向的前因，尤其对于注重集体主义行为的国内消费者而言，社会影响对购买决策的影响更加显著。消费者参照群体决策，试图跟随他人的决策行为，在决策过程中，表现出受群体决策影响的约束行为。群体成员倾向于建立群体规范，个人则倾向于遵守各自的群体规范，根据群体想要自己形成的社会身份来改变自己的行为。模仿行为一旦大量发生，就会形成信息级联。

在信息不对称的情况下，个体易受前人行为或信息的影响而改变自己的认知，出现追随前人的现象。在网络直播情境下，消费者通过弹幕、点赞、互动、礼物等与主播和他人分享自己的观点、经验或意见，产生虚拟的身临其境的感觉。直播情境构建的虚拟消费空间使消费者具有共在临场感和社会临场感，形成暂时的虚拟人际关系，个体决策受虚拟空间中的他人社会影响。

1. 群体压力产生趋同心理

在当前因特网的传播模型中，集体传播可以基于集体目标和集体共识来实现信息的广泛传播。受网络直播的影响，消费者在群体中形成了"我们"的购买意识，这在集团感情和集团归属中形成了自己的从众行为。在网络集团购物信息环境的影响下，一般用户基于很多人的购买欲望和购买行为为自己的购买行为提供决策指导。同时，在网络直播主体的集体说服中，网民在社会消费行为的影响下，为减少消费排斥，在集体牵引下形成消费调谐心理和协调行为，这是希望网民在集体消费中服从群众的消费行为，降低消费失败的概率。网络直播充分利用消费层的集体压力，促进消费用户的消费行为，即利用集体力量促进个人用户的大众消费心理形成。

2. 符号消费构建身份认同

随着商品经济的发展，具有商业价值和市场价值的产品逐渐在市场上流通和发展。消费者在面对这些消费品时，重视的不仅是商品的使用价值，更是基于商品背后形成的商品文化和理念，这就把商品的消费看作一个符号的消费过程。用户将市场上的商品视为代表心理、情感变化的象征，商品消费过程是基于符号解读而形成的消费行为。在淘宝直播的消费市场中，消费者可以对商品符号背后的内涵和意义进行解读，如在口红等相关化妆品的消费中，消费者通过口红造型、图案、膏体形状、包装等因素挖掘口红自身的格调和等级，同时赋予高档口红产品于高社会地位、社会身份和自我品味的内涵。同时，网络直播作为新兴的消费形式，可以在市场化趋势和潮流中形成商品符号和社会意义的构建，具体来说，在用户对商品选择的过程中，可以根据符号消费理念形成产品和对自我身份的认同感，在两者的一致点中产生群众的消费行为。

3. 共同讨论带动集体狂欢

网络直播是大众消费者讨论、沟通、消费的平台，可以在网络化的平台中形成具有高度讨论热的民间舆论平台。网络传播的普及使整个消费市场形成了全民讨论、全民参与的氛围。广场用户在民间舆论中的现象可以使用户形成对消费行为的心理认同。在用户的消费行为中，首先在网上直播主题，引起相关话题讨论，然后在话题热度提高中带动群众，对消费产品的思考，同时在网络平台上意见领导和群众，进行充分沟通后形成大致一致的认知和理解。这就是基于二级传播模式构建相应的集体讨论空间，在共场讨论中激发用户的讨论热情，从而在整个舆论场的影响下，通过集体讨论形成购物过程的从众心理和从众行为，由此引发网络消费市场的集体购物热潮。

4. 网红经济催生自我欲望

在现网络人气经济的引领下，整个网络社会出现一种以年轻美丽、生活品质高为特征的时尚达人，他们以自己的眼睛为基准进行网络产品的普及，从而逐渐形成对社会网络红人的支持。淘宝的直播活动有不少网络红人直播，但用户在看直播的过程中，对网络红人的个人形象、生活质量产生了很高的渴望，同时也渴望拥有网络红人般的市场待遇和社会价值。因此，在市场化经济的影响下，整个社会呈现出对商品化经济的追求倾向。具体来说，用户个人在网络平台的营销环境和大量信息的影响下，产生对自我认识、自我价值的反省，从而在网络化经济的影响下，心理上产生对商业化产品的欲望，由此，社会形成对消费市场多样化产品的支持和大众消费行为。

5. 集合行为形成群体模仿

网络直播活动是在网络营销和普及环境下形成的网络上的集合行为，尤其是市场大众在结构压力和触发事件的影响下形成的网络上对产品的消费集成行为。在网络传播主体进行信息传播的过程中，用户受到集体暗示机制的影响，即用户在网络直播主体间接表示的过程中接受中继主体的观点，消费者失去对商品本来性质的判断，呈现盲目服从状态。同时，用户还在集体暗示的影响下形成整体感染，如"买它""很干净"的思想快速支配用户。在进行产品购买的过程中，其他用户也可以产生购买行为，从而在集体暗示的作用下形成集体模仿性消费，在这种购买热潮的影响下，用户在购物中进行个人本能冲动的宣传。

7.4　本章小结

21 世纪以来，我国以数字技术为核心的数字化水平不断提高，数字经济发展迅速。目前，国内的消费行为受大数据、AI、移动互联网、云计算、IoT 等数字经济技术的深刻影响。数字经济正在改变网络消费者的消费内容、消费习惯、消费模式，甚至是消费理念，这是传统消费形式的数字化变革，在一定程度上激发了市场活力，扩大了内需规模，提升了消费行为完成的效率，推动了数字经济的发展。

基于著名的马斯洛需求层次理论，本章内容创新性地提出了具有电子商务特色的消费者需求。在电子商务消费情景下，当消费者对某种商品或服务产生欲望时，消费者生理或心理上的缺乏状态即为电子商务中的消费者需求。基于马斯洛需求层次理论与电子商务特征，本书将电子商务消费中的消费者需求划分为价格需求、品质需求、社交需求、个性定制需求和自我实现需求 5 个层次。

同时，电子商务时代下的消费不受时空约束，市场碎片化形成，消费社区化凸显。电子商务消费逐渐形成了场景化、碎片化、社区化、个性化、品质化及细分化的 6 大特征。用户中心特征不断凸显，用户由被动接受标准化产品向深度参与产品研发设计等产品全生命周期过程转变。利用 AI、云计算、大数据等技术，建立“以客户为中心”的营销服务体系，对客户推送个性化增值服务。市场可预测水平不断提升，工业互联网将异构、多样化数据转化为适用于产品全生命周期的标准化数据，对客户群体、用户行为进行深度分析，促进供给与需求的精准匹配，强化企业市场预判、精准营销的能力。利用工业互联网构建定制化、柔性化的生产制造系统，进行生产计划排程和资源优化配置，实现产销动态平衡，提高整体生产效率。

7.5　复习思考题

1. 什么是数字经济？谈谈你对经济社会数字化转型的理解。

2. 简述电子商务消费环节消费行为的具体表现，并分析其内在机制。

3. 举例分析当今网络消费与工业时代消费相比有哪些变化？

4. 结合电子商务发展趋势，谈谈未来电子商务应如何发挥好精准链接消费需求的优势，服务于供给侧的数字化转型、产品创新及品牌建设。

5. 谈谈元宇宙将会对电子商务新业态带来哪些影响。

6. 简述电子商务消费特征并举例说明。

7. 简述信息碎片化特征在消费层面的表现。

8. 在物质生活得到充分满足的今天，消费者对产品的需求不再囿于传统的物质层面，总体上表现为产品追求升级。请结合实例分析引起消费者产生这一消费心理转变的因素。

9. 简述本书中介绍的电子商务消费的消费者需求层次结构，你认为电子商务消费者需求层次还有其他划分方式吗？

10. 谈谈你对消费者自我实现需求的理解。

11. 试分析消费者冲动消费行为产生的内在机制。

12. 浅谈电子商务时代，电子商务平台与商家应如何利用消费者的从众心理进行营销。

13. 简述消费者群体压力形成的内在机制。

14. 什么是网红经济？网红经济会对消费者的消费行为产生哪些影响？

第 8 章　电子商务渠道与平台

学习目标

1. 了解各个电子商务平台的发展背景与现状。

2. 熟悉不同电子商务渠道与平台的划分方式及相应的运作模式。

3. 掌握不同电子商务渠道与平台的定义及其主要特点。

能力目标

1. 了解各电子商务平台的发展趋势。

2. 熟悉各电子商务平台的发展战略和运营实践。

3. 掌握电子商务平台以"人、货、场"为核心分类准则的细分分类。

思政目标

1. 了解数字经济时代我国电子商务平台的创新探索。

2. 熟悉数字经济时代我国电子商务平台的发展策略。

3. 掌握数字经济时代我国电子商务平台的发展状况及其在世界范围内的地位和影响。

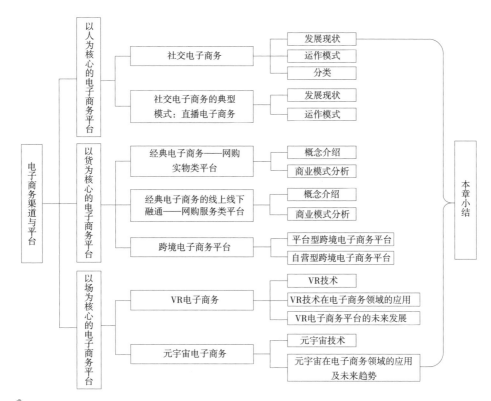

本章知识图谱

导入案例

SHEIN，中国跨境电子商务超级独角兽

SHEIN 是一家国际 B2C 快时尚电子商务公司，主要经营女装，但也提供男装、童装、饰品、鞋、包等时尚用品。据应用分析平台 Apptopia 的数据显示，2021 年，SHEIN 是全球下载量第二的购物应用，下载量达 1.9 亿次，较 2020 年增长 70%。SHEIN 在苹果和谷歌应用商店的下载排行榜上均名列前茅，应用下载量甚至超越了国际电子商务大鳄亚马逊。凭借着品牌中的流量时尚基因，SHEIN 在互联网平台上也具有超高关注度，在 Instagram、Facebook 和 TikTok 等社交平台上，它坐拥近 3 亿粉丝。在自身的电子商务平台上，SHEIN 的注册用户超过 1.2 亿名，日活用户（DAU）超过 3000 万名。除此之外，SHEIN 的营收数据也极为亮眼，虽然受疫情影响，但 SHEIN 去年的 GMV 仍达到 157 亿美元，约为 1000 亿元人民币。

探究 SHEIN 的成功，离不开三个重要因素：价格、流量及供应链。

SHEIN 商品的均价为 12 美元，在售可供选择商品高达 60 万件，涵盖服饰、鞋履、美妆、家居等品类，每日还在稳定上新 6000+ 新品。售价便宜、款式多、上新快、线上销售是 SHEIN 的显著优势。

在前期，SHEIN 靠着社交媒体吸引关注。在流量的经营方面，SHEIN 有着优秀的网红营销增长策略。早在 2010 年，国内开始孵化第一批带货网红时，SHEIN 就抓住了流量增长的逻辑，在欧美市场的 Google、Facebook、Instagram 和 YouTube 等平台邀请 KOL 和 KOC 试穿带货。网红们只需发布与 SHEIN 产品相关的话题或视频图片内容，便可获得免费单品或佣金。佣金体系拉动着粉丝经济，很快就帮助 SHEIN 在快消时尚圈抢占了一席之地。

而为 SHEIN 发展实现强大助推力的，不得不提的还有其背后柔性的供应链。SHEIN 快速上新得益于其数字化信息供应体系，它能根据终端消费者的需求及时在采购、生产、物流和销售等环节作出快速调整。

资料显示，SHEIN 的内部有一套智能设计系统，系统会把服装的元素拆得极为细致，如领口、袖口、下摆、颜色等不同元素，在每个元素下又会生成各种类型的素材，组成素材库。只要设计师稍微变化一个元素就能重新组合成新的设计，加快了新产品的开发，这为 SHEIN 丰富的产品上新打下基础。

SHEIN 还会利用大数据技术，在 Google Trends 等平台，借助算法捕捉流行趋势，帮助设计师了解新兴市场。SHEIN 深知，锁定爆款就能抓住用户、产生复购，而通过 App 收集的一手数据，以及借助软件和人工团队对竞争对手网站的监测数据，也使得 SHEIN 可以最先了解到竞争对手的开发趋势，消费者当下最想买什么样的衣服等，从而针对性地设计、选品及推荐，为产品的销售指明方向，确保自己的领先地位。据了解，SHEIN 从产品设计、打版到上架仅需要 14 天，上架后生产、配送至消费者仅需 7 天。

帮助 SHEIN 以"天"为单位迭代产品的，还有 SHEIN 的数字化制造体系。SHEIN 不仅在内部推动供应链信息化，还给工厂做了一套数字化制造系统。工厂可以直接在系统上接收 SHEIN 下发的订单，SHEIN 甚至还能通过系统管控到生产线的每个工人，给工人分配任务、计算工作量、发工资等，实现对工厂和工人的穿透式过程管理。SHEIN 的供应链中心还开发了给货系统，可以更好判断库存水平，合理决定补货量，最小化库存压力。

SHEIN 将数字化技术在生产、销售和管理中灵活应用，拉高了行业天花板。

依托珠三角成熟纺织供应链及高速的数据反馈和设计流程，做到了对市场需求的快速反应，成为我国跨境电子商务平台中的超级独角兽。

思考：

1. SHEIN 的商业模式是怎样的？

2. 除了价格、流量和供应链因素外，SHEIN 成为我国跨境电子商务超级独角兽还得益于哪些优势？

8.1　以人为核心的电子商务平台

在电子商务方面，以用户为中心，对经典的电子商务进行"人""商品""场"的链接重组，产生了电子商务的新形式和新模式。本节从电子商务的新形式和新模式切入以人为核心的电子商务平台：介绍社会电子商务，详细介绍社会电子商务的典型模式——直播电子商务。

8.1.1　社交电子商务

1. 发展现状

（1）概念。社交电子商务是基于人际关系网络，利用互联网社交工具从事商品和服务销售的经营行为，是新电子商务的重要表现形式之一。社交电子商务通过社交网络平台或电子商务平台的社交功能，将交互、沟通、讨论、共享、兴趣等社交要素应用于电子商务的购买服务。

总的来说，社交电子商务的本质在于依靠社交链的崩溃效应来扩大用户的规模和转化机会。社交电子商务具有三个核心特征，如表 8-1 所示。

表 8-1　社交电子商务的核心特征

序号	特征
1	有引导购买的作用
2	用户之间或用户与企业之间有交互共享，即具有社交要素
3	最重要的是，具备"社交传播的多级回报"机制，即"SNS"传播，因此可以获利

（2）发展背景与现状。经过 20 多年的高速发展，我国的电子商务行业发展已经较为成熟，电子商务的交易规模巨大，但增长速度开始放缓。传统电子商务行

业的红利减少，电子商务平台和线下门店的竞争日益激烈，获客成本不断上升，急需寻找更高效、成本更低、黏性更强的流量源。

在移动互联网时代，以微信为代表的社交应用全面普及，成为移动终端最主要的业务入口。这些社交平台占用了大量的用户时间，使用频率高、粘性强、交通价值极为丰富。从促进的原因来看，社交媒体传播的优势有：①社交媒体具有传播性，可以加快零售商品的购买信息、使用体验在社交关系群中的传递。对用户而言，熟人提供的信息更具真实性，购买转化率也更高。②社交媒体的覆盖层更全面，可以更好地进行用户层的补充。社会媒体的有效利用为电子商务的进一步发展带来了新的契机。

2. 运作模式

社交电子商务重构了"人、货、场"。对人来说，社交电子商务通过社交网络实现了分裂性传播，用户是购买者，也是推广者。对于商品来说，社交电子商务是基于用户个人的去中心化传播网络，为长尾商品提供了广阔的发展空间。对于场所来说，在社交网络下从检索式购物到发现式购物，急速促进购买，提高转化率。

依靠社交流量，社交电子商务能够实现更高效的用户全生命周期运营管理，如表 8-2 所示。

表 8-2　社交电子商务的用户全生命周期运营

阶段	举措
引入新阶段	依靠用户的社交破解来实现成长，降低客户获得成本
转化阶段	一方面，可以基于熟人关系借助人的信赖关系提高转化效率；另一方面，可以通过社区标签对用户进行天然化的构造区分，以实现精细化运营
保留阶段	用户既是购买者又是推荐者，在二次市场营销过程中实现更多的用户保留

经过这三个阶段，社交电子商务实现了依靠社交破解来实现高效低成本的导入。经典电子商务流量通过"检索浏览""点击查看""订购购买""客户重购"这一模式的连锁层减少。经典电商与社交电商的流量模型对比，如图 8-1 所示。

在商业通信网络方面，社交电子商务比传统电子商务具有独特的优势。经典的电子商务是一个中央购物网络。在传统的"检索式"电子商务模式下，消费者拥有统一的流量输入，这使得网上购物"集中化"。在原材料供应极其丰富

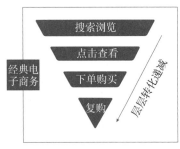

图 8-1 经典电子商务与社交电子商务的流量模型对比

的情况下，搜索排名对用户的选择有着近似的决定性影响。在马特奥效应下，流动不断地集中在头部商品上，中小长尾交易者很容易被大量商品的浪潮淹没。在社交电子商务中，通过社交网络末端的链接，商品根据用户的个人分布，每个社交节点成为流量的入口，以支持社交网络的购物网络为中心。从而，交易显示了"中心化"的结构特征。

在用户的购物路径方面，社交电子商务具有发现性购物特征，与传统电子商务相比，具有更快促进购买、提高转化效率的优势。传统的电子商务消费者在购物前都有基本的购买目标，通过电子商务平台检索购物目标来寻找商品，通过多渠道查询，在很多陈列在货架上的商品中进行选择。通常，消费者会根据商品的销售量和口碑进行购买选择，长尾商品很难进入消费者的视线。购物后，消费者的分享以评价为主，其主动传播欲望不强，传统电子商务的购买转化率为 0.37%。社交电子商务的消费者通常在社交共享和内容驱动下从注意到兴趣，产生非计划性的购买需求，容易刺激消费者的冲动消费，在迅速促进消费者购买后，在共享价格和佣金的驱动下，积极传达共享欲望。社交电子商务的购买转化率为 6%~10%，顶级网络电子商务的购买转化率达到了 20%。

在用户购物的整个流程中，社交电子商务的作用节点，如表 8-3 所示。

表 8-3 社交电子商务的作用节点

阶段	举措
需求发生阶段	通过社交共享激发用户的非计划性购物需求
采购决策阶段	通过可靠机制迅速促进采购，提高转化效率
共享传播阶段	激发用户的自发共享欲望，降低顾客的获得成本

传统电商与社交电商的用户购物路径对比，如图 8-2 所示。

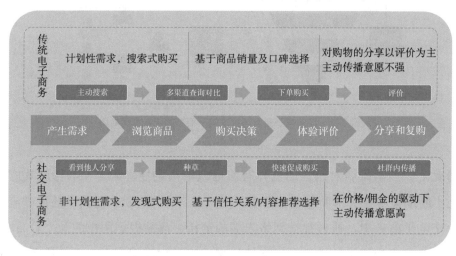

图 8-2 传统电子商务与社交电子商务的用户购物路径对比

3. 分类

社交电子商务根据运营模式、流量源、目标用户、适用商品等进行分类，分别是直播电子商务、拼购类社交电子商务、会员制社交电子商务、社区团购、内容类社交电子商务。本书重点介绍了直播电子商务和拼购类社交电子商务，直播电子商务将在下一节单独介绍。

1）拼购类社交电子商务

图 8-3 是拼购类社交电子商务的运营模式。

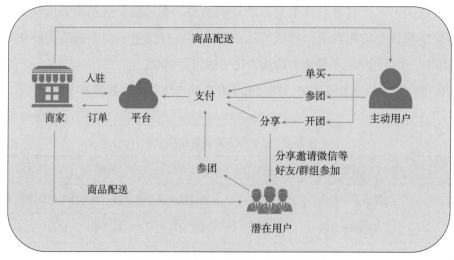

图 8-3 拼购类社交电子商务的运营模式

拼购类社交电子商务相关知识，如表 8-4 所示。

表 8-4 拼购类社交电子商务相关知识

阶段	说明
市场定位：以低线城市价格敏感型消费者为主	通过低价拼凑模式和丰富的游戏式购物体验，拼凑类社交电子商务同时满足消费者社交、休闲和购物的需求，收入水平相对较低，闲暇时间相对较多，商品价格敏感度高的 3 线和以下城市用户魅力大，借助微信小程序等方便快捷的购物软件，团购类社交电子商务迅速吸引了许多低线城市的消费者。由于这种被差别化的顾客定位，购买类的社交电子商务在网络购物行业尤为突出，势头正在增长。与一二线城市相比，三线以下的城市人口规模庞大，网购的渗透率相对较低，在未来有巨大的成长空间
营销方式：拼凑模式引导用户共享，降低顾客获得成本	采购类社交电子商务在产品设计上以"多实惠，多享受"为导向，在用户购物过程中加入了许多社交和娱乐环节，用户不深入参与就无法得到最大优惠。用户为得到更多的奖励和优惠，频繁参加各种活动，乐于与他人分享。用户对平台的依赖性和用户周围人的参与度进一步加强。丰富的玩法设置提高了平台用户的粘性和转化效率，降低了顾客获得成本
商品定位：弱化检索、反向推荐、直联工厂低价爆金的制造	无论采用什么具体的游戏方式，低价都是吸引顾客传播的关键。购买类社交电子商务平台的平均客户单价远低于传统电子商务平台。团购类社交电子商务以生活用品、服装等消费频度高、受欢迎的大众流通性商品为主，大部分商品的价格不超过 100 元。通过集团形式，在不花费大量营销成本的情况下，将大量用户和订单集中到有限的精选爆金商品中，丰富的订单能吸引许多供应商加入，节约层的中间破本同时以规模化带动生产方成本的降低，价格优势体现在这里。产品的低价同时成为吸引用户群的关键，形成了顺向循环

2）会员制社交电子商务

会员制社交电子商务指在社交网络的基础上，以 S2B2C 模式链接供应商和消费者，实现商品移动的商业模式。上游分销平台链接商品供应商，为小型 B 端零售商提供供应链、物流、IT 系统、培训和售后服务等一系列服务，因此，零售商负责 C 端商品的销售和用户维护。用户通过支付会员费/完成任务等方式成为会员。在不干预供应链的情况下，他们利用社会关系进行分销，实现"自用、省钱、共享"，如图 8-4 所示。

基于订阅的社交电子商务是微信个人商业模式的更新和演变。在第一种个人微信商业模式中，个人零售商必须以较高的门槛完成从原材料采购到价格再到销售的全过程。暴力的屏幕滚动、线下洗脑开发以及朋友圈中的假冒伪劣产品也夸大了公众的好感和信任，微信的传统商业模式受到广泛质疑。在基于会员身份的社交电子商务模式下，零售商不干预供应链，只承担获取客户和用户运营的责任。该平台提供跨产业链的标准化服务，零售商只需分享收入并提供建议。通过建立分销机制鼓励店主分享和销售，平台本身可以专注于构建供应链和中、后台服务能力。

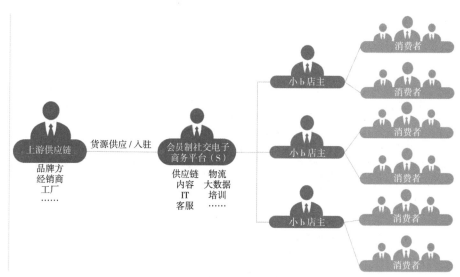

图 8-4   我国会员制社交电子商务模式

会员制社交电子商务相关知识，如表 8-5 所示。

表 8-5   会员制社交电子商务相关知识

阶段	说明
分销机制：层层套利，校园裂变带来客户红利	基于订阅的社交电子商务平台通常会建立多级订阅系统。不同平台上的会员级别和不同级别的头衔数量不同，但总体模式相似。以典型的三层模式为例：消费者在购买订阅礼包或完成平台指定任务后，即可成为普通会员，并享有购买折扣、销售佣金和创新奖励；当销售和发展达到一定数量时，可晋升为主管，除销售和创新奖励外，还可获得下属团队绩效奖励；在升级为服务提供商后，服务提供商还可以因提升下属团队领导而获得额外的培训奖励。金字塔型累积利润模型为分销系统的快速扩张提供了基础。一方面，从平台的客户获取角度来看，基于会员身份的社交电子商务平台可以通过有吸引力的推广和奖励机制，有效降低平台用户的客户获取和维护成本，依靠商家进行创新和商品推广；另一方面，会员用户（零售商）在平台上购买商品时也可以从一些降价中受益，这可以有效提高平台成员的活动性、粘性和忠诚度
运行阶段	基于会员身份的社交电子商务平台的运行可分为两个阶段。初期通常以快速规模为目标，通过奖励机制和基金的爆炸式运作，吸引种子会员快速加入裂变。然而，拥有可用性和分销能力的人数有限。经过一定发展阶段，所有者创新的裂变能力逐渐耗尽，进入瓶颈期。所有者从平台获得的收入将从创新费用中转移到销售费用中。早期被收购的用户需要更多的商品来满足他们多样化的消费和维修。该平台的主要服务对象是消费者。只有当消费者端产生足够的订单时，零售商才能获得足够的收入来持续激发他们的分销热情。平台需要通过优质供应链和精细化运营，扩大品类覆盖范围，实现业务持续增长

3）社区团购

从模式上看，社区团购属于 S2B2C 电子商务，主要涉及三方：社区团购平台提供产品、物流仓储和售后支持，老板（通常是投资人或社区店老板）负责社区运营，即商品的促销、订单的收集和最终商品的分发。社区居民在加入社区后，通过微信小程序和其他工具下订单。第二天，社区团购平台将商品分发给团长，消费者将商品取走或团长交付"最后一公里"，如图 8-5 所示。

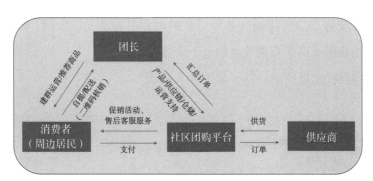

图 8-5　我国的社区团购模式

（1）核心价值。知识经济降低了引流成本。社区团购模式的核心价值主要体现在：①在营销模式上，以单个社区为发展单元，通过投资人和社区店主组织原材料销售。社区居民大多是熟人，相互信任度高，可以通过社区内的口碑自发传播，最大限度地降低获得客户的成本。②在原材料供应方面，社区团体根据原材料的环节组成小组，然后组织原材料的供应和配送。一方面，它以拼贴的形式聚集社区用户的需求，通过大量订单提升上游供应链的契约力；另一方面，预售模式使采购更具计划性，几乎可以实现零库存，能减少损失。③在物流模式上，供应商将货物运输到平台仓库，并直接从平台区域仓库发送到各个社区。商品作为一个整体在社区中分发，中间连接很少，这可以显著减少损耗。最后一公里由组长负责，通常采用自动升降模式，可以有效控制航站楼的物流成本。

（2）安置。新鲜食品和其他原材料。社区团购平台主要以新鲜食品为渠道，以减少社区居民的日常消费。大多数社区团购平台的新鲜食品类别约占 30%。生鲜食品作为一种高频率、高重复购买的消费品，是一种自然流动的产品，更容易创造出单一的大众化产品。通过预售制度和集中收分，社区团购可以有效减少营运资金，降低配送和仓储成本，提高生鲜食品供应链的效率。为充分利用社区团购模式，需要单个产品的销量和同一地区的分销密度达到一定规模，以提高平台对上游供应商的溢价能力，有效降低分销成本。因此，社区团购平台通常不会像其他电子商务平台那样长期销售各种商品，而是采用新的模式，每天选择约 100

种商品进行集中推荐和销售，并创造爆炸性产品。一方面，这种方式可以集中社区消费者在同一天对同一商品的需求；另一方面，每天更新产品可以通过"通知＋时限"的方式培养饥饿感，吸引客户每天访问，提高用户依从性和回购率。

4）内容类社交电子商务

内容类社交电子商务指通过各种形式的内容引导消费者购物，实现商品与内容的协调，提高电子商务营销效果的电子商务模式。

我国内容类社交电商供应链，如图8-6所示。

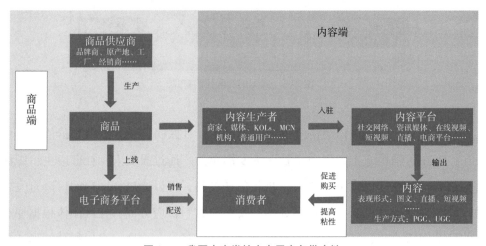

图8-6　我国内容类社交电子商务供应链

（1）该模式的核心：丰富的内容、实现形式和平台与用户的深度链接。在内容上，丰富实现形式。对于电子商务平台而言，可与用户建立深度链接。社交内容类电子商务通过丰富的形式吸引用户，如图片帖子、直播和短视频，以及与购物相关的内容社区，如购买和分享购物指南。用户在查看这些内容时，可以直接在平台上购买，也可以通过链接切换到电子商务平台。在购买商品后，一些用户会使用自己的内容并在平台上分享，进一步丰富平台的内容，从而形成一个由"发现－购买－分享－发现"完成的封闭循环。内容与电子商务的结合在特色产品与用户之间建立了深厚的高黏性纽带，可以有效提高用户的黏性和转化率。

（2）聚焦发展：短视频营销价值凸显，已成为平台布局的重点。高质量的内容在吸引用户、提高电子商务平台转化率方面发挥着越来越重要的作用。在众多的内容形式中，短视频以其适应性广、承载能力大、传播能力强等突出特点越来越受到人们的关注。

短视频营销的价值和特点如表 8-6 所示。

表 8-6 短视频营销的价值和特点

序号	价值和特点
1	制作灵活，应用广泛。短视频内容制作周期短，成本低。因此，它在营销形式上更加灵活，能够满足不同类型的营销需求
2	内容传输容量大，互动丰富。短视频内容的信息传输能力是丰富而集中的，能够将大量的营销信息集中成多种形式的短内容节目。同时，它具有社交媒体的互动属性，可以与用户建立深层次的沟通关系
3	通常，短视频的数量会远远超过粉丝的数量。在头部设置高质量的内容可以实现病毒式传播，并在营销价值的潜在性和爆发力方面具有高质量的表现

（3）按驱动分类。内容类社交电子商务可分为商品驱动型、内容驱动型、商品 + 内容驱动型三类，表 8-7 对此做了详细比较。

表 8-7 我国内容类社交电子商务分类

类型	商品驱动型	内容驱动型	商品 + 内容驱动型
本质	电子商务平台内容化	内容平台电子商务化	内容 + 电子商务双轮驱动
内容运营方式	多数作为平台方连接分散的内容创作者及 MCN 内容机构	多为自建内容团队，作为 MCN 机构产出并进行内容分发	多为平台自建内容制作团队 + 连接外部网络红人及 MCN 内容机构
商品运营方式	以自营 + 平台为主	以导购 + 平台为主	以自营 + 平台为主
瓶颈	缺乏优质内容 内容分发渠道相对受限	1. 缺乏电子商务供应链，商品的丰富程度受限，且品质及服务质量难以保证 2. 在增加商业化内容时，运营不当容易让用户反感，透支品牌信用 3. 用户规模容易受自身粉丝天花板的制约	需兼顾内容生产与产品供应链，运营难度较大

8.1.2 社交电子商务的典型模式：直播电子商务

1. 发展现状

目前，直播已成为平台延长用户时间、改善营销转型的常用方式。这种受欢迎程度很快培育了一个新的生态系统，该行业很快从单纯的获取交通红利转变为在整个生态系统中获取红利，尤其是供应链的顺利运行和渗透。2020 年，从事直播电子商务服务的企业和员工数量将快速增长。2020 年，我国直播电子商务市场规模达到 1.2 万亿元，年均增长 197.0%。CNNIC 发布的第 50 次《中国互联网络发展状况统计报告》数据显示：截至 2022 年 6 月，我国短视频的用户规模增长最为明显，达 9.62 亿名，较 2021 年 12 月增长 2805 万名，占网民整体的 91.5%；网络直播用户规模达 7.16 亿名，较 2021 年 12 月增长 1290 万名，占网民整体的 68.1%。随着我国互联网用户规模的进一步扩大，消费者对直播和直播交付的互动性、社交性和趣味性的深入了解，为观众提供了更优惠的价格、更直观的介绍和更大的信心。网播和电子商务直播用户群接受度逐步提高，用户平均每日观看的时间持续增加，电子商务直播用户总体比例大幅提升，越来越多的人认识到购物是如何在直播室消费的。直播已成为电子商务市场上一种正常的营销模式和销售渠道。

人们对直播电子商务的简单理解是"线上 + 直播 + 电子商务"，这是在视频互动的基础上发展起来的一种新的商品渠道形式，是一种频道格式。此外，它是电子商务等在线渠道发展中的一种新形式。

直播电子商务的主体是电子商务。直播是为了抢占市场、扩大客户、提高消费者体验而对电子商务渠道进行的一种创新。直播可以使企业和消费者之间的沟通从最初的文字信息和商品图像直接跳到视觉媒体。

因此，当你理解直播电子商务时，你必须避免两个误解，如表 8-8 所示。

表 8-8　理解直播电子商务需避免的两个误解

序号	内容
1	不能"关注直播而忽视电子商务"。直播电子商务的主体是电子商务，不是红色或在线直播，不能夸大红色在线直播的功能和作用
2	不能"重形式、轻内容"，"直播"永远是一种形式和工具，核心是商品和电子商务本身，包括商品的特性、质量和服务。我们不能单方面夸大网络名人的个人价值和直播力量

2. 运作模式

1）基本介绍

品牌的多元化促使直播电子商务的类型、形式、组货模式快速演化。目前，直播电子商务已基本形成一套成熟的模式。

在直播电子商务形态上，分为达人播与企业自播。达人播是商家请拥有专业知识、人设与一定粉丝群的第三方达人，在其直播间挂链接，与其他产品一起售卖。达人播适合新产品推广的应用场景，覆盖新的目标群体，时间短、规划周期长。企业自我传播指企业面向受众，独立建设或邀请第三方运营，为其平台或商店开设直播室，并使用一个或多个自己的账户来传播其产品和运送商品。企业自播适用于门店正常直播、私有域流量转型、长期和短期规划周期的应用场景。

在组货模式上，达人播可根据产品的品类、调性、功能/功效、价格等与不同品牌商商议不同产品的出场顺序与曝光时间。

在直播形式上，可以分为以下四类，如表 8-9 所示。

表 8-9　直播形式分类

直播形式	介绍
教程讲解类	讲解美妆时尚类、3C 数码类产品，功效/功能类产品
好物分享类	回馈粉丝、高性价比的产品
上新预热类	新品宣传、品牌宣传
官方活动类	配合平台活动进行打榜

直播简易版流程：招商选品 – 制定策略 – 上播 – 复盘。这些流程门槛不高但涉及多个细节，且环环相扣，因此，对细节的把控与精细化运营成为必备的基础要素，例如，涉及用户信任度的选品涉及机构货品池，关键点为团队专业度，对价格、品牌、品类款式的深入理解与市场分析，以及如何组合引流品、爆品、利润款与常规款也直接影响后面的促销策略、脚本编写和直播效果。

2）供应端

直播电子商务对供应链进行变革，缩短了供应链环节，减少了信息差，提高了信息反馈速度，并且能通过更真实、精准、稳定的需求反馈实现深度合作与共赢。

在生产和营销方面，实时电子商务缩短了供应链。实时电子商务可以跳过中介，直接连接工厂和消费者。减少链接可以缩短用户信息反馈时间，缩小信息差距，同时可以帮助品牌探索和覆盖潜在的消费群体。同时，直播是一种互动、灵活、快速的实时销售方式，主播代表粉丝行使选择权。单个产品的实时传播结果可以快速报告到生产结束，间接加快了行业内最强产品的生存。同时，主播需要丰富优质的 SKU 来支撑直播频次与直播吸引力，倒逼供应链提高响应速度，提高上新的频次与数量，如图 8-7 所示。

在履约上，仓配一体化需求增加。直播电子商务的出货特征是集中爆发的碎片化订单，为高效的仓配一体化模式提供了适用场景，根据预期订单量提前在多地 RDC 仓备货，就近快速周转发货，至少减少了 1 次转运与分拨。随着供应链数

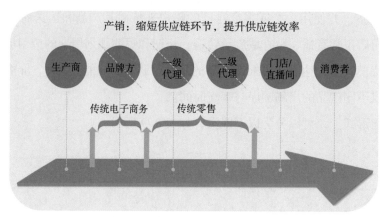

图 8-7　直播电子商务的产销变革

字化程度的提高与需求端的预测精准度提高，线下门店可以成为前置仓，仓配一体化模式将得到更多普及。同时，生鲜品直播订单的增长促进了冷链运输的发展，更多的直播间与仓库设在了原产地，以保证产品的质量，如图 8-8 所示。

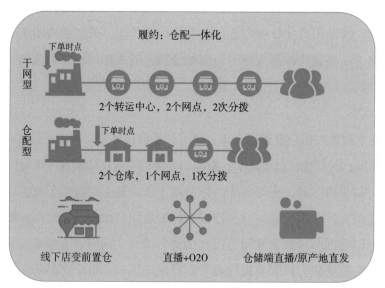

图 8-8　直播电子商务的履约变革

对于前端指导生产环节而言，C2M 多通过大数据洞察＋经验＋需求反馈来预测趋势与机会。而直播电子商务由于数据集中爆发，所以极大地缩短了数据收集与分析的周期（12~14h），数据的可用性与结论性更强（如直播间销量不佳时及时停产）。同时，基于主播及运营的海量选品经验与直播间用户的需求征集与真实反馈，可以更加灵活精准地控制研发设计与产销匹配情况。由此，直播电子商务能更迅速、准确、真实地洞察前端消费者。

直播电子商务拥有庞大而稳定的需求，可以实现先销售再生产的模式。直播电子商务提供了最佳的售卖场景，尤其对爆品来说，直播间拥有主播作为信任背书，拥有高复购、高转化的固定粉丝群，可以短时间促成大量订单。有了销量的保证，虽然用户尚未下单，但直播前即可将订单量与排期向上游反馈，生产商倒推生产周期按需生产，同时以集约化订单与原料商议价压缩生产成本，最大限度降低库存风险，提高利润。

直播电子商务能与上游产生更深度、更长效的合作，形成按需生产的正向循环与三方共赢。一方面，直播电子商务有更真实、快速、精准、稳定的需求反馈，且主播有高效的匹配团队帮助品牌商分担履约义务与售后跟踪；另一方面，主播有强议价能力，加之对行业成本结构的理解，可以作出更合理的定价调整。消费者享受到高性价比好物，工厂保证了合理的利润率，惠及供需两端。

3）需求端

"图文＋短视频＋直播"三位一体的组合营销有着越来越重要的价值。电子商务平台不断增加直播与图文电子商务的比重，不断缩短直播与商城的触达路径，增加搜索功能和评论功能，提供沉浸式体验的同时为用户提供更便捷亲民的购物转化路径。这类变革说明"图文＋短视频＋直播"沉浸式浏览已成为必备的线上导购场景。信息获取与购买决策转移到更个性化与内容化的短视频与直播上。在决策路径上，三类内容形式也有较大差异。在用户的购前成本（含访问成本和决策成本）上：直播＜短视频＜图文。直播购物的下单转化率高于短视频和图文的。

电子商务的消费者追求成本效率最大化，促进商品质量效果的提高。从用户的角度来看，无论是高速城市用户还是拥挤市场的用户，商品和价格都是现场购物的主要驱动力。网购用户中存在大量价格敏感型消费群体，减少溢价、物美价廉是其普遍诉求。由此为直播电子商务带来增量市场。直播电子商务的策略正从低价倾销转移到对高性价比产品的渗透，用户对大量成熟品牌的认知是空白的。未来，单纯以清库存为目的进行直播带货的做法将失去竞争优势。由于培养用户的直播消费习惯及挖掘引致需求是关键，因此，高性价比与质价比的商品存在较高的成长空间。

4）服务商

随着直播电子商务行业生态系统的逐步完善，越来越多的服务商以分门别类的方式参与到行业的建设和竞争中来。根据业务优先级的不同，服务提供商可分为投资促进服务提供商、代理管理服务提供商、培训服务提供商、供应链服务提供商、MCN 机构、产业带服务提供商等。根据场景不同，可以分为档口直播服务商、村播服务商等。目前，除了达人播与店播机构外，其他各类服务商的界限还是比较模糊的。一方面，多数服务商提供综合性解决方案；另一方面，服务商在未来会有不同的侧重。

作为电子商务直播的两大主要业态之一，达人广播以其专业性、高流量和高转化率，在短时间内为品牌带来流量，提高销量，被商家采用。然而，短期流量是忠实于主播的，这属于销量的逐渐增加。自 2019 年以来，越来越多的公司采用了企业自扩散（店内传播），店播占比逐年上升。商家通过与消费者的即时互动，提供针对性服务，帮助消费者作出购买决策，以此获得忠诚于品牌的消费者，通过常态化店播获得更可控的成本投入与更稳定的销量增长。

达人直播具有很强的 IP 属性。它将主播作为混合传输的中心，公司根据单个领域与主播协作。在店内广播模式下，企业和店内广播公司长期合作，重点关注店内客户，并全年定期进行直播。对于长期合作来说，店内传输由委员会承担主要责任。同时，由于受众不同，人才传播的锚定具有很强的 IP 属性，因此，转化率和回报率都高于门店传播。

5）核心竞争要素

对于直播电子商务平台而言，大部分平台已经能够形成基本的交易闭环。最终，平台之间的关键竞争是直播电子商务生态的建设。这不仅为产业链各方提供最优的对接与整合，而且深入产业链变革，成为全链路的赋能平台。直播电子商务生态建设的关键是对直播业务的资源倾斜力度与资源配置，其中，后者包括与直播机构、商户、产业带及当地政府的联动和自身对直播生态的建设，提供专业的设施与服务，提供专属的解决方案与多元化的合作机会，弥补不同参与方的信息差和业务短板，实现各参与方的高效对接与资源的最优化整合，如资金补贴等政策支持、专属服务与活动的推广、大数据高效匹配、大数据升级供应链等。

对于 MCN 平台而言，供应链管理能力已成为一个关键的竞争因素，尤其是对于具有强大锚定矩阵的机构来说，供应链选择和聚合能力确保了品牌和供应链的锚定效应。与此同时，所有上游设计、制造和流通环节的授权和控制已成为供应链增值服务的下一个增长点。直播只是一种营销形式，其主要竞争力仍然围绕原材料和供应链本身，包括有效匹配、选择和组合锚固件，原材料、合作资源和议价的能力，以及自主品牌控制产品整个设计和生产、销售渠道的能力。在这个过程中：一方面，MCN 机构必须为不同类型的原材料整合供应链资源，以满足高频直播背景下的原材料需求和价格需求；另一方面，MCN 机构必须确保货物的供应和运输效果。

8.2 以货为核心的电子商务平台

8.2.1 经典电子商务——网购实物类平台

1. 概念介绍

经典电商中最常见的是网购实物类平台。商家可以通过该类平台开设网上店铺，并上架商品。客户可以通过该类平台在线挑选商品、确认订单并完成支付。该类平台的重要特征是商品类型为有形产品。

有形产品指为存在需求、可以确立所有权的、通过在市场上进行交易，从一个机构单位转移到另一个机构单位的实物。帕瑞等学者总结了有形产品作为独立于所有者而存在，并通过时间保持身份的实体的主要特征。有形产品（tangible products，PT）又称形体产品或形式产品，是能够满足消费者需求且具有实体（具体形态）的产品，是产品核心价值的载体。

2. 商业模式分析

经典电子商务是通过互联网在电子商务平台上实现线上交易。商城、消费者、产品和物流是传统电子商务的四大要素。商家通过电子商务平台展示产品信息，提供物美价廉的商品。电子商务平台的消费者可以通过电子商务平台查找商家、浏览商品，并针对目标商品进行问价咨询、下单购买。电子商务平台进行商家和消费者引流，促进商家入驻，引导消费者购买，促进交易达成。在交易达成后，物流服务商解决产品运输及配送问题，将产品从商家运送至消费者手中。待消费者收货并确认无误后，支付服务商解决资金流转及清算问题。传统电子商务交易流程如图 8-9 所示。

随着互联网和计算机的普及，电子商务已实现了世界范围内的生活化和普遍

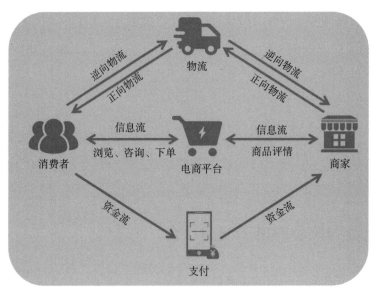

图 8-9　传统电子商务交易流程

化，网购也已经不再是时尚前卫的代名词。生活水平的提高使消费者赋予购物更多的期待，消费者对消费活动的要求也不再局限于商品的价格和质量，越来越多的消费者更希望获得良好的服务和愉快的购物经历。这也就迫使电子商务企业不得不由当初的价格竞争拓展至服务竞争。网购实物类平台要能够在激烈的电子商务行业竞争中逐渐成为我国电子商务行业的引领者：一方面得益于时代的红利、政策的支持；另一方面也得益于平台自身合理的经营策略与发展理念。

经典实体电子商务网上购物平台上销售的产品通过网络平台进行推广，从货架上的商品到购买过程，消费者的购买行为成为一个漏斗。消费者在消费过程中，通过卖家装饰、修改图像、识别和传达商品，并用简单的语言进行沟通。在管理商店的过程中，经营者必须投入相当一部分资源和财力。

精准的商业定位与恰当的经营策略是电子商务企业得以稳步发展的前提和基础。自电子商务兴起以来，我国的电子商务市场就活跃着众多的 B2C 电子商务平台。市场中，除了我国本土企业的竞争外，也不乏国外电子商务巨头的冲击。与综合类 B2C 模式相比，垂直类 B2C 模式具有明显的优势。首先，从运营角度来看，综合类 B2C 模式对商品种类的要求要远大于垂直类 B2C 模式。垂直类 B2C 只需要单一品类的商品，而综合类 B2C 则需要多品类，甚至全品类的商品。其次，从管理角度来看，综合类 B2C 模式的管理难度要远大于垂直类 B2C 模式。在综合类

B2C 模式中，各个种类的商品在性能、质量、服务、运输上存在很大差异，因而，需要较为广泛、专业的管理和服务团队。而垂直类 B2C 模式由于产品类型单一，品类相同或相似的产品在管理和服务上也具有相似性，因而，管理成本相对较小，管理也较为简单。最后，从供应链的角度来看，综合类 B2C 模式的供应链要更为复杂。综合类 B2C 模式的商品种类繁多，因而，商家企业的数量也较多，这就导致商家的选择与资源的整合难度较大。而产品类型较为单一的垂直类 B2C 模式在商家的选择与资源的整合方面则较为简单。

国内某大型网购实物类电子商务平台专注垂直 B2C 业务的精准商业定位，使其在 3C 领域很快占领市场，并积攒了相当丰富的电子商务运营经验。以此为基础，该平台开始将 3C 领域的运营理念与经验运用至其他品类的产品销售中，进而向综合类 B2C 模式转变。如今来看，它的综合类 B2C 模式的构建是成功的。通过强大的供应链、技术及营销能力，平台的 B2C 自营商城已完成电脑、手机、家电、消费品、家居、生鲜、生活服务、工业品等全品类覆盖，拥有数百万 SKU（库存量单位）的自营商品。

促销策略是电子商务中最为常见的营销方式。网络营销的核心在于强化企业与消费者的感情互通和文化交流，淡化商业活动的营利意图，让消费者感觉到并认可自己获得的利益。而在传统商业中，广告造势、硬性推销的促销方式往往会引起消费者的不适，甚至是反感。近些年，网购实物类电子商务平台的网络促销十分频繁和火爆，在每年年中和年末的大型购物节，以及各个平台的店庆日、小型购物节等开展促销活动，比如在开学季、母亲节、父亲节等节日和重要时间点开展促销活动。以各种方式进行的网络促销活动已逐渐成为一种消费文化，成为消费者购物的重要"节日"。这种促销文化很大程度上淡化了电子商务企业的商业本质，进而拉近了企业与消费者的距离，使消费者更加信赖和依赖电子商务企业。

另外，某些网购实物类电子商务还会自建物流体系，以提高配送效率，吸引顾客。国内某大型网购实物类电子商务在仓储、配送及服务等方面的优势已经成为其核心竞争力之一。平台推出了"限时达""次日达""隔日达""极速达"等一系列配送服务。对于电子商务而言，尤其是自营式电子商务而言，强大的仓储能力是商业活动的基础和保障。同时，高效、安全的物流不仅仅是企业生产的有力保障，更是商品销售的重要依托。从消费者角度来看，物流的服务与效率直接影响消费者的购物体验。

8.2.2 经典电子商务的线上线下融通——网购服务类平台

1. 概念介绍

网购服务类平台是经典电子商务的线上线下融通。线下商家提供的产品服务可以在线上获取，网购服务类平台也相当于一个信息共享平台。价值需求是在信息不对称的环境下提供相对准确、客观的线下服务信息。平台提供的线下公司信息主要是用户对企业产品和服务的体验性评论。其中，商品类型为无形服务和产品。

无形产品主要是服务产品，是物质资源转化为具有价值和使用价值的无形式结果，包括数字化产品和信息服务。

2. 商业模式分析

网购服务类平台的模式大多是 O2O 模式。在网购服务类平台中，一部分平台以团购起家，重交易的属性与生俱来，收入来自扣点。其他平台往往会转移注意力，主要是广告。随着行业的发展，网购服务的电子商务平台已经从初期的分裂发展到了整合发展，这标志着行业的 O2O 模式进入了优化整合期。合并后，分流和营销是网购服务平台特色发展模式的重点。

1）业务的整合与创新

（1）技术条件。电子商务通常由一个完整的平台数据资源库来为移动应用服务。从设计到运营，从线上到线下，从商家到用户，O2O 更倾向于广阔的平台和智能化的先进技术，前者影响行业的生态竞争，后者的实质是人才和技术的积累。

（2）产品服务优化。本地生活服务业的内容广阔，包括与日常生活相关的教育、美容、健身、电影、酒店、餐饮等领域。网购服务类平台的产品和服务类型伴随着 O2O 市场的发展而日益多样化，从酒店、电影、外卖、餐饮团购等刚需、高频领域拓展到家装、结婚、教育、医疗等追求更高品质、更高客单价的低频领域。同时，还挖掘与本地生活服务业有密切关联的周边游、国内外旅游等需求。

在 O2O 模式下，网购服务类平台不仅注重现有企业的整合，还注重产品和服务优化方面的产品系列创新。为巩固效益，深化业务定位，改善行业壁垒，网购服务平台推出了业务接待、内部管理服务、成本控制等综合业务，以创新网购服务平台产业结构，提升个人、企业和贸易商的价值，优化生态环境，延伸商业产业链，提高行业竞争力。

2）线上线下导流与营销环节

（1）分流环节。O2O 模式强调线上分流和线下分流的联合作用。网购服务平台推动了线下到线上的人流，提高了客户的认可度和满意度，保持了一级和二级客户的稳定性。将转移人群集中在三、四级城市，通过传统营销媒体扫描二维码，引导消费者安装移动应用，辅以优惠的在线活动，提高消费者知识，培养消费者习惯。在网络分流环节，网购服务平台更加关注社交平台和拆分应用，利用社交聚合效应，提升流量。通过线上线下联合分流，商机可以转化为销售机会，更好地将人流转化为客流，将客流转化为现金流。

（2）商业链接。在 O2O 模式下，线上营销主要通过线下营销进行整合。网购服务平台通过自身积累的大数据和三方平台数据进行整合、分析和评估，实现点对点、精准营销。在云计算环境下，云计算为大数据处理提供技术支持，以获取水平和垂直数据。在人工智能中，市场环境从宏观变为详细，形成精确的定量数据。同时，更有利于业务市场的推广，让平台本身获得更大的市场份额，为营销决策带来极大便利，直接提高平台交易量，提升行业竞争力。

3）价值主张

网购服务平台主要针对当地的原材料消费和服务体验，侧重于生活服务。网站的内容是通过用户评论建立的。一方面，吸引用户参与到购物活动中来；另一方面，为提高用户的消费体验，它直观地将消费者的售后感受传递给企业，并及时改进其产品和服务。评论方法的价值主张是评论信息来自用户，服务于用户。

4）通道接入

网购服务平台由多种渠道向消费者传达其价值主张，包括：①直销，减少实体店对地理位置和金店的依赖，扩大商业区域，降低租赁成本。②会员制，用户必须在网站上注册，提供评级信息，提高老客户的维护和营销能力。③与社交网络合作，以朋友圈和朋友关注的形式发布网站推出的各种团购和优惠活动，提高网站知名度。④捆绑移动客户，进一步扩大用户群。⑤在地铁站等公共场所投放电视广告或网站，加强广告宣传，在消费群体中形成品牌联想。

5）客户关系

与客户的关系指与客户的目标细分市场建立的关系类型，分为五种类型：基本型、被动型、责任型、主动型和合作伙伴型，旨在改善和获得持久利益。一般来说，在网购服务平台创建和运营之初，与客户的关系属于被动型，即在卖家将产品销售给客户后，如果客户在购买后遇到问题或有意见，接受或鼓励客户联系公司。网购服务平台推出评论模式，鼓励消费者购买后在网站上发布消费体验，与其他用户分享，及时联系商家，提高售后服务水平。网购服务平台不断调整与客户的关系，逐步向积极的方向发展，即销售完成后，平台通过各种方式与客户保持联系，了解客户的售后感受，提供新产品信息。在网站上发布消费者调查问卷或与其他第三方网站合作发布广告，将推动优惠商户更新信息和网站建设更新活动。该平台可以充分利用现有客户网络进行客户关系营销，开展打折活动，进行市场推广，如邀请朋友购买并返还小额资金。人们可以通过这些平台向多人介绍网上购物服务平台，然后通过这些人传播。每当老会员成功介绍新会员时，他们将自动获得少量现金奖励。

6）盈利模式

（1）佣金收入。欧盟委员会的在线购物服务平台模式得益于用户和贸易商之间建立的消费者中介平台。第一步是与餐饮服务提供商签订合同，实现合作意向。第二步是网上团购。注册后，用户将成为在线购物服务平台的成员，可以浏览团购信息并参与团购活动。第三步是向在线购买服务平台收取佣金。根据团购用户在公司的实际消费情况按照一定比例收取。

（2）广告收入。随着餐饮和其他生活服务行业的竞争日益激烈，企业也越来越重视广告的力量。然而，由于地理位置、企业规模等因素的限制，往往很难找到一个有效的广告平台或载体，而网上购物服务平台为企业提供了一种快速有效的口碑广告方式。对于许多希望在消费者群体中创造良好品牌声誉的公司来说，从中收集的反馈信息是一种低成本、深远影响的广告载体。此外，考虑到不同用户的个性化消费需求和不同的地域特征，网购服务平台会根据不同地域的用户偏好，在不同的城市投放有针对性的广告，广告投放也会针对不同网段的用户。

（3）信息收入。在线购物服务平台提供的增值无线服务创造了信息收入，如表 8-10 所示。

表 8-10   增值无线服务创造的信息收入

序号	收入方式
1	作为内容提供商，与多家渠道服务提供商合作，如中国移动、中国联通、中国电信、空中网络、手持设备等。推出基于短信、WAP 等无线技术平台的信息服务。数据和信息的无缝交互为家庭移动用户提供实时准确的团购信息
2	在 GPS 领域实现合作，为汽车导航系统用户准确识别消费目的地。对于上述获得的总收入而言，网购服务平台及其合作伙伴按一定比例进行划分，形成信息收入

8.2.3　跨境电子商务平台

跨境电子商务的快速发展离不开跨境电子商务平台的有力保障，跨境电子商务平台是跨境电子商务交易活动的重要媒介。近年来，我国跨境电子商务平台无论是数量，还是交易规模，都呈现出井喷式增长的趋势。根据跨境电子商务平台经营模式的不同，可将跨境电子商务划分为平台型跨境电子商务平台与自营型跨境电子商务平台两大类。

1. 平台型跨境电子商务平台

平台型跨境电子商务指电子商务企业提供交易平台，商家或个人在平台上开店销售。平台型跨境电子商务的主要特征：一是交易主体提供商品交易的跨境电子商务平台，不参与商品购买、销售等相应的交易环节；二是国外品牌商、制造商、经销商、网店店主等入驻该跨境电子商务平台，从事商品展示、销售等活动；三是商家云集，商品种类丰富。

平台型跨境电子商务的优势和劣势均比较鲜明。其优势表现在：①商品货源广泛而充足。②商品种类繁多。③支付方式便捷。④平台规模较大，网站流量较大。其劣势表现在：①跨境物流、海关、商检等环节缺乏自有稳定渠道，服务质量不高。②商品质量保障水平较低，容易出现各类商品质量问题，导致消费者信任度偏低。

（1）运作模式。跨境电子商务管理平台类型相对较轻，侧重于售前排水、招商引资和平台管理。

平台模式的流程连接为"排水 – 招商 – 平台 – 物流 – 服务"。首先，流量是基于跨境平台的电子商务基础，因此，全国电子商务巨头将通过跨境渠道，开展大量市场活动，打造品牌知名度和形象。在招商环节，平台应严格控制公司资质，间接控制商品。转售商或卖家必须在国外，并执行审核商户资格和审核买家信息等程序。在物流连接方面，基于平台的跨境电子商务主要采用直邮方式，平台搭建物流系统为卖家服务。通常建立自己的物流信息系统来连接物流信息；自建物流，可以从国外收集货物，然后返回国内；自建仓库，为企业提供服务。在服务方面，跨境电子商务平台将对卖家的服务质量进行监督，以完成售后服务，并针对缺少卖家的情况，承担部分退货和换货服务。

（2）盈利模式。基于平台的跨境电子商务通过佣金和广告产生收入。平台收取一定比例的销售额作为佣金，并使访问平台的流量以销售广告的形式实现。此外，平台容易形成规模：当平台上的交易量达到一定规模时，可以通过向卖家收取佣金获得大量收入。当平台上的流量和用户规模达到一定程度时，也可以通过广告实现高额利润。

2. 自营型跨境电子商务平台

自营型跨境电子商务是电子商务企业自身即为零售商，负责商品的购买、运输等，在自身平台上销售。自营型跨境电子商务的主要特征有：①开发和运营跨境电子商务平台，并作为商品购买主体从海外采购商品与备货。②涉及从商品供应、销售到售后的整条供应链。

自营型跨境电子商务的主要优势有：①电子商务平台与商品都是自营的，掌控能力较强。②商品质量保障水平高，商家信誉度好，消费者信任度高。③货源较为稳定。④跨境物流、海关与商检等环节资源稳定。⑤跨境支付便捷。自营型跨境电子商务的主要劣势有：①整体运营成本高。②资源需求多。③运营风险高。④资金压力大。⑤商品滞销、退换货等问题显著。

（1）运作模式。自主管理的跨境电子商务比平台的跨境电子商务更接近传统营销模式，更注重商品的开发和研究，更致力于商品的整个供应链。因此，必须全面参与包括预售选择在内的全过程运营，供应商的谈判和运营，以及对物流和服务的深入管理。

平台模式的流程连接为"供应商-选择-运营-物流-服务"。供应商包括品牌、经销商和代理商，但由于外国商标的授权规则不同，因此很难直接获得外国商标的授权。在产品的选择上，我们必须准确、前瞻性地避免库存过剩：一方面，我们将选择受欢迎的产品，以确保安全；另一方面，我们将挖掘尚未开发的优质原材料。在运营方面，自营跨境电子商务平台承担商品的运营功能，通过社区、品牌营销、价格补贴、大数据推荐、直播等方式提升运营和销售。在物流方面，它们大多是相互关联的。平台充当跨境物流组织者，与物流供应商合作，建立或租赁保证金。在服务方面，平台拥有自己的客户服务和售后团队，其中，大部分提供退货和换货服务，并对售前和售后服务进行统一规范的管理。

（2）盈利模式。自主跨境电子商务通过获取原材料价格差异来产生利润。差价来源于买卖过程中严格的成本控制。例如，扩大原材料销售规模可以降低单一商品的物流、仓储和营销成本，并获得利润空间。然而，自主跨境电子商务在发展初期投入了大量资金：无论是上游供应链的建设、物流和通关的及时性、关区内建立的汽车仓库，还是补贴用户提高回购率的价格战，都需要资金。大量投资使早期盈利变得困难。行业必须经过一段时间的发展，形成一定的规模，严格控制各个环节的成本，才能逐步降低成本，获得利润空间。

8.3　以场为核心的电子商务平台

8.3.1　VR 电子商务

1. VR 技术

虚拟现实是虚拟现实和现实的结合。VR 在许多领域都有应用，如影视、游戏、设计、医学、军事、航空航天等，应用领域一直在不断发展扩大。

2. VR 技术在电子商务领域的应用

1）VR 技术在电子商务领域的应用

经典电子商务已经到了增速放缓的时候，其背后的现实是，家庭互联网用户的渗透率逐渐饱和，互联网流量的红利耗尽。电子商务市场的增长速度逐渐放缓。通过增加用户规模来刺激增长的方法已经变得无效。流通市场已成为一个几乎零和博弈的两难境地。对手每增加一个客户，就意味着他必须减少一个客户。对于电子商务行业来说，深入挖掘单个用户的价值，提高客户单价或增加用户消费频率将成为另一个增长点，而这种能源就是体验消费。

实际上，电子商务中的体验式消费解决方案包括整合虚拟现实技术。通过虚拟现实重构传统电子商务的消费观念，逐步满足日益增长的中产阶级经济，以及纵向挖掘深层次的用户价值。"VR+电子商务"就是当你戴上 VR 头显，利用 VR 技术，通过计算机生成一种模拟环境，一种多源信息融合的、交互式的三维动态视景，实体行为的系统仿真让你沉浸到该环境中。在 VR 电子商务出现前，网购用户与商品的互动一直停留在"文本＋图像＋视频"的二维信息阶段。虚拟现实购物无疑是电子商务另一个激动人心的革命性技术产品。

VR 电子商务可以让消费者在虚拟空间里全方位地了解商品，选购商品更方便，消费市场也能够随之打开。VR 购物中心是通过三维建模技术建立的，顾客也可以在 VR 购物中心看到成千上万的商品。基于图像的三维重建，利用照片的结构信息，可以通过从不同角度拍摄多张照片来恢复被摄体的三维结构，并可以根据拍摄时获得的空间位置和方向进行内部和外部定位。

　　国内大型电子商务平台开通了 VR 购物入口，走向了 VR 电子商务的第一步。国内大型电子商务平台正在实现商品全景图化，使平台客户通过线上就能进行体验式购物的感觉，如可以线上试妆、线上看车、线上看房等。目前，这种模式应用最广的是汽车，某汽车垂直类电子商务平台就有全景看车功能。VR 电子商务还能解决一些特殊品类的商品在线下店售卖不便的问题，如雪茄在线 VR 商城，雪茄产品及其配套制品由于价格相对较高，经销商在实体店铺中展示商品的数量有限，各个分店中不能完全品类展示商品，且雪茄这类商品的品牌总部几乎都在国外，新品推出时不能及时到达国内店铺中进行展示，所以，VR 商城能解决这一问题。客人通过 VR 商城系统，可第一时间同步观看国外最新品的虚拟影像，并可通过手柄抓取商品、仔细浏览商品，看中商品后立即下单。不受地域、时间限制，能及时享用新品，让消费者有更好的购物体验，且系统留存用户的购买习惯，可提供精准化营销服务。

　　2）局限性

　　基于 VR 的体验消费仍有其固有的局限性和技术难点，即 VR 感官体验的局限性和内容生产的干扰。VR 技术并不适用于所有电子产品。

　　（1）体验消费可分为五种基本体验：视觉、触觉、听觉、嗅觉和味觉。虚拟现实与视觉体验无关，只有视觉技术能改善视觉体验。这就是 VR 技术对体验消费的局限性。VR 感官体验的缺失将限制其在电子商务体验消费中的应用范围。例如：对于白酒电子商务和美容电子商务来说，两者体验消费的弱点不是基于视觉，而是必须同时品尝白酒和红酒；美容产品体验是基于嗅觉和触觉的横向体验。因此，VR 技术的体验消费侧重于增强视觉体验，如家具、家用电器和服装产品。

　　（2）VR 内容制作也有局限性。VR 自诞生以来一直是一种基于内容的技术。在公众中，许多 VR 内容消费设备已经变得流行起来。到目前为止，消费者发现，市场上充斥着游戏和视频的 VR 内容不是消费品，只能用于体验，而不是娱乐。反映在电子商务领域，它们的特点是类别复杂、数量庞大。每一个主要的电子商务平台都覆盖了数百万种原材料。当然，在 VR 制作中，很多原材料不可能在一夜之间完成。虽然建立 VR 平台是为了提供通用化、标准化的开发工具，快速批量制作 3D模型，但由于通用工具很难准确、细致地还原单个产品的细节特征，因此，对消费的积极促进作用将大大降低，这与体验式服务的目的背道而驰。

在硬件方面，VR 体验设备的低延迟率和升级率导致实验者身体不适。这类问题将通过硬件性能更新得到解决。

3. VR 电子商务平台的未来发展

VR 电子商务是经典电子商务的一个非常有趣的发展方向，它探索了一种新的消费模式。"互联网 +"作为一种推动实体经济发展的互联网模式，往往涉及餐饮、娱乐和生活服务等非标准服务行业，这些行业不能完全实现电子商务。这些非标准服务要求消费者亲自消费，因此无法摆脱线下实体交易。VR 电子商务是在纯互联网电子商务的基础上延伸的，仍然是经典电子商务模式的延续。VR 电子商务将推动解决标准产品和服务的体验问题，提高商品的标准服务价值。VR 电子商务驱动的在线体验消费与"互联网 +"驱动的在线体验消费相结合，将成为取代传统实体商务的完整电子商务解决方案，是电子商务行业向体验消费的全面演进。目前，VR 电子商务只能实现部分模式的体验式消费场景，在触觉、嗅觉 、味觉上的体验，VR 电子商务还需进一步研究，各方面都需要时间与资金的支撑，还有很多路要走。

8.3.2 元宇宙电子商务

1. 元宇宙技术

元宇宙是一个通过科技手段连接和创造的虚拟世界，它映射并与现实世界互动，是一个具有新社会系统的数字生活空间。元宇宙本质上是一个现实世界中的虚拟化和数字化过程，需要对世界上的内容生产、经济体系、用户体验和物理内容进行大量转换。然而，元宇宙的发展是渐进的，最终是在共享基础设施、标准和协议的支持下，通过许多工具和平台的不断集成和演化而形成的。它基于扩展现实技术提供沉浸式体验，基于数字孪生技术生成真实世界的镜像，基于区块链技术构建经济体系，在经济、社会和身份体系中紧密融合虚拟世界和真实世界，并允许每个用户制作内容和改变世界。

元宇宙描绘的未来很美好。在平台上，可以看电影首映，参与任何集会；用较平价的门票观赏各式各样的展览；人们的互动不仅止于文字、语音和视频，虚拟人格可以即时互动与游戏娱乐。而线上购物再也不是搜寻商品、直播带货，或是看商品的二维介绍界面，而是可以带着 VR 眼镜购物，商品浏览体验也可以更丰富地展现。

2. 元宇宙在电子商务领域的应用及未来趋势

（1）虚拟人品牌直播运营。各大直播平台出现了越来越多的虚拟主播、虚拟偶像。相较于真人，虚拟人可以同时兼顾服务、娱乐、社交三重角色。在社交方面，虚拟人可以通过 24h 不间断直播，与用户产生高频率的交互，从而强化感情连接。在娱乐方面，虚拟人具有更多重的玩法，能为品牌和直播吸引更多的流量。目前，有虚拟美妆博主在社交平台上发布视频、照片，吸引了数百万粉丝，引发各平台用户对其妆容的模仿。在服务方面，虚拟人可以通过 AI 等技术优势实现功能的附加，降低重复性工作的人力浪费，从而达到提质增效。同时，虚拟人资产是可累计的，形象和内容可以反复使用和延展，为品牌的长期运营提供重要支点。综上，虚拟人品牌直播运营可以应用到直播电子商务，现在已经有虚拟人直播带货，未来的应用趋势会更加显著。

（2）虚拟资产。"货"是电子商务行业驱动增长的主要动力之一。经典电子商务一般通过商品的品质、齐全的种类、更低的价格与物流优势吸引消费者。在元宇宙中，电子商务平台的"商品"不再只是实体商品，而是虚拟商品，如数字收藏。随着 NFT 概念的兴起，NFT 就像区块链上数字资产的识别一样，是独一无二的，不能被篡改和复制，符合消费者对收藏品独一无二的特征需求，从而被赋予数字藏品的属性。2021 年，国内一大型电子商务平台推出数字藏品频道，通过虚拟人展现实体商品的数字化再设计，活动期间：吸引了超过 2 万人参与外星人限量数字藏品抽签；某日化品牌限量数字藏品抽签用户均超过 3 万名；在某平台发放的 1111 份限定数字藏品，2s 之内就全部卖空。

（3）沉浸式购物。相较于电子商务，线下购物的优势主要集中在观感体验上。消费者可以通过视觉、触摸、试穿试用等方式感受商品。视频和直播电子商务基于消费者想要获得更多线上购物体验而迅速发展。随着元宇宙对电子商务行业的赋能，将物质世界和虚拟世界相结合，未来，网络购物可以通过 AR/VR/MR 等新技术克服世界上的一些物理障碍，实现视、听甚至触觉等多感官互动购物体验，而消费者购物场景可以是虚拟商场、数字展馆等。本节介绍的 VR 电子商务其实也是元宇宙电子商务的入门。

在元宇宙的世界里，各个电子商务平台可以直接入驻元宇宙，在虚拟世界里建立自己的交易平台或虚拟商城，甚至，这个电子商务平台是面向全世界元宇宙用户的，打开了另一个全新世界的巨大交易空间。消费者进入元宇宙的各个虚拟商城或电子商务平台，在里边直接消费购物。公司可以建立自己的 3D 商业空间，顾客进入商家店铺后，体验云逛街的全新购物感受。消费者也可以运用自己的虚拟形象，在元宇宙里试衣服、试口红色号。在现实世界中，本人足不出户就可以进行试装和试色的体验。

在元宇宙中，电子商务行业也将呈现游戏化趋势，以沉浸式体验，打造全新的购物与生活方式，人们可以以游戏化、娱乐化的方式购物，也可以以购物的方式模拟一场游戏或娱乐体验。另外，元宇宙并不是非要有一套独立的经济系统，还可以继续使用微信、支付宝、数字人民币支付，或者使用虚拟资产支付，元宇宙与现实是高度链接的。

虚拟世界和真实世界连接的大门已经打开，云端运算、3D 建模，各种融合的技术都会影响将来更独特的零售体验。新领域的每一次开拓都是从"存量市场"中发现"增量市场"的过程，元宇宙意味着更大的市场规模。电子商务作为互联网技术发展下的成果和受益者，元宇宙概念的盛行及发展也将为电子商务的发展带来更多赋能，甚至重塑电子商务的商业模式。

8.4　本章小结

本章将电子商务平台按"人""货""场"三个核心分类展开。首先，介绍了以人为核心的电子商务平台，从电子商务的新形态、新模式切入，展开介绍社交电子商务的发展现状、运作模式及其分类，并详细介绍社交电子商务的典型模式——直播电子商务。其次，介绍了以货为核心的电子商务平台，从电子商务平台上的商品类型切入，分为有形商品和无形商品，分别对应经典电子商务——网购实物类平台、经典电子商务的线上线下融通——网购服务类平台，对这两类平台做了概念介绍和商业模式分析。最后，介绍了以场为核心的电子商务平台，分别是 VR 电子商务和元宇宙电子商务，介绍了它们的技术、应用及其未来发展。

时代是发展的，科技是发展的，电子商务平台也一定是发展的。随着全球化、数字化、信息化的推进，电子商务平台与渠道会围绕着"人、货、场"三个核心不断发展演变，更好地服务于电子商务，更好地链接电子商务中的各方。

8.5　复习思考题

1. 什么是社交电子商务？

2. 社交电子商务的三个核心特征是什么？

3. 与经典电子商务相比，社交电子商务的优势有哪些？

4. 社交电子商务的分类有哪些？

5. 简述拼购类社交电子商务的运作模式。

6. 什么是直播电子商务？它的特点是什么？具有什么优势？

7. 简述直播电子商务的运作模式。

8. 试从产业链的视角出发，分析直播电子商务对供给端和需求端的影响。

9. 直播电子商务的核心竞争要素是什么？

10. 简述有形产品和无形产品之间的异同，并举例说明。

11. 分析经典电子商务——网购实物类平台的商业模式。

12. 分析经典电子商务的线上线下融通——网购服务类平台的盈利模式。

13. 简述平台型跨境电子商务平台的运作模式。

14. 简述自营型跨境电子商务平台的运作模式。

15. 简述 VR 技术在电子商务领域的应用。

16. 目前，VR 技术在电子商务领域应用的局限性是什么？

17. 简述元宇宙在电子商务领域的应用及发展趋势。

第 9 章　跨境电子商务

🔍 **学习目标**

1. 了解跨境电子商务的发展历程。

2. 掌握跨境电子商务的基本概念、分类和特征。

3. 了解跨境电子商务的运营模式。

4. 掌握跨境电子商务未来发展的机遇与挑战。

🔍 **能力目标**

1. 能够区分跨境电子商务的不同模式。

2. 熟悉典型的跨境电子商务平台。

3. 阐述跨境电子商务的未来发展趋势。

🔍 **思政目标**

1. 理解跨境电子商务是我国电子商务发展的重要组成部分。

2. 理解跨境电子商务在我国"一带一路"倡议中发挥的重要作用。

3. 从国家战略层面理解跨境电子商务的重要意义。

 **本章知识图谱**

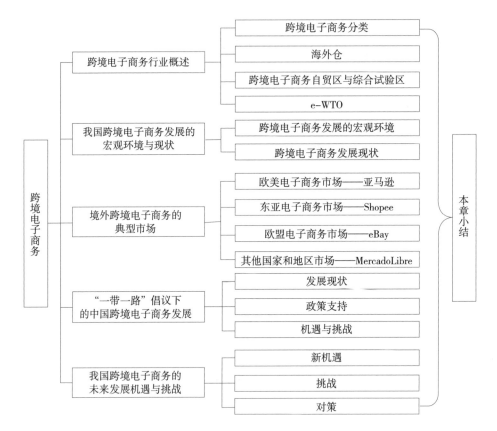

 **导入案例**

2022年1月1日零点刚过，在区域全面经济伙伴关系协定（RCEP）青岛经贸合作先行创新试验基地，青岛海关为青岛海湾集团有限公司出口到日本的2800余吨氯化钙签发RCEP原产地证书，这是全国首份RCEP原产地证书。

1月1日，区域全面经济伙伴关系协定（RCEP）对文莱、柬埔寨、老挝、新加坡、泰国、越南等6个东盟成员国，以及中国、日本、新西兰和澳大利亚共10国正式生效。韩国也已经完成核准程序，已于2022年2月1日生效实施，其他成员都在加紧相关核准程序。全球最大自由贸易区正式启航。

RCEP是系统性很强的综合政策体系，囊括了货物贸易、服务贸易、双向投资、知识产权、贸易救济、竞争等全方位、多领域的开放安排，将会给企业带来重大发展机遇。以农业为例，RCEP区域是我国农业"走出去"的重要目的地，负面清单管理大幅放宽了市场准入限制，将有利于我国农业企业开展区域农业种植和加工互利合作。

专家建议，各地要因地制宜地将包括 RCEP 在内的自贸区战略全面融入区域和地方发展战略中。比如，东北和环渤海地区可用好地缘优势，打造东北亚经济圈和对日韩开放的桥头堡。再如，广东依托粤港澳大湾区，是中国和东南亚的连接枢纽，可将制造业与设计、物流、金融等服务业结合发展，打造成为面向东亚的世界供应链中心。

思考：

1. RCEP 对我国的对外贸易产生了哪些影响？

2. 我国企业应当如何抓住 RCEP 带来的机遇，以提高企业的竞争力？

9.1　跨境电子商务行业概述

跨境电子商务指分属不同关境的交易主体，通过电子商务平台达成交易、进行电子支付结算，并通过跨境电子商务物流及异地仓储送达商品，从而完成交易的一种国际商业活动（表 9-1）。

表 9-1　跨境电子商务概述表

内容	跨境电子商务	传统外贸	国内电子商务
发展起源	20 世纪末开始出现萌芽，起源于 2005 年的个人代购	起源于公元前四五世纪，始于秦朝海上丝绸之路，兴于汉代陆上丝绸之路	始于 20 世纪 90 年代的电子数据交换
交易主体	贸易双方分属不同国别或关境	贸易双方分属不同国别或关境	贸易双方同一境内
业务模式	B2B（企业对企业）、B2C、C2C（消费者对消费者）等	基于合同的业务模式	B2B、B2C、C2C 等
产品类目	产品类目丰富多样，更新及时	产品类目较少，更新延时	产品类目丰富多样，更新及时
物流要求	多借助第三方物流，消费者对物流服务的要求较高	多为空运或集装箱海运，物流因素对交易主体影响不大	物流模式可为自营或第三方物流，对物流服务的要求较高
覆盖范围	覆盖全球范围，市场规模大，不受贸易政策限制	受贸易政策限制，交易范围仅面向有贸易协定的国家，市场规模大但受地域限制	覆盖全国，市场较大
价格与利润	价格实惠，成本较低而利润高	价格较高，成本高而利润低	价格实惠，成本低而利润高
交易环节	简单，中间商少	复杂，中间商多	简单，中间商少

我国的跨境电子商务历经以下四个阶段。

跨境电子商务 1.0 时代：2003 年之前的跨境电子商务主要是网上展示、线下交易的外贸信息服务模式，不在网络上涉及任何交易环节。

跨境电子商务 2.0 阶段：在 2004—2012 年这个阶段，跨境电子商务平台开始摆脱纯信息黄页的展示行为，线下交易、支付、物流等流程实现电子化，逐步实现在线交易平台。2010 年，速卖通正式上线，行业进展加快。

跨境电子商务 3.0 阶段：2013 年是跨境电子商务的重要转型年，整个跨境电子商务产业链的商业模式都发生了翻天覆地的变化。跨境电子商务呈现了大型工厂上线、B 类卖家成规模、中大额订单比例提升、大型服务商加入和移动用户量爆发这 5 方面的特征。

跨境电子商务 4.0 阶段：2016 年后，我国的出口规模已经成功超过美国，成为世界上最大的电子商务出口国家。我国卖家开店速度远远超过其他国家客户。随着国家一带一路政策的扶持，跨境电子商务正处于一个行业爆发的阶段。

综上所述，跨境电商的发展进程如图 9-1 所示。

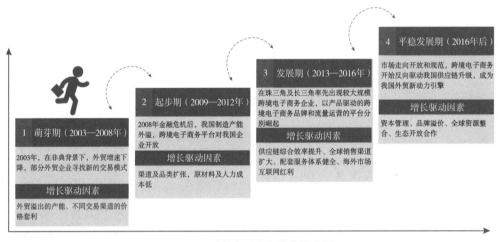

图 9-1　跨境电子商务的发展进程

9.1.1　跨境电子商务分类

1. 跨境电子商务交易模式

（1）C2C（consumer to consumer）模式下的交易是在消费者和消费者之间发生的，一个消费者通过网络平台将商品出售给另一个消费者。

（2）B2C（business to customer）是商家和消费者之间发生交易行为，这种模式可以大幅提高双方之间的交易效率。

（3）B2B（business to business）是企业和企业之间或商家和商家之间发生的交易行为，这种交易行为不仅包括了产品的交换，还包括了服务和信息之间的交换。B2B 交易模式提供了一个大型购物平台，买家可以在这里找到所有的卖家和他们产品的所有信息，也可以根据自己的特殊需求发布采购需求。

B2B 和 B2C 的本质区别是所针对的客户群体不一样，可以将两者简单理解为批发（B2B）与零售（B2C）。B2B 市场是由产品与服务的购买、生产、销售组成的，而跨境 B2C 市场是为个人消费者提供产品与服务的一个过程。所以，B2B 和 B2C 在这一点上也不同。B2B 下的消费者购买行为会受到别的消费者的行为影响，但 B2C 下的消费者可以自己决定是否要购买这个商品或服务。因此，B2B 模式下的消费者是否会选择购买的影响因素会比较多，购买行为也比较复杂。

B2B 比 B2C 更先进，因为 B2B 的环节很多，整个流程下来成本会很高，且环节很多就会导致信息不对称等情况的出现，B2C 则可以省略掉很多的烦琐环节，商品可以从工厂直接送到消费者手中。对厂家而言，虽然 B2B 可以给厂家带来更多订单，但 B2C 可以帮助厂家更好地把握市场信息，掌握消费者的偏好。

2. 跨境电子商务进口清关模式分类

目前，跨境电子商务进口业务清关模式主要包括：代购模式（CC）、海淘模式（BC）、直邮 9610 模式（BC）、保税 1210 模式（BBC）4 种清关模式，其对比情况如表 9-2 所示。

表 9-2　清关模式对比一览表

方式	代购	海淘	跨境电子商务	
简介	通过外国人或买手直接购买海外商品并寄回国内	在海外电子商务网站直接购买，由电子商务网站寄回国内	在国内的 B2C 电子商务网站上购买	
交易方式	B2B	B2C	B2C	
商品品类	无限制	无限制	《跨境电子商务零售进口商品清单（2019 年版）》	《跨境电子商务零售进口商品清单（2019 年版）》
物流方式	海外直邮 / 人肉带回	海外直邮	直邮模式（9610）	保税模式（1210）
物流时效	慢	慢	慢	快
通关速度	慢	慢	走海关通关 EDI 申报系统，快	
清关	不报关，抽查	不报关，抽查	需要报关（三单对接）	
税收	抽检到缴纳行邮税	抽检到缴纳行邮税	跨境电子商务综合税	
信任模式	对代购个人的信任	对海外电子商务平台的信任	对境内电子商务平台的信任	

随着国家电子商务政策的不断调整，当前的 CC（代购）和本地直邮物流（海淘）模式逐渐退出电子商务舞台，国家更鼓励和支持合法合规的 BC 直邮（9610）和 BBC 保税仓（1210）的跨境电子商务模式。

在 BBC（保税仓）模式下，跨境电子商务网站首先将商品送到本土的保税物流中心，由海关对商品进行报关报检，通过后才能把商品卖给消费者。消费者下单后，电子商务平台会生成相关的各类单据，要将这些单据交给海关系统申报，申报成功后才可以把商品打包发出，如图 9-2 所示。卖一件，清关一件，没卖掉的就不能出保税中心，但也无需报关，卖不掉的还可直接退回国外。但不允许即买即取（部分试点区域除外）和买家转手再次进行销售。

图 9-2　保税仓模式图

BBC（保税仓）模式在整个通关过程中受到严密监控，每个过程的信息都是透明的，因此，商品的质量和消费者的利益可以得到很好的保障。其主要优势有如下几个方面。

（1）保税仓库负责临时保存货物，消费者承担费用低、退换货方便。

（2）产品入境有法定检验程序，质量有保障。

（3）保税备货模式能够大幅降低商品的采购成本和物流成本。

（4）有国家政策保障，发展迅速且规模化。

9.1.2　海外仓

1. 海外仓市场的前景及意义

海外仓的存在不仅可以减少跨境电子商务的物流成本，还可以缩短商品的物流运输时间。海外仓实际上就是要把国际之间的一种行为变成本土化的贸易行为，并且会因为成本的降低，进而增加跨境电子商务企业的市场竞争力。

跨境电子商务企业可以选择自己修或者租一个仓库来当海外仓。提前是把自己售卖的商品送到海外仓存储，通过这种方式实现跨国配送物流。海外仓本质上是以海外仓储为核心的物流体系，其包括大宗货物运输、海内外贸易清关、精细化仓储管理、个性化订单管理、包装配送及综合信息管理等。海外仓模式可以使我国企业在世界主要消费市场上形成以线上为核心、向线下辐射的新局面，增强了我国品牌对国际市场渠道的掌握能力，是我国跨境电子商务进入国际零售市场的绝佳渠道。目前，海外仓已成为一种新型外贸基础设施，支撑着各个国家的跨境电子商务发展，帮助每个国家开拓国际市场。减少海外仓数量的目的是进一步缩短卖家和买家之间的距离，将跨洋跨境成功转化为本土服务。对比其他跨境物流形态，海外仓对售后退换货服务有着天然的支持。在这样的背景下，跨境电子商务物流海外仓逐渐流行起来——卖家可提前将产品备存在消费者收货地址附近，待下单后，系统筛选出距离消费者最近的仓库配送货。

我国一直以来都是出口大国，因为没有"品牌＋全球直销或分销"的商业模式，所以早期的时候，我国并不是很需要海外仓，直到华为、海尔等企业开始向国际上发展，我国才开始需要海外仓。国际企业可以借助修建海外仓把传统的国际派送变成当地派送，让商品可以更快地送到消费者手中，让消费者有比以前更好的跨国购物体验。我们相信，海外仓的服务和表现在未来会有更大的发展空间。

跨境电子商务企业在运行过程中一直都会面临的问题就是物流问题，比如清关能力弱、操作次数多而导致商品受损，这些问题都和消费者的体验直接挂钩。在传统的直邮模式没有办法解决这种物流问题的时候，海外仓可以，所以，海外仓就大范围地兴起了。

2. 海外仓运作模式

（1）自营海外仓的业务流程（表 9-3）。

表9-3　自营海外仓的业务流程

步骤	业务内容
步骤1	出口跨境电子商务将商品运至，或委托物流承运人将货发至本企业经营的海外仓。这段国际货运可采取海运、空运或快递的方式到达仓库
步骤2	出口跨境电子商务通过本企业的物流信息系统远程操作海外仓储的货物，并保持实时更新
步骤3	出口跨境电子商务物流部门根据出口跨境电子商务的指令对货物进行存储、分拣、包装、配送等操作
步骤4	系统信息实时更新。在发货完成后，出口跨境电子商务的物流系统会及时更新，以显示库存状况，让出口跨境电子商务实时掌握

（2）公共海外仓的业务流程。出口跨境电子商务通过海运、空运或快递等方式将商品集中运往第三方物流企业经营的海外仓进行存储，并通过第三方物流企业的库存管理系统下达操作指令（表9-4）。

表9-4　公共海外仓的业务流程

步骤	业务内容
步骤1	出口跨境电子商务将商品运至，或委托物流承运人将货发至第三方物流企业经营的海外仓。这段国际货运可采取海运、空运或快递的方式运达仓库
步骤2	出口跨境电子商务通过第三方物流企业的物流信息系统远程操作海外仓储的货物，并保持实时更新
步骤3	第三方物流企业根据出口跨境电子商务的指令对货物进行存储、分拣、包装、配送等操作
步骤4	在发货完成后，第三方物流企业的物流系统会及时更新，以显示库存状况，出口跨境电子商务可实时掌握

3.海外仓的优劣势分析

1）海外仓的优势

（1）提高配送服务效率。跨境电子商务平台为了更快地将产品运送到买家手中，会在销售的目的国开设海外仓。与国际快递和小包裹相比，海外仓可以减少末端配送的繁琐环节，不需要跨境运输和清关报关等环节（但从国内运输到海外仓的这段距离仍需要这些环节），直接将快递包裹送到目的国的海外仓，通过海外仓快递给买家，减少了复杂操作环节所耗费的时间。

（2）提升顾客的购物体验。购物时的各种退换货是不可避免的，海外仓的存在给退换货提供了很多便利。海外仓可以为客户提供产品检测、更换包装等服务，从而实现产品的二次销售，降低经营成本。比如，纽酷国际美国海外仓一件代发配送参考时效：美西1~2天、美中2~3天、美东2~4天。

（3）降低物流运营成本。对于中大卖家来说，大批量集中发货是非常普遍的事。在淡季来临之际，提前备货非常有必要。海运在 FBA 头程物流中是最便宜的，比空运和国际快递要便宜很多，并且，随着数量的增加，物流成本也会降低。要想一次性将大批量的货物运送到亚马逊的仓库是不现实的，因此，海外仓存储或者海外仓一件代发服务是一种不错的选择。

（4）提高买家信任和店铺复购率。买家在互联网购物时，一般会优先选择距离本地发货点比较近的店铺。这样会有更好的购物体验，复购率也会大大提高，从而提高卖家店铺的好评和竞争优势。

2）海外仓的劣势

（1）小件、种类多的产品不适合海外仓。第三方海外仓对小件商品、铺货型卖家的产品并不是很友好。如小饰品、钥匙扣、手机套等 SKU 多、款式多、体积小的商品，要想完成这类订单，就需要大量的人力和时间。海外仓做一件代发对这种产品是非常难做到的。海外仓适合品类单一、数量多、体积大，质量大的产品。

（2）仓储费用。在海外仓囤货会产生一定的物流仓储费用。美国海外仓的仓储费是按天计算的，因此，需要考虑仓储的成本支出。

（3）库存和资金压力增加。如果滞销，产品又远在万里以外的海外仓，无论是弃货或者退运回国都是一大头疼的问题，而囤货无疑要积压大量的资金，一旦产品卖不出去或卖的很慢，就会有亏损的可能。所以，海外仓适合周转快、资金回笼快的产品。

（4）小型海外仓鱼龙混杂、价格混乱。只有选择正规、有实力的海外仓公司进行合作，才能保证货物的安全性。海外仓一般都在国外，如美国、欧洲、日本等，如果出现问题，就会比较麻烦。如果贪图极低的价格而选择不正规的海外仓，则可能造成重大损失。

9.1.3　跨境电子商务自贸区与综合试验区

1. 自贸区跨境电子商务

从成立经济特区，引进外资，到加入世界贸易组织，我国对外开放的道路越走越宽。"自贸区"是我国近几年来不断扩大对外开放的一个新亮点。中共十九大报告提出的"推动形成全面开放新格局"中就有专门关于自贸区的论述："赋予自由贸易试验区更大改革自主权，探索建设自由贸易港。"这既是对这些年自贸区发展的充分肯定，也是我国改革开放的新看点。

2013 年，国务院批复成立中国（上海）自由贸易试验区，这是我国首个自由贸易试验区，并挂牌上海首个"跨境电子商务示范园区"，随后，广东、福建、辽宁等 10 个自贸区相继成立，至此，我国形成"1+3+7"共计 11 个自贸区的格局，我国自贸区跨境电子商务的发展局面由此打开。由于各个自贸区所在的地理位置不同，拥有的资源环境也不同，所以其呈现的特点也各不相同。自贸区作为我国新一轮改革开放的试验区，是制度、政策创新的高地，也以为全国提供可复制、可推广的经验为"己任"。

经过长时期发展，目前自贸区跨境电商现存的问题、原因及解决措施，如表 9-5 所示。

表 9-5　自贸区跨境电商现存的问题、原因及解决措施

问题	导致该问题的原因	解决措施
人才培养问题	从事自贸区跨境电子商务的复合型人才匮乏，自贸区跨境电子商务的优势难以得到有效发挥	构建多层次、立体化和全系列的人才培养体系
交易信用问题	由于网络虚拟性、信息不对称性、国际经济与贸易、经贸文化习惯等因素影响，在一定程度上，对方的身份无法及时有效地辨识，导致交易双方都存在信用缺失的风险，从而影响对外交易的正常进行	可将全球跨境电子商务信用体系建设提到日程，依托大数据建立信用评价指标体系和信用评价模型，从而促使自贸区跨境电子商务行业发展更加可靠、健康
跨境物流运输问题	各方学者普遍认为跨境物流问题已成为制约我国自贸区跨境电子商务发展的瓶颈和最大痛点。受跨境物流成本高、运输环节多、时效性长等因素影响，自贸区没有形成一条完善的跨境物流供应链体系，成为自贸区内跨境电子商务发展的重要瓶颈	进一步完善各项基础设施，强化海外仓的建设，构建完备的供应链，强化跨境物流体系

2. 综合实验区跨境电子商务

自 2015 年起，我国相继在杭州、天津、北京、石家庄等 59 个城市建立了跨境电子商务综合实验区（简称综试区），其主要目的是在跨境电子商务交易、支付、物流、通关、退税、结汇等环节的技术标准、业务流程、监管模式和信息化建设等方面先行先试，通过制度创新、管理创新、服务创新和协同发展，解决跨境电子商务发展过程中的深层次矛盾和体制难题，构建一条完整的国际电子商务产业链与生态链，并逐渐建立一套适合和引导国际电子商务发展的管理体系和规则，为促进我国跨境电子商务的健康发展提供可复制、可推广的经验。在这一背

景下，我国跨境电子商务交易额由 2015 年的 5.4 万亿元人民币增至 2018 年的 9 万亿元人民币。综试区作为一种先行先试的经济功能区，是我国发展跨境电子商务产业的制度高地，对我国对外贸易的数字化转型具有重要作用。目前，我国的综试区主要集中在东南沿海及一些省会城市，通关、物流等方面的成熟经验还没有得到充分应用，这严重制约我国跨境电子商务的发展和数字化贸易的转型。

2018 年 7 月 24 日，国务院批准在北京等 22 个城市建立跨境电子商务综试区，加上第一批和第二批设立的 13 个综试区，我国已经有 35 家跨境电子商务综试区，这标志着我国跨境电子商务进入了"标准化 + 创新"的新发展阶段。2019 年 6 月 13 日，李克强总理调研我国（杭州）跨境电子商务综合试验区时指出，跨境电子商务是国际贸易发展的一大趋势，能带动更多企业直接参与国际贸易，有利于大中小企业融通发展，促进国内制造业升级和品牌成长，有关部门要完善政策、创新监管，加大支持"。

目前，我国跨境电子商务综试区仍存在着以下几个问题，如表 9-6 所示。

表 9-6　我国跨境电子商务综试区存在的问题

序号	问题
1	法律政策制定滞后于市场发展。我国还未在法律层面对跨境电子商务的定义、性质、监管原则等问题作出明确规定。跨境电子商务综试区在政策上允许先行先试，但各地方的"放管服"改革推进力度并不均衡，这导致跨境电子商务综试区管理机构与其他监管部门沟通协调不畅，通关、检疫、金融、税收和外汇等相关法规和政策制定滞后于市场发展
2	监管程序和审批流程有待进一步精简，第一、二批跨境电子商务综试区在先行先试过程中通过制度创新、管理创新和服务创新推出了一系列关、检、税、汇等便利化措施，但仍不能满足跨境电子商务的新业态发展
3	跨境电子商务 B2B 模式创新成果不足。目前，只有部分跨境电子商务综试区总结出跨境电子商务 B2B 模式在建设线上综合服务平台、优化通关手续、创新金融支持模式、布局海外仓和建立统计监测体系等方面的经验与成果，这与党中央、国务院要求跨境电子商务综试区重点围绕跨境电子商务 B2B 模式在技术标准、业务流程、监管模式和信息化建设等方面取得突破创新还有较大的距离
4	跨境电子商务综试区创新动能不足。跨境电子商务综试区肩负"大胆探索，创新发展"的重要历史使命。目前，第二、三批跨境电子商务综试区建设还处于复制和推广经验阶段，结合本地特色的实质性政策创新、模式创新和制度创新的新经验、新做法不多

所以，跨境电子商务综试区要推动跨境电子商务和制造业的一体化发展，不断创新，不断推进传统企业和外贸企业的转型升级，为新一轮发展积蓄新动能。

3. 自贸区与综试区的建设成果

（1）形成一套制度创新的政策体系。"十三五"时期，国家层面共向全国推广自贸试验区制度创新成果 173 项，这些"制度良种"在全国生根发芽，进一步提升了各地的开放水平、行政效率、发展动能和经济活力。在国家层面，国务院相关部门制定便利化通关制度、负面清单监管制度、产品质量安全监控制度、支付外汇管理办法、税收管理规范化制度和支付机构结售汇市场准入制度等。在地方层面，仅中国（杭州）跨境电子商务综试区就分两批次先后出台了 85 条制度创新清单，其他跨境电子商务综试区结合本地实际情况也陆续出台了与跨境电子商务相适应的政策制度，为跨境电子商务发展创造了良好的制度环境。

（2）形成一批可面向全国复制推广的经验。根据商务部发布的自贸区总结，在中央层面，自贸区已经累计向全国复制推广 260 项制度创新成果，包括集中复制推广 143 项，"最佳实践案例"43 个，有关部门自主复制推广 74 项。在地方层面，据不完全统计，18 个自贸试验区已在本省份内推广了 1151 项制度创新成果。复制推广制度创新成果推动各地改革意识、开放水平、行政效率、发展动能、经济活力不断提升，带动全国营商环境不断优化。

2017 年 10 月，商务部等 14 部门正式印发《关于复制推广跨境电子商务综合试验区探索形成的成熟经验做法的函》，将第一、二批设立的 13 个跨境电子商务综试区在"六体系两平台"形成的 12 个方面的成熟做法向全国复制推广，涵盖跨境电子商务交易、支付、物流、通关、退税、结汇等环节的技术标准、业务流程、监管模式和信息化建设等方面先行先试取得的成果，为推动我国跨境电子商务健康发展提供了可复制、可推广的经验和做法，有力支撑我国的外贸转型升级和创新发展。

（3）形成一套引领全球跨境电子商务发展的规则。2017 年，中国海关成为世界海关组织跨境电子商务工作组主席，接受世界海关组织的委托，牵头制定《跨境电子商务标准框架》。《跨境电子商务标准框架》于 2018 年 6 月获得世界海关组织的批准，这为世界海关跨境电子商务监管和服务提供了一个全球基准标准，标志着我国在国际跨境电子商务规则方面起到了举足轻重的作用。我国在《跨境电子商务标准框架》制定中的贡献主要包括：提出了"包容审慎、创新协同"的管理理念，分享了网上直购和保税备货等商业模式，创新了监管模式，丰富了贸易便利化措施，探索出了可推广的统计方法等五个方面。我国能够在《跨境电子商务标准框架》制定过程中作出如此重要的贡献，主要来源于我国跨境电子商务自贸区和综试区的丰富实践成果。

（4）形成集聚效应显著的跨境电子商务产业集群。我国设立跨境电子商务自贸区和综试区的一个重要任务是打造跨境电子商务的完整产业链和生态链，形成跨境电子商务产业聚集发展。目前，我国跨境电子商务自贸区和综试区的产业聚集主要体现在线上综合服务产业集群和线下产业园区产业集群。

（5）形成支撑国家重大发展战略的重要举措。我国跨境电子商务自贸区与综试区的建设和发展形成了有效支撑"一带一路"倡议、"互联网 +"和创新驱动发展等国家重大发展战略的重要举措。在"一带一路"倡议的背景下，跨境电子商务综试区既是我国与"一带一路"沿线国家和地区开展跨境电子商务合作的创新试验区，也是推动"一带一路"建设的一个重要载体。"互联网 + 外贸"催生了跨境电子商务新业态发展。我国跨境电子商务自贸区与综试区的建设和发展正逐步成为"互联网 +"国家战略的一个重要支撑。近几年来，我国跨境电子商务自贸区与综试区的成交额成倍增长，是我国外贸增长的重要动力和创新发展的新亮点，成为创新驱动发展战略的重要引擎。

9.1.4　e-WTO

e-WTO（Electronic World Trade Organization）指基于现行世界贸易组织（WTO）框架体系，在自愿基础上建立起来的政府间国际性组织，旨在推动 e- 贸易关税协定、关务规则、准入协定、质量管理、贸易服务等的监督、管理和执行，规范 e-WTP 运营，为 e-WTP 的快速发展提供良好的环境和政策支持。在公平、自由、共享、包容、发展的原则下，推动 e- 国际贸易健康、快速发展，促进全球和平共荣。

1. WTO 体系下的跨境电子商务

WTO 在《关于电子商务的工作计划》中把电子商务界定为："通过电子方式进行货物或服务的生产、分销、营销、销售或交付。"但是，WTO 在给电子商务下定义时，特别说明了"仅仅适用于本计划之中"。可以看到，WTO 对相关定义持比较谨慎的态度。

2. 跨境电子商务"e-WTO"的规制构建

在跨境电子商务领域，与杭州等沿海地区形成差异化竞合，继续在新型国际贸易规则方面下功夫，为 e-WTO 发展提供良好的环境和政策支持。e-WTO 是国际间贸易规则，e-WTO 是商业化贸易服务平台，二者具有本质的区别。

综上所述，e-WTO 发展生态如图 9-3 所示。

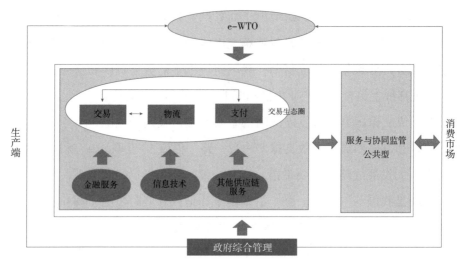

图 9-3   e-WTO 发展生态圈

目前，WTO 框架下的电子商务法规并不能满足现实中的需求。在 2016 年 4 月 16 日，WTO 总干事阿泽维多在访问印度尼西亚时曾表示，现在，成员之间对商品的分类问题还没有达成共识，更不用说比较重要的税收问题和消费者权益问题。因此，在这种情况下，就非常有必要去完善跨境电子商务规则。

3. e-WTO 为跨境电子商务发展带来的机遇

（1）助力小微企业及自然人从事跨境电子商务。一般来说，小微企业和自然人是很难直接开展跨境电子商务活动的，而 e-WTO 的存在就可以帮助其开展这类活动，这就是 e-WTO 的核心理念，让更多的人可以开展跨境电子商务活动，进而让更多的消费者可以提高现有的生活水平，甚至提高整个世界的生活水平。在美国，很多中小企业 95% 的跨境电子商务活动都是通过 eBay 来完成的。

（2）确保跨境电子商务中的消费者权益保护。消费者权益如何得到保证是每个国家都在关心的问题，这个问题如果得不到妥善解决，那么将在很大程度上阻止跨境电子商务向前发展。而 e-WTO 可以在这方面有所作为。e-WTO 通过制定一系列的严格规定来确保可以降低消费者的维权成本，比如，规定了在符合某些特定条件的情况下，平台必须要向消费者进行赔偿。

（3）提供跨境电子商务活动中的知识产权保护。在跨境电子商务活动开展的过程中，e-WTO 必须承担起一定的责任，营造一个公平的市场环境，必须把知识产权作为一道不可逾越的底线。在消费者保护领域，平台在一定的情况下可能会承担一定的责任。在版权领域，对网络服务提供者可使用"安全港"原则。

9.2　我国跨境电子商务发展的宏观环境与现状

9.2.1　跨境电子商务发展的宏观环境

目前，电子商务行业正在蓬勃发展，全球的经济也在朝着一体化的方向发展，跨境电子商务领域仍是一片蓝海，因此，我国的跨境电子商务行业将迎来一个新的发展机会。到目前为止，我国的出口电子商务已形成了多种经营模式，从原始的 B2B 模式到 B2C 外贸平台，再到 B2B2C 和 C2C 平台。跨境电子商务平台从粗放式向精细化转变，在标准化和规范化方面作出了巨大努力。

1. 政治环境

我国国际地位的提升促进我国对外贸易增长。我国经济的发展和国际地位的提升帮助我国能够在国际贸易中处于更为有利的位置，帮助国内企业真正实现"走出去"的战略。目前，我国已经和东盟、智利、巴基斯坦、新西兰、新加坡、秘鲁、哥斯达黎加、冰岛及瑞士签订了自由贸易协定。上海自贸区、广东自贸区、天津自贸区和福建自贸区相继获批，大大促进了我国对外贸易的发展，给国内企业的出口贸易创造了一个良好的环境。国际政策差异给跨境电子商务带来了新的机遇和挑战，许多国家都给跨境电子商务带来了良好的政策环境。

从国家战略层面来看，通过出口跨境电子商务振兴低迷的外贸市场已成为国民经济发展的重要手段，特别是"一带一路"倡议建设的必然性，在税收、支付、报关、海外仓库等方面得到优化，为出口跨境电子商务创造了更为方便的环境。在"一带一路"和"互联网 +"的新形势下，我国的出口跨境电子商务得到了极大的发展。预计今后将出台更多有利于出口跨境电子商务的政策，出口跨境电子商务将继续保持快速发展势头。

2. 经济环境

我国跨境电子商务的发展至今仍以出口为主、进口为辅，发展势头旺盛。近年来，我国实施的"互联网 + 对外贸易"战略推进了跨境电子商务的发展，也帮助传统对外贸易企业通过互联网渠道实现转型升级。世界经济回暖、发达国家率先复苏，我国出口电子商务最主要的贸易市场是美国及欧洲发达市场，美国、德国、英国、西班牙是我国出口电子商务最主要的市场，在此轮经济复苏中，欧美发达国家率先复苏，且复苏态势较为平稳，这有利于我国对外出口。

国内生产成本上升，产业转型加快。目前，我国虽然有很多企业都在做对外出口的业务，但大多是中小企业，采取的手段还是薄利多销。但现在人力成本不断上升，导致出口企业的成本也在增加，如果还是使用薄利多销的措施，就会削弱本国产品在国外的竞争力，这些中小型的出口企业就会越来越难生存下去。

3. 社会环境

在需求方面，海外电子商务的消费额在不断增加。最近几年，越来越多的海外消费者都会选择"中国制造"，海外网购的数量也在不断增加。在海外市场，全世界的消费方式都在发生变化，线上消费还有很大的一个上升空间；从贸易方式来看，传统的出口方式已经不能满足现在的消费者需求，跨境电子商务可以更好地满足消费者的多样化需求。

越来越多的海外消费者开始认可"中国制造"。跨境电子商务从 2005 年开始迅速发展，之后，跨境电子商务就为建立起自己的品牌、突出自己的产品特性，逐渐放弃了薄利多销的政策，开始迎合消费者的偏好设计产品，力求脱颖而出。以前，海外消费者还会认为中国制造"轻质量、低价格"，但随着我国跨境电子商务的不断发展，我国产品的质量已经有了很大的提高，也拥有了极好的品牌效应，这为出口的可持续发展创造了一个良好的环境。

4. 技术环境

互联网是跨境电子商务发展成熟的"催化剂"。跨境电子商务作为网络公司拓展海外市场的一个重要据点，它随着互联网的发展而发展。互联网在帮助出口商提供服务方面扮演着日益重要的角色。目前正处于快速发展、变革升级阶段，发展前景广阔。对于跨境电子商务平台而言，大数据的应用提升了平台的基本功能，提供信息匹配和交易，从而导致平台的商业模式变革。

在数字经济下，新技术可以给跨境电子商务的发展指明一条新道路。跨境电子商务很容易出现信息不对称的情况，这种信息不对称会增加双方的交易成本，进而降低跨境电子商务的市场竞争力。区块链技术可以降低交易费用，也可以快速进行付款。区块链的核心特点是信息完全透明、不可篡改，这有助于减少市场上的商业诈骗，确保顾客能够享受最好的服务。现如今，跨境电子商务已经取代传统的贸易方式，并成为一种新的国际贸易方式，对提高中国制造的品牌影响力和对外贸易转型升级有极大的帮助。

9.2.2　跨境电子商务发展现状

近年来，随着互联网技术的不断完善，全球互联网普及率持续走高：据 Hootsuite 在 2021 年 1 月发布的《Digital 2021》的数据显示，截至 2021 年 1 月，全球互联网用户数量达 46.6 亿名，相比 2020 年同期增长 7.3%，当前，全球互联网普及率已达 59.5%。过去的三年，全球消费需求猛增，电子商务之所以可以快速成为消费者喜欢的购物渠道，很大程度上和电子商务的"无接触"特点有关。与此同时，我国的跨境电子商务等外贸新业态都在飞快向前发展，对外贸易的能力不断增强。根据中国海关统计：2021 年上半年，我国跨境电子商务贸易额增长 28.6%，其中，出口贸易增长 44.1%，明显高于外贸增速；2021 年 1—7 月，我国进出口、出口、进口规模分别为 21.3 万亿、11.7 万亿、9.7 万亿元人民币，均创历史同期新高，同比分别增长 24.5%、24.5%、24.4%，三项增速均为 10 年来新高。

1. 跨境电子商务已步入成熟期

2021 年，以习近平同志为核心的党中央沉着应对百年变局和世纪疫情，以高水平开放促进深层次改革，推动高质量发展，我国经济发展和疫情防控保持全球领先地位，外贸进出口实现较快增长，规模再创新高，质量稳步提升。据海关统计，2021 年，我国货物贸易进出口总值 39.1 万亿元人民币，比 2020 年增长 21.4%。

总体来看，2021 年中国外贸进出口的特点如表 9-7 所示。

表 9-7　2021 年中国外贸进出口的特点

项目	特点概述	数据支撑
特点一	年度进出口规模再上新台阶	2021 年，以美元计价，我国进出口规模达到了 6.05 万亿美元
特点二	与主要贸易伙伴的进出口均实现稳定增长	2021 年，我国对东盟、欧盟、美国、日本和韩国的进出口分别为 5.67 万亿、5.35 万亿、4.88 万亿、2.40 万亿和 2.34 万亿元，分别增长 19.7%、19.1%、20.2%、9.4% 和 18.4%
特点三	贸易方式进一步优化	2021 年：出口 13.24 万亿元，增长 24.4%；进口 10.84 万亿元，增长 25%。同期，加工贸易进出口 8.5 万亿元，增长 11.1%，占 21.7%
特点四	外贸经营主体的活力有效激发，民营企业进出口更加活跃	我国有进出口实绩的企业 56.7 万家，增加 3.6 万家，其中，民营企业进出口 19 万亿元，增长 26.7%，占 48.6%
特点五	机电产品出口、进口均保持良好增势	2021 年，我国出口机电产品 12.83 万亿元，增长 20.4%，占出口总值的 59%

2. 跨境电子商务市场规模

（1）市场规模持续扩大。近年来，我国跨境电子商务行业整体呈现欣欣向荣的现象，市场规模持续扩大，跨境电子商务综试区的数量不断增加，我国跨境电子商务的市场规模进一步增加，预计到 2022 年，我国跨境电子商务进出口交易总额将达到 15.7 万亿元人民币。根据亿欧智库发布的《如日方升——2021 中国出口跨境电子商务发展研究报告》可知，我国跨境电子商务在 2021 年的交易额达到 7.73 万亿元人民币，到 2023 年有希望突破 9 万亿元人民币。

经过多年发展，出口跨境电商的交易规模及增长率如图 9-4 所示。

图 9-4　出口跨境电子商务的交易规模及增长率
（数据来源：网经社）

（2）跨境电子商务进出口维持良好发展势头。从进出口的结构组成来看，2020 年，我国跨境电子商务发展迅速，通过海关跨境电子商务管理平台验放进出口清单达 24.5 亿票，同比增长 63.3%。其中，在"双 11"期间：通过海关跨境电子商务进出口统一版系统共处理进出口清单 5227 万票，比去年增长 25.5%；处理清单峰值达 3407 票 /s，同比增加 113.2%，各项指标均创新高。我国跨境电子商务在 2021 年上半年继续保持强劲的发展态势，进出口总额达 8867 亿元人民币，同比增长 28.6%，其中，出口 6036 亿元，增长 44.1%；进口 2831 亿元。

我国跨境电商进出口总额统计，如图 9-5 所示。

（3）跨境电子商务综合试验区的数量不断增多。我国跨境电子商务综合试验区是我国设立的跨境电子商务综合性质先行先试的城市区域，旨在跨境电子商务

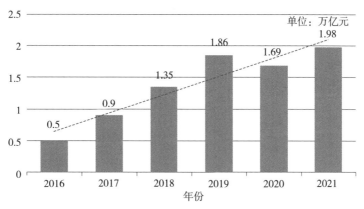

图 9-5　2016—2021 年我国跨境电子商务进出口总额统计
（数据来源：中商产业研究院）

交易、支付、物流、通关、退税、结汇等环节的技术标准、业务流程、监管模式
和信息化建设等方面先行先试，通过制度创新、管理创新、服务创新和协同发展，
破解跨境电子商务发展中的深层次矛盾和体制性难题，打造跨境电子商务完整的
产业链和生态链，逐步形成一套适应和引领全球跨境电子商务发展的管理制度和
规则，为推动我国跨境电子商务健康发展提供可复制、可推广的经验。

　　我国跨境电子商务综合试验区的数量统计，如图 9-6 所示。

图 9-6　我国跨境电子商务综合试验区的数量统计

3. 政策助力我国跨境电子商务

　　中国服务贸易协会常务副秘书长田国锋在解读中说，我国的跨境电子商务
从 2015 年开始蓬勃发展，进出口额从当年的 360.2 亿元人民币增加到 2019 年的
1862.1 亿元人民币，年均增长约 38.3%。新型冠状病毒感染疫情期间，我国跨境电
商更是蒸蒸日上，此外，我国海关还推出了 B2B 跨境电子商务业务，前三季度的

进出口额达 1873.9 亿元人民币，全年有望继续保持高速增长。

近年来，我国推出一系列关于跨境电子商务零售进出口商品的监管、退货监管、支付管理、货物出口"负面清单"的政策，这些政策都对我国跨境电子商务的发展起到了积极推动作用。随着跨境电子商务的不断发展，全球跨境电子商务将会越来越规范化。表 9-8 是对我国近年来跨境电子商务支持政策的汇总梳理。

表 9-8   跨境电子商务支持政策的汇总梳理

发布时间	发布单位	政策名称
2017 年 1 月	国家发展改革委	《战略性新兴产业重点产品和服务指导目录（2016 版）》
2018 年 1 月	国务院办公厅	《关于推进农业高新技术产业示范区建设发展的指导意见》
2018 年 1 月	国务院办公厅	《关于推进电子商务与快递物流协同发展的意见》
2019 年 2 月	商务部等 12 部	《关于推进商品交易市场发展平台经济的指导意见》
2019 年 3 月	国务院办公厅	2019 年两会
2019 年 6 月	国家发展改革委、生态环境部、商务部	《推动重点消费品更新升级畅通资源循环利用实施方案（2019—2020 年）》
2019 年 10 月	国税总局	《关于跨境电子商务综合试验区零售出口企业所得税核定征收有关问题的公告》
2019 年 12 月	财政部	《跨境电子商务零售进口商品清单（2019 年版）》
2020 年 1 月	商务部等六部	《关于扩大跨境电子商务零售进口试点的通知》
2020 年 3 月	海关总署	《海关总署关于跨境电子商务零售进口商品退货有关监管事宜的公告》
2020 年 5 月	国家外汇管理局	《关于支持贸易新业态发展的通知》
2020 年 6 月	海关总署	《关于开展跨境电子商务企业对企业出口监管试点的公告》
2020 年 8 月	国务院办公厅	《关于进一步做好稳外贸稳外资工作的意见》
2020 年 11 月	国务院办公厅	《关于推进对外贸易创新发展的实施意见》
2021 年 3 月	十三届全国人大四次会议	《中华人民共和国国民经济和社会发展第十四个五年规划和 2035 年远景目标纲要》
2021 年 7 月	国务院办公厅	《国务院办公厅关于加快发展外贸新业态新模式的意见》
2021 年 10 月	商务部	《"十四五"电子商务发展规划》

资料来源：中国政府网、国家税务总局、海关总署、国家外汇管理局、商务部。

4. 我国出口跨境电子商务的发展趋势

（1）跨境电子商务产业集中度上升，推动企业建立自有品牌。随着我国颁布的一系列政策，跨境电子商务的龙头企业将会不断进行扩张，抢夺这片市场，而那些小型企业则面临着被吞并或被淘汰的命运，跨境电子商务产业的集中度将会提高。现在，越来越多的跨境电子商务企业开始重视品牌的培养，开始去针对消费者的偏好来设计自己的产品，开始向海外的消费者发挥自己的品牌效应，增强企业自身的市场竞争力。

综上所述，我国跨境电商的发展现状与趋势如图 9-7 所示。

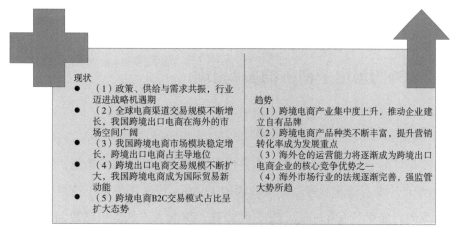

图 9-7　我国跨境电子商务的发展现状与趋势

（2）跨境电子商务产品种类不断丰富，提升营销转化率成为发展重点。我国跨境电子商务的规模越来越大，消费者的需求也越来越多元化。跨境电子商务的客户流量在达到一定规模后通常难以维持高速的流量增加，而提高流量转换率将成为跨境出口电子商务企业可持续发展的重要因素。当前，随着跨境电子商务平台不断向手机端转移，各个企业都开始搭建自己的线上平台，寻找多个销售渠道；此外，跨境电子商务开始不断投入资金去对产品进行创新，以此来增加老顾客的回头率，增强用户黏性，提高营销转化率。

（3）海外仓的运营能力将逐渐成为跨境出口电子商务企业的核心竞争优势之一。随着全球消费者对网上购物的需求不断提升，跨境电子商务企业可以自建海外仓，缩短客户下单后的发货时间，提高客户满意度，进而提高销售额。这将有助于跨境电子商务企业实现"本土化"运营，以及高效率退换货服务，与本地售后服务保持同步，进而提高消费者的消费体验。

（4）海外市场行业法规逐渐完善，强监管大势所趋。跨境电子商务作为一个快速发展的新兴产业，它的创新常常领先于政府的监管和法规。但近几年，国外一些主要国家和地区的法律法规逐步得到修订和完善，特别是在税收方面。自2018年起，美国大多数州市都已明确规定由电子商务平台代征代缴销售税（sales tax）；2019年，欧洲多国要求电子商务平台承担更大的税务合规责任；从2021年1月1日起，英国规定：由电子商务平台代征代缴部分商品增值税（value added tax，VAT），欧盟也将于2021年7月1日开始实施。这几年的新型冠状病毒感染疫情给每个国家的财政都增加了不少压力，所以，跨境电子商务企业必须营造一个合法经营的市场秩序。

9.3 境外跨境电子商务的典型市场

9.3.1 欧美电子商务市场——亚马逊

美国是世界上最大的经济体，也是世界上第二大电子商务市场，年销售额达5870亿美元，线上营业额占总体营业额的11.3%。很多跨境电子商务企业都是从美国发家的，如亚马逊和eBay。美国大约有3.28亿人，从人口基数到消费指数来看，美国的消费市场还能接着向前发展。

亚马逊无疑是美国电子商务行业的霸主，一个月的活跃人数已突破20亿，而第二名eBay的月活跃人数却只有6.4亿左右，即便不算eBay的自营业务，亚马逊也有超过半数的市场占有率，如表9-9所示。

表9-9 美国电子商务平台排行

序号	类型	名称	地区/国家	月访问量/亿人次
1	社交、购物	亚马逊（Amazon）	全球	23
2	社交	易贝（eBay）	全球	6.379
3	社交、购物	沃尔玛（Walmart）	美国	4.464
4	社交、购物	塔吉特（Target）	美国	2.495
5	社交	易集（Etsy）	全球	1.703
6	社交、购物	威费尔（Wayfair）	北美洲、欧洲	0.867
7	社交、购物	积货网（Overstock）	美国	0.264
8	社交、购物	希望（Wish）	全球	0.248
9	社交、购物	新蛋网（Newegg）	美国、加拿大	0.228
10	社交、购物	西尔斯（Sears）	美国	0.175

亚马逊在很多个国家都有站点，月活跃人数最多的是美国，大约有 23 亿，但这只是美国所有网站人流量的 39%。而从 2019 年度亚马逊的报告可以知道，亚马逊的 GMV 大约是 3350 亿美元，而美国的 GMV 大约是 2350 亿美元。虽然亚马逊在美国的人流量只占了总的 39%，但美国却为亚马逊贡献了 70% 的销售额，这说明美国人均下单的价格比较高，如表 9-10 所示。

表 9-10　亚马逊的流量分布

序号	国家	月访问量 / 亿人次	占比 /%
1	美国	23	39
2	日本	5.766	10
3	德国	4.577	8
4	英国	4.169	7
5	印度	3.233	6
6	其他	17	30

美国是亚马逊公司的大本营，所以，亚马逊的新项目一般都会先在美国推行，然后再推广到别的国家。比如，亚马逊正在完善自己的物流网络，准备开始施行消费者下单后的"一日达"服务。

9.3.2　东亚电子商务市场——Shopee

于 2015 年在新加坡成立的 Shopee 是在东南亚和中国台湾领航的电子商务平台，其服务范围包括新加坡、马来西亚、菲律宾、印度尼西亚、泰国、越南等国家和我国台湾省共七大市场，同时在我国的深圳、上海和香港设立跨境业务办公室。2019 年，Shopee 的订单总量达到 12 亿个，与 2018 年相比增加了 100.5%。

根据权威移动数据分析平台 App Annie，2019 年，在购物类 App 的下载中，Shopee 可以占在全球的前五，而在东南亚、中国台湾和越南等地则是夺得榜首，如表 9-11 所示。

表 9-11　Shopee 在东南亚

序号	类型	名称	地区 / 国家	月访问量 / 亿人次
1	社交	虾皮（Shopee）	东南亚	1.978
2	社交、购物	来赞达（Lazada）	东南亚	1.617
3	社交	托科佩迪亚（Tokopedia）	印度尼西亚	0.724
4	社交	布卡拉帕克（Bukalapak）	印度尼西亚	0.268
5	社交、购物	提基（Tiki）	越南	0.220

Shopee 是一个只有第三方卖家销售的电子商务平台，成立之初只是一款用于消费者之间进行交易的移动 APP。2017 年 3 月，Shopee 深圳研发中心成立，目前已有多个业务群。现在，Shopee 主要用于销售各种商品，支持 PC 端和手机端。成立以来，Shopee 一直活跃在东南亚的六个最大经济体中，而中国台湾是现在最受欢迎的市场。同时，Shopee 还拓展到了巴西和墨西哥，拥有巴西版网站和 App。除了平台外，旗下还拥有 Shopee 商城，该商城提供来自东南亚和全球的品牌，联合利华三星、彪马和华为等近 5000 家官方商店在 Shopee 商城进行出售。Shopee 还举办特殊的销售和促销活动，包括针对全球品牌的"超级品牌日"，9 月 9 日的"9.9"购物节，11 月 11 日的"双 11"和每年 12 月 12 日的"双 12"销售。

9.3.3　欧盟电子商务市场——eBay

1999 年，eBay 分别在德国、澳大利亚和英国开设了站点，那个时候还只有线上平台，线下不能购买，而现在，eBay 在欧洲已经有了 15 个站点，月活跃量占欧洲总量的 24%。在欧洲的电子商务排名中，eBay 排在第二位（表 9-12）。

表 9-12　eBay 的流量分布

序号	国家	月访问量 / 亿人次	占比 /%
1	美国	6.379	39
2	英国	2.449	15
3	德国	2.107	13
4	意大利	0.649	4
5	澳大利亚	0.628	4
6	其他	4.105	25

eBay 有一个全球账户系统，这意味着 eBay 的模式和政策在不同的地区是没有区别的，且卖家在不同的国家出售相同的商品所收到的反馈也是相同的。但是，这并不代表 eBay 就能在全世界范围内自动发布所有的搜索结果，而且，每一个站点都必须使用当地的官方语言。

使用 eBay 的卖家有两种物流方式可以选择。卖家既可以选择传统的直邮方式，也可以使用 eBay 的全球运送计划（global shipping program，GSP），但该计划的价格比较高，一般用的人很少，因为，由 eBay 来配送的话，会向消费者收取运输成本、关税和消费税。

9.3.4　其他国家和地区市场——MercadoLibre

美客多（MercadoLibre）由马科斯·加珀林（Marcos Galperin）于 1999 年在阿根廷创立，当时，全世界正处在"互联网泡沫"（dot com bubble）的市场环境之下。MercadoLibre 是一个模仿 eBay 商业战略的拍卖网站，久而久之，MercadoLibre 就成长为一个大型的电子商务平台。在新型冠状病毒感染疫情期间，MercadoLibre 的市场估值超过 590 亿美元，力压世界第二大矿业公司巴西淡水河谷（Vale），成为拉丁美洲最具市值的公司。

在公司上市后，MercadoLibre 的发展目标是将本企业打造成大众化的企业，以推动拉美的经济发展。MercadoLibre 的最初商业信条是"永远是初创公司"，随着发展让位于企业经营管理领域的创新。正如 MercadoLibre 北美地区首席技术官奥兰多所说："MercadoLibre 始终处于 Beta 模式，我们更喜欢优质、有价值的东西，而不是完美的东西"。

凭借开发、提供满足用户需求的各种产品，MercadoLibre 最终为企业和消费者打造出全方位数字化生态系统，让拉美地区的上千万消费者可以享受到各种各样的互联网商品和服务，包括购买、出售、投放广告、物流交付、金融和付款。

MercadoLibre 电子商务平台供给消费者和企业买卖的产品和服务多达数百万种。除了上文介绍过的 MercadoLibre 和 MercadoLibre Pago 外，MercadoLibre 生态服务还包括：Mercado Shops（2010），一个适合初创企业和中小型企业开展数字业务的可靠平台；Mercado Envios（2013），为平台上的供应商提供方便的在线物流安全；Mercado Creditos（2017），为平台使用者提供贷款及金融服务；MercadoLibre Publicidad，促进品牌市场定位，增加销售；MercadoLibre 还拥有 MELI 基金，该基金已对 17 个拉美初创公司进行了投资，且在这个区域的短期投资计划是增加 1000 万美元。

广泛而多元的服务让 MercadoLibre 成为买卖双方一站式平台，在拉美落地生根发芽。MercadoLibre 接下来的新项目还包括拓展 MercadoCreditos 金融服务。该信贷平台将开始向平台外部的个人客户提供贷款，而不再仅面向需要从其平台贷款购买商品的用户，这样做的目的是为了帮助扩大金融包容性。MercadoCreditos 的发展目标是成为拉美地区最大的金融科技公司，发展计划是加快在不同城市建立物流中心的速度。在一些地方，MercadoLibre 希望能够在订单当天交货。除此之外，该平台还在测试新鲜食品平台。在阿根廷和巴西，MercadoLibre 已经开始了当天杂货配送的试点计划。与用户通常在 MercadoLibre 上购买其他商品相比，用户需要购买杂货的频率更高，进而提高消费者对平台的持续访问。

MercadoLibre 的多元生态服务，如图 9-8 所示。

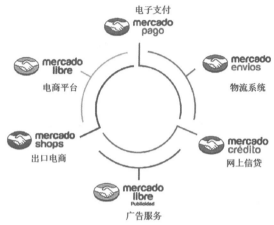

图 9-8 MercadoLibre 的多元生态服务

（图片来源：MercadoLibre）

9.4 "一带一路"倡议下的中国跨境电子商务发展

9.4.1 发展现状

2021 年是"一带一路"倡议提出 8 周年。自"一带一路"倡议提出以来，我国与"一带一路"沿线国家的贸易往来日益紧密。如表 9-13 所示，呈现以下几个特点。

表 9-13 2021 年"一带一路"倡议下的中国跨境电子商务发展特点

项目	特点概述	数据支撑
特点一	贸易规模稳步提升	2013—2021 年，我国与"一带一路"沿线国家的进出口总值从 646 万亿元增长至 11.6 万亿元，年均增长 7.5%，占同期我国外贸总值的比重从 25% 提升至 29.7%
特点二	产业链、供应链合作更加密切	2013—2021 年，中间产品占我国对"一带一路"沿线国家的出口比重由 2013 年的 49.8% 提升至 2021 年的 56.2%。2021 年，出口汽车零配件、纺织品、锂电子蓄电池分别增长 26.7%、14.1% 和 50.4%
特点三	能源、农业、矿业等领域合作向好	2021 年，我国自"一带一路"沿线国家进口原油 1.18 万亿元，增长 44%；农产品 3265.5 亿元，增长 26.1%；金属矿砂 2127.7 亿元，增长 24.9%；天然气 1854.5 亿元，增长 38.96%
特点四	民营企业表现活跃	2021 年，民营企业对"一带一路"沿线国家进出口 6.21 万亿元，增长了 25.6%，占同期我国与"一带一路"沿线国家进出口的 53.5%，提升了 0.8 个百分点

9.4.2　政策支持

2021 年 2 月 9 日，习近平主席在中国 – 中东欧国家领导人峰会上发出深化海关贸易安全和通关便利化合作、开展"智慧海关、智能边境、智享联通"合作试点的重大倡议。

2021 年"一带一路"倡议下的中国跨境电商政策支持，如表 9-14 所示。

表 9-14　2021 年"一带一路"倡议下的中国跨境电子商务政策支持

项目	政策概述	政策制定
政策一	贯彻落实"三智"理念，将"三智"理念融入业务改革发展	制订并实施了《海关总署关于加快"三智"建设服务"一带一路"高质量发展的意见》
政策二	以"三智"合作为引领，着力打造更多共建"一带一路"亮点，为推进国家治理体系和治理能力现代化贡献海关智慧和海关力量	制订《"十四五"推进"一带一路"高质量发展海关工作方案》
政策三	全力推进与共建"一带一路"沿线国家的"经认证的经营者"（AEO）互认合作	中国海关共与 31 个"一带一路"国家签署了 AEO 互认协议，并推动"关铁通"项目

9.4.3　机遇与挑战

1. 新机遇

一直以来，我国对"一带一路"沿线国家都在不遗余力地给予经济和政策上的支持，充分体现了我国想和"一带一路"国家长期合作、和谐相处的强烈愿望，这点从自 2010 年以来，沿线国家的进出口贸易总额不断快速增长就可以看出。以前，跨境电子商务所销售的产品大多没有本质上的区别，并没有自己独特的竞争力，而消费者的需求具有多样化的特点，很多消费者需要高端、能够体现独特性的商品，所以，跨境电子商务企业需要作出根本上的改变，向沿线国家提供高端且有个性的商品，不断满足当地消费者的多样化需求，提高消费者的满意度，从而推动"一带一路"沿线国家经济的发展。

2. 挑战

由于一些"一带一路"沿线国家的网络基础设施并不健全，互联网还没有大量普及，因此，使用网络购物的人群并不多，还有很多居民仅仅只会使用网络进行聊天，还不了解网络购物，这在很大程度上阻止了跨境电子商务前进的脚步。

除基础设施建设不全外，跨境电子商务还面临以下挑战，如表 9-15 所示。

表 9-15   跨境电子商务所面临的挑战

挑战	具体内容
跨境电子商务人才缺乏	在跨境电子商务的发展过程中，人才起着举足轻重的作用，其自身的能力和素质对电子商务企业的竞争力有很大程度的影响
物流体系有待完善	当前，很多跨境电子商务在发展过程当中都面临着物流水平低、物流体系不完善的问题。在跨境电子商务发展的过程当中，产品需要进行海外通关，由于这些快件的邮递渠道通关与现行的海关管理制度之间还存在矛盾，因此导致物品的通关效率比较低
网络支付体系不完善	跨境支付仍然存在安全问题
售后服务困难	在跨境电子商务发展的过程中，售后服务一直是一大难题，如果消费者要退货，那么，电子商务企业将需要承担高额的物流费用，消费者还需要付出很长的等待时间

3. 对策

针对沿线国家网络基础设施不健全的挑战，跨境电子商务企业需要加强电子商务在当地的渗透率，比如，可以通过产品促销活动来快速吸引用户，使当地居民养成网购习惯，培养更多的跨境电子商务用户。

此外，面临的不同挑战需要给出不同的对策，如表 9-16 所示。

表 9-16   面临不同挑战需要给出的对策

对策	具体内容
加快培养跨境电子商务人才	为更好地推动跨境电子商务发展，就需要加快对人才的培养，只有在人才的支持下才能促进跨境电子商务工作形式的优化、服务质量的提升，以及战略计划的有效实施
发展海外自建物流	为更好地完善物流体系，跨境电子商务企业还可以在国外建立自己的物流体系，从而减少成本，提高产品销量
加强政府合作	为进一步提高通关效率，跨境电子商务要与当地政府展开合作
建立双边支付	早在 2017 年，我国就已经与"一带一路"沿线国家俄罗斯建立起了双边支付系统，抛开了美元这个中间环节，直接使用黄金来作为结算手段，在这个基础上还成立了PVP 的双边支付系统

9.5   我国跨境电子商务的未来发展机遇与挑战

9.5.1   新机遇

新的发展机遇是由疫情带来的。在全球疫情的影响下，全球的消费者都开始或被动或主动地线上购物，线上购物逐渐取代传统购物，成为流行的购物方式。

1. 全球电子商务发展空间巨大

现在，商品的发展趋势是精细化和可以直接接触到消费者，而跨境电子商务就很好地满足了这个发展趋势，同时还开创了多批、小批的对外贸易订单新模式。此外，由于很多地方的物流不完善、支付体系不发达，还缺乏很多专业性人才，所以，这些地方的跨境电子商务发展还比较滞后。比较神奇的是，欧美地区的电子商务已经很发达了，但也只有 67%~69% 的基本需求得到满足，62%~65% 的自我实现需求得到满足，而在心理需求中，仅有 27% 左右得到满足。因此，在地理区域、消费人群、产品结构与种类、质量提升与满足人们心理及精神需求等方面，全球电子商务的前景仍十分广阔，存在着巨大的拓展空间。

2. 数字经济发展机遇

在疫情期间，我国跨境电子商务在国家政策的帮助下得到了很快的发展，例如：在 2020 年，我国与 22 个国家的"丝路电子商务"合作持续深入，双边合作成果加速落地；国务院新海关总署增设"9710""9810"跨境电子商务出口贸易新方式。

在数字经济时代，跨境电子商务必然拥有更广阔的未来。根据中国信通院发布的《中国数字经济发展白皮书（2020 年）》，2019 年，我国数字经济增加值达到 35.8 万亿元，占 GDP 的比重达到 36.2%，这表明，数字经济在国民经济中发挥着举足轻重的作用，且会越来越具有优势。数字经济向纵深发展并具有打造新一轮全球化的趋势，以及我国特有的超大型国内市场发展潜力将为跨境电子商务最终走向数字贸易发展提供非常有利的历史机遇。

3. 企业跨境电子商务的门槛降低

一些因素会降低跨境电子商务的门槛，如表 9-17 所示。

表 9-17　降低跨境电子商务门槛的因素

因素	具体内容
线上展会、跨境直播和云治谈等营销方式创新	疫情之下，我国超万家中小企业和传统外贸企业触网上线，降低时空阻碍，拉近商家距离
数字化的通关和结算交易环节	极大提高交易效率
丰富的平台数字资源	帮助中小企业准确定位消费者市场与需求
全球海外仓网络、独立站的跨境供应体系	提供更及时便捷的服务，提高流通效率等

例如，海外仓助推跨境企业的物流时效从 25~30 工作日，向"三日达"和"一

日达"跃升。阿里巴巴国际站等电子商务平台推出线上展会、音视频洽谈，以及智能化的翻译、报关、物流、退税等服务，大大降低中小企业进入跨境电子商务的门槛。2020年新型冠状病毒感染疫情暴发期间，跨境直播电子商务、市场分销贸易等新模式也获得快速发展。在移动的数字化生活中，各行业之间的融合产生了巨大的规模经济和范围经济效应，这都在不断地丰富和完善跨境电子商务的生态系统。

9.5.2　挑战

我国跨境电子商务企业越来越多，其贸易总额在我国对外贸易总量中占有举足轻重的作用，尤其是"一带一路"的提出，使其发展空间迅速扩大。虽然有很多的有利因素都在推动着跨境电子商务的发展，但同时也有很多的挑战需要去面对。

1. 国际环境不确定性风险

自2008年的金融危机发生，直到今天，全球的经济仍然没有完全恢复，而2020年的新型冠状病毒感染疫情更直接重击了全球经济。疫情时期的全球经济变得更加复杂，大批原材料和商品的价格都在上涨。美国和欧洲等国家的经济都开始消沉，有可能会为了加强对本国电子商务的保护而对进出口的税收进行调整。虽然疫情带来了不利影响，但我们也必须要注意到，疫情也推动了整个经济的数字化发展，也让各国之间的竞争开始变得越来越激烈，尤其是现在我国跨境电子商务处于世界领先地位，将可能引起欧美等发达国家从数字经济的全球治理和贸易规则顶层设计上，对我国卖家提出更高规格的挑战。

知识产权维权、消费者保护、信息安全和海外仓监管等方面必然存在加强的趋势。我国跨境电子商务在这方面仍然比较弱势，但又有很多小微跨境电子商务企业将欧洲和北美等国家当作目标市场，而这些国家的知识产权监管很严格，这些小微企业很有可能会因为缺乏核心技术以及对法律的不重视而陷入法律纠纷，导致经济受损，甚至是破产。

2. 竞争加剧

国外的疫情相对严重，很多工厂都减产甚至停产了，而我国制造的商品最先开始可以正常进行生产，这使得很多的海外消费者倾向于购买"中国制造"的产品，尤其是一些电子产品和防疫物资。但在后疫情时代，随着国外的工厂恢复生产，海外对我国产品的需要也在慢慢降低。国际分工深化进入尾声和贸易保护主义等导致经济全球化减速调整。此外，我国还面临着发达国家的高端品牌和其他发展中国家的低价商品的双重冲击。

基于现在的疫情情况，全球的贫富差距越来越大，低收入群体数量不断增加，消费能力还在下降，很多行业将成本的提高额转接到出口价格上，而这些企业很难将这部分增加额转嫁给国外消费者，因此，跨境电子商务可能会面临一个难处，就是贸易额提高了，但实际上却并没有带来很多利润。

3. 物流和支付等短板

现在，跨境电子商务的很多环节都会在互联网上开展，但"物流、信息流、商品流"这些还需要配套的物流体系才能够完整实现。国际货币基金组织（IMF）将新型冠状病毒肺炎带来的全球危机定义为"大封锁"（the great lockdown），跨境电子商务的短板也在疫情期间完全暴露出来，如供应链长、物流成本高等，而在最影响消费者购物体验的调查中，这两个因素的占比最大。物流一直都是出口过程中的重要组成部分。但是，我国的物流其实并不完善，缺乏相应的基础设施，因此，这阻碍着我国跨境电子商务的发展。

目前，由于大部分国家的支付方式都不一样，所以，大多数的跨境电子商务支付都是通过第三方平台来进行的，这会导致一个问题，即企业会存放很多资金在第三方平台，这对小微企业是不利的，特别是当小微企业的资金没法周转的时候。

9.5.3　对策

《中华人民共和国国民经济和社会发展第十四个五年规划和 2035 年远景目标纲要》提出，我国要建设以国内大循环为主体，国内国际双循环相互促进的新发展格局。新发展格局要充分利用国内国际两个市场、两种资源，打通生产、分配、流通和消费各个环节的堵点，积极促进进口和出口，构建内外循环畅通的一体化体系。要想顺利实现向新发展格局的转变，就需要在新技术的支持下，推进更高水平的内外循环。进入 2023 年，信息技术、人工智能、区块链等技术创新推动着我国跨境电子商务的高质量发展。

1. 不断改革创新监管服务体系

通过不断改革创新监管服务体系，推动跨境电子商务企业构建以品牌化引领的全球数字化产业链与创新链。跨境电子商务在品牌化经营方面，为中小企业提供重要的发展机遇。大量非传统品牌商借助跨境电子商务的平台经济与数字资产，快速实现品牌化战略目标，可从以下四个方面加强监管，如表9-18所示。

表9-18　从四个方面加强跨境电子商务的监管

序号	监管内容
1	进一步加强市场规范，畅通制约数字经济和贸易发展的体制机制堵点，如对数据产权、消费者进行保护的同时，创新管理体制改革，深化电子商务与技术领域的合作与交流，丰富与完善数字化生态系统
2	加快产业支持体系建设，促进跨境电子商务贸易和产业的市场联通，以品牌化建设打造跨境电子商务产业链。通过产业链的集成优势，进一步夯实强化我国跨境电子商务知名品牌的成长基础
3	推动旅游、艺术、娱乐与音像制品等服务类产品进入跨境电子商务体系，促进跨境电子商务的范围不断扩大
4	推进跨境电子商务综合试验区和进口试点城市改革，不断通过跨境电子商务进口更多的优质产品，带动相关产业提质增效，发展更高水平、面向世界的大市场

2. 抢抓数字经济发展机遇

当今世界的贸易链正在重组，数字经济也在健康发展，跨境电子商务企业应抓住这个机会，提高自己企业的数字化水平，转向更加精细化的运营。还可以大批量地发展数字生产，促进制造业和服务业在跨境电子商务领域的快速融合，推进以跨境电子商务企业为引领组建或推动的数字化产业链升级与创新。同时，以精细化服务为核心，打造综合竞争优势。通过产品、品牌、渠道和服务等方面持续创新提供的价值，培育推广跨境电子商务新产品、新模式、新业态、新渠道。加强宏微观综合研究和数字化能力提升，强化行业风险预判和动态调整能力。发挥我国强大的制造业产业链优势和数字资源优势，从需求端和供给端双重发力，建设与完善跨境电子商务产业链、价值链、生态链。

3. 突破运输与贸易壁垒

线上线下融合式发展，突破运输与贸易壁垒，强化供应链优势，降低经营风险。①继续通过物流体系的优化建设，积极拓展新运输通道，打通物流堵点，建设包含中欧班列、国际海运、亚欧大陆桥、国际空运在内的多形式多种类跨境运输体系。②可以探索当地化运营的多种形式，加强供应链和产业链的韧性，降低经营风险。例如，针对东南亚和非洲等地物流设施不足、支付体系落后等情况，可以探索与当地企业以股权合作的形式建设集合仓、海外仓和支付仓储等模式，对于尼日利亚等西非批发中心而言，可以探索电子商务和传统贸易结合发展的方式。通过与当地企业的股权合作和产品合作，提高当地产业链的韧性，解决跨境物流和跨境支付的难题，加强多元的国际合作与融合，推动构建新一轮经济全球化。

4. 加大配套产业建设

在全球供应链上，我国商品种类丰富，基本囊括了全球供应链的 80%。由于物流配送的高成本让许多商品止步于境内，因此，虽然大量跨境电子商务平台或企业通过建立海外仓等方式积极应对，但海外仓建立的背后也存在着巨大的成本损失。不管是平台还是中小企业，都难以在海外仓的成本和价格优势上取得平衡。针对这一点，我国政策应采取相应的措施加强跨境物流、跨境支付和跨境通关等产业配套的成熟度，为我国跨境电子商务行业发展奠定基石，特别是需要进一步推动互联网基础设施的完善和全球性物流网络的构建，扩大交易规模，使跨境电子商务的成长为推动我国外贸增长提供新动能。

5. 优化产品品类和质量

在全球供应链中，我国出口产品长期以低端生产为主，大量的跨境电子商务企业没有自己的品牌，更谈不上品牌效应。面对这样的发展困境，我国跨境电子商务企业应积极改变经营理念，充分了解国外消费者的消费需求和消费偏好，设计适合国外消费的产品，调整产品的设计、研发、生产方式，通过个性化的设计来提高产品的附加值，或通过提高产品的实用性来提高其市场竞争能力，打造品牌效应，将生产供应链由低端生产转为品牌生产。

6. 加大人才培养

我国跨境电子商务作为一个交易额快速增长的行业，人才缺口较大。目前，跨境电子商务从业者多是电子商务专业、英语专业、国际商务专业转型，在跨境电子商务方面尚无对口人才。高校在制定培养方案时应加大对口专业人才的培养，增加对口专业技能的训练，解决人才供求不足的弊端。为适应跨境电子商务企业的发展需求，政府应充分发挥引导作用，出台相应政策，推动电子商务、英语复合型人才的培养。而作为跨境电子商务企业，更应发挥主观能动性，积极吸纳英语、电子商务行业人员，对其进行针对性培养，提高人才的忠诚度，从而为自身发展奠定良好的技术基础、专业基础。

9.6　本章小结

跨境电子商务作为推动经济一体化、贸易全球化的技术基础，具有非常重要的战略意义。跨境电子商务不仅冲破了国家间的障碍，使国际贸易走向无国界贸易，同时也正在引起世界经济贸易的巨大变革。对企业来说，跨境电子商务构建的开放、多维、立体的多边经贸合作模式，极大地拓宽了进入国际市场的路径，大大促进了多边资源的优化配置与企业间的互利共赢；对于消费者来说，跨境电子商务使他们非常容易地获取其他国家的信息，并买到物美价廉的商品。在全球电子商务快速发展的大趋势下，自 2004 年起，我国颁布了一系列扶持国内跨境电子商务行业发展的政策，使我国跨境电子商务保持稳定的增长势头。我国跨境电子商务行业发展迅猛，交易规模持续大幅增长。跨境电子商务在疫情环境下得到高速发展。尽管跨境电子商务存在诸多优势，且发展迅速，但依然存在一定的发展与挑战，阻碍和制约着跨境电子商务的进一步腾飞。

9.7　复习思考题

1. 什么是跨境电子商务？谈谈你对跨境电子商务的理解。

2. 浅谈跨境电子商务的发展历程。

3. 简述跨境电子商务的进口清关模式分类，并分析其优缺点。

4. 什么是 B2B 和 B2C？两者有何区别？

5. 举例分析我国近几年的跨境电子商务变化。

6. 结合电子商务的发展趋势，谈谈跨境电子商务未来应如何发挥优势服务于我国数字经济的发展。

7. 谈谈"海外仓"模式将会对跨境电子商务带来哪些有利影响。

8. 电子自贸区与综试区跨境电子商务发展的优势有哪些？举例说明。

9. 简述在 e-WTO 体系下跨境电子商务的发展优势，并举例说明。

10. 目前，我国跨境电子商务的政策有哪些？

11. 简述本书中介绍的跨境电子商务政策的具体内容有哪些？

12. 谈谈你对我国跨境电子商务发展宏观环境的理解。

13. 简述境外跨境电子商务的典型市场，并谈谈我国跨境企业未来的发展选择。

14. 简述跨境电子商务的发展新机遇和挑战。

第 10 章 总结与展望

🔍 **学习目标**

1. 了解我国电子商务发展的现状。

2. 熟悉我国电子商务对国内经济高质量发展、国际高水平开放合作所作出的的贡献。

3. 掌握我国电子商务发展的具体路径。

🔍 **能力目标**

1. 正确认识国际形势，能够对我国电子商务发展面临的机遇和挑战作出正确判断。

2. 深刻领会我国电子商务对国内经济的促进作用，并绘制完整的传导机制。

3. 把握时代变化，对未来我国电子商务的发展方向和趋势形成合理预测。

🔍 **思政目标**

1. 理解我国从"电子商务交易大国"到"电子商务发展强国"的转化路径。

2. 熟悉我国电子商务发展与中国梦实现的内在机理。

3. 深刻认识我国电子商务与创新驱动发展战略、乡村振兴战略等国家重大战略的结合，思考大力发展电子商务的战略性意义。

本章知识图谱

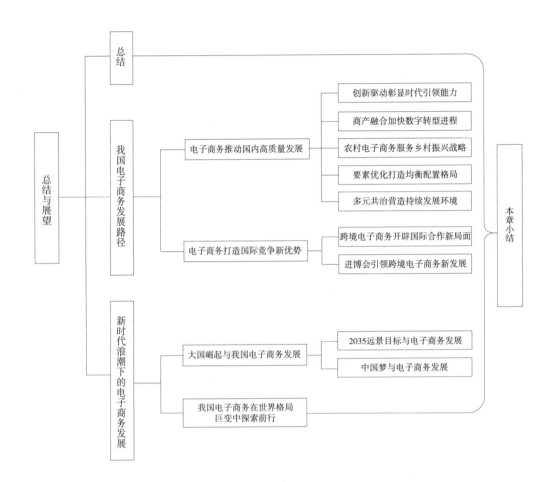

10.1　总结

2021 年是实施《中华人民共和国国民经济和社会发展第十四个五年规划和 2035 年远景目标纲要》的开局之年，也是开启全面建设社会主义现代化国家新征程的第一年。"十三五"时期，我国电子商务保持良好发展势头，已成为数字经济中发展规模最大、增长速度最快、覆盖范围最广、创业创新最为活跃的重要组成部分，也是实体经济与数字经济融合发展的重要推动力。

2021 年 2 月 25 日，习近平总书记在全国脱贫攻坚总结表彰大会上庄严宣告，我国脱贫攻坚战取得了全面胜利。谁都不能否认，今日之中国，在以习近平同志为核心的党中央坚强领导下，书写了人类历史上"最成功的脱贫故事"。电子商务助力脱贫攻坚战取得全面胜利，作为精准扶贫的重要抓手引领农民增

收致富奔小康。党中央、国务院高度肯定电子商务的作用和价值，习近平总书记在陕西柞水县考察时强调，电子商务不仅可以帮助群众脱贫，还能助推乡村振兴，大有可为。李克强总理在政府工作报告中指出，电子商务网购、在线服务等新业态在抗疫中发挥了重要作用，要继续出台支持政策，全面推进"互联网 +"，打造数字经济新优势。

电子商务在迅速发展的同时，也间接推动了我国经济的发展。在传统的经济发展方式转变过程中，电子商务具有其他信息技术无法替代的作用。它推动我国传统的经济发展模式向效益、效率、便捷、快捷的方向发展，逐步转向利用科学技术、大数据等新的经济发展模式，进而，电子商务以其便捷性、高效性、高收益等特点在我国国民经济中占领市场，继而推动我国国民经济的稳定增长。电子商务在国内贸易中扮演着重要的角色，是传输社会信息的重要工具，也是我国经济增长的一股新力量。因此，发展电子商务对我国的经济发展具有十分重要的意义。推动我国工业化进程，提高经济运行的质量和效益，对 21 世纪中期的社会主义现代化建设具有重大现实意义。

在经济全球化的今天，我们必须把电子商务和传统的经济模式融合在一起，既要保持经济的精髓，又要剔除那些落后的、不适合经济信息化和数据化的内容，只有这样，我们的经济才能在经济全球化的冲击下，不断地超越现有的经济。在经济全球化的背景下，我们应努力把握机会，让自己的发展更快更稳定。在面临全球化的各种挑战时，我们必须勇于应对，努力克服各种挑战和困难，让电子商务在艰难的条件下发展壮大，让新经济变得更有弹性，在艰难的条件下更好地发展。只有这样才能更好地推进企业的经济发展，促进国民经济增长。

10.2　我国电子商务发展路径

电子商务是信息技术和商务活动深度融合的结果，它以场景化、数字化、智能化为主要特点，以低成本、高效率为主要优势，在一定程度上促进了生产力的发展，带动了我国经济供给侧结构性改革和消费升级，成为世界各国经济增长的重要支撑。我国是全球第二大经济体，有着良好的发展基础和巨大的发展空间，开创了一条中国特色的电子商务发展道路，为我国和世界的发展提供了中国的智慧。

10.2.1　电子商务推动国内高质量发展

习总书记在全国互联网安全与信息化工作会议上提出：要加快推动数字产业化，不断催生新产业、新业态、新模式，用新动能推动新发展；推动产业数字化，利用互联网新技术、新应用对传统产业进行全方位、全角度、全链条的改造；推动互联网、大数据、人工智能和实体经济的深度融合，加快制造业、农业、服务业数字化、网络化、智能化。在新时代新形势下，电子商务活力持续激发，动力持续加码，继续推动国内高质量发展，如图 10-1 所示。

图 10-1　国内高质量发展路径

1. 创新驱动彰显时代引领能力

创新是引领发展的第一动力，是建设现代化经济体系的战略支撑。塑造高质量电子商务产业离不开技术应用创新、业态模式创新及协同合作创新。

（1）技术应用创新。电子商务的发展演进与技术的迭代更新密切相关。只有深刻把握技术应用变革，才能推进电子商务变革。当前，电子商务的发展不再局限于对互联网技术、信息安全技术等传统技术的简单采用，而是强调推动 5G、大数据、物联网、人工智能、区块链、VR、AR 等新一代信息技术在电子商务领域进行集成创新、综合应用，进一步提升电子商务的产品水平和服务能力，提高电子商务的发展质量和效益。[①]

（2）业态模式创新。新一代信息技术的升级应用为电子商务新业态、新模式的发展提供了底层基础，使得电子商务重构产业价值链的作用持续增强。社交电子商务、内容电子商务、生鲜电子商务、直播电子商务等新业态的出现不断丰富电子商务消费场景，深度挖掘消费需求，大幅提升供需两端匹配的精准性。疫情下，电子商务与各领域的融合更是迎来大变革：①数字化运营实现快速转型，远程办公、云端展会成为商贸交流沟通的重要途径。②数字化单据应用水平不断提升，电子发票、电子合同、电子档案、电子面单极大提升交易确认效率。③数字化支付研究深入推进，数字人民币逐步深入到电子商务支付领域，带来支付安全、

---

① 商务部，中央网信办，发展改革委 . "十四五"电子商务发展规划 [EB/OL]. （2021-10-26）[2022-04-05].http://dzsws.mofcom.gov.cn/article/zcfb/202110/20211003211545.shtml.

效率水平的显著提升。

（3）协同合作创新。新的形势下，电子商务的发展更加强调协作，通过协作增强沟通，通过合作来提高企业的层次，不断发挥网络平台在扩大市场、提高产业结构等方面的支撑和引导作用。协同合作主要包括：①企业协同合作，重点强调企业间的资源互补和数据共享，注重企业之间的数据、渠道、人才、技术等平台资源有序开放，强化创新链和产业链的有机结合，推动产业链上下游、大中小企业融通创新。②加强区域协作，制定区域内的电子商务服务战略，推动区域内的基础设施、服务资源和项目资金整合，推动东西部协同发展，形成产销对接、优势互补、深度协同的区域电子商务发展生态，如图 10-2 所示。

技术应用创新
5G、物联网、人工智能
大数据、区块链、VR、AR
…

业态模式创新
社交电子商务、内容电子商务
生鲜电子商务、直播电子商务
…

协同合作创新
企业协同合作
＋
区域协同合作

图 10-2　创新驱动电子商务发展

2. 商产融合加快数字转型进程

商产融合是激发电子商务产品力、创新力的重要途径，是加快实现产业数字化的重要方式。

（1）制造智能化。对制造企业而言，其核心价值在于为客户提供满意的服务，任何技术的应用都是围绕实现这个核心价值的手段。目前，我国制造企业大多以技术驱动为主，缺乏可持续的高效盈利机制和商业模式创新。反观电子商务，在发展过程中同样面临新的挑战：如何精准反映消费需求、快速提供产品服务、有效连通产销两端。在这样的大环境下，电子商务呈现出向上游生产制造环节延伸的态势，与工业互联网平台互联互通、协同创新，推进传统制造业"上云用数赋智"，构建以电子商务为牵引的新型智能制造模式，即基于电子商务平台对接用户个性需求，采用个性化定制、柔性化生产、逆向设计、用户直连制造等方式，实现企业营销接单能力与协同制造能力的协同提升。

（2）供应链数字化。"商产一体化"将加速供应链中的金融、物流、仓储、加工、设计等环节的数字化整合，从而形成产业互联网新模式、新业态。以企业电子商务为代表，从传统的单一服务模式过渡到线上线下一体化服务，解决采购、营销、配送、客户服务等业务痛点，形成弹性化供应链业务体系，具备供应链快速响应能力。

3. 农村电子商务服务乡村振兴战略

乡村振兴是国家推进农村农业现代化的重要战略，也是全面建设小康社会、推进社会主义现代化的必由之路。随着电子商务的发展以及电子商务进农村相关政策的落实，农村电子商务已经成为带动农村产业融合、促进经济社会发展的新型发展模式，它为乡村五个层面的振兴提供了新动能、新载体，如图10-3所示。

想要达到全面建成小康社会和全面建设社会主义现代化的目标，就需要将农村农业现代化发展作为重点，而乡村振兴则是推动农村农业现代化发展的国家重点战略。近年来，电子商务从城市走向农村，带动了相关政策的制定，农村电子商务作为新的经济发展模式，助力农村各产业的融合发展，最终推动全社会经济的进步，尤其是为乡村振兴的五大方面提供了新的动力和新的载体。

（1）促进乡村产业振兴。电子商务进入农村开辟了新的销售渠道，着眼于具有特色产品的选育，将其培养成当地的特色产业，并促进原有产业市场规模的扩大。这些改变间接完善了农村地区的基础设施建设，丰富的产品和多样化的渠道增加了农村地区人民的收入。

农村电子商务在大数据的加持下，以规模化、标准化的生产倒逼农村地区原有的各项产业实现传统产业的转型升级，甚至因此产生了新的产业，同时产品质量也得到了保证。随后出现的农村电子商务配套产业集群从生产到包装、运输、销售推广，整个供应链中的各个环节纷纷出现。农村电子商务集合了供应链上各端所需的资源要素，实现了物流、信息流、资金流的高效聚集。

（2）促进乡村人才振兴。乡村振兴这一国家重点战略中最核心的是人才，而农村电子商务的发展将一大批电子商务人才带回农村，破解了人才对农村电子商务掣肘的困境。人才回流使农村焕发新的生机，农村里的老人、留守儿童也因此有了新的发展机会，这是农村电子商务除了带来的经济效益外所实现的社会效益。

（3）促进乡村生态振兴。电子商务进入农村为农村生态的振兴带来了新的动力，由此产生大量淘宝村、淘宝网点等。从某种程度上来说，缓解了农村工业发

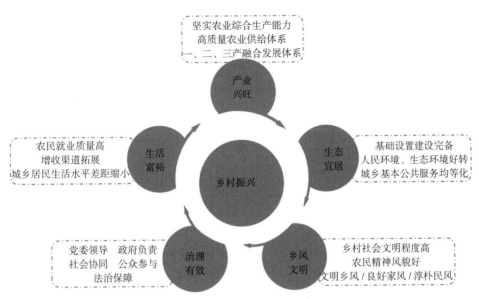

图 10-3　乡村振兴五大层面

展所导致的环境问题。农村工商业的再次兴起使农村土地得到充分利用，以较低的成本得到电子商务经营生产的相关配套，促进了农村经济的绿色发展。

（4）促进乡村文化振兴。农村电子商务进一步增强互联网的普及效果。电子商务将新文化、新思想的核心观念带到了农村，改变了农村人民落后的思想，造就了现在的"新农人"，也推动了电子商务的进一步升级。同时，农村电子商务通过带动农民增收、解决农村就业问题，极大地促进了农村和谐社会建设。

（5）促进乡村组织振兴。乡村中的基层组织由于没有新鲜血液的注入而丧失活力，但在农村电子商务的发展与帮助下，很多年轻人重返农村，进入乡村组织，成为农村电子商务的带头人。这些人才都是乡村组织振兴的重要力量。此外，科学技术的辅助使农村商业数字化、透明化，进一步升级了乡村的治理和管理。这是农村电子商务理念在促进乡村组织振兴上发挥的重要作用。

4.要素优化打造均衡配置格局

（1）高水平利用数据要素。电子商务的正常运行需要数据的辅助，数据是电子商务得以进一步发展的基础性要素，具有很高的价值。新时代下的电子商务发展不再是对生产数据、销售数据、用户数据的简单分析，而是将数据共享机制推广到各行各业、各企业、各部门，在它们之间进行数据共享，实现电子商务行业数据的开放。这对数据价值的提升具有重要作用。与此同时，电子商务企业在进行数据处理时，需要在合法范围内不断提高数据处理能力，为电子商务领域数据共享制度的建立作出努力。

（2）高质量培育人才要素。电子商务的本质仍是商务，商务活动归根结底是人的活动，电子商务各方面的要素创新对人才要素提出了更深层次的要求。传统的校内培养方式已无法满足电子商务新发展的要求，强化"政、产、学、研、用"五位一体人才培养模式，鼓励电子商务平台和电子商务企业与高等院校开展联合行动，同时全方位开展电子商务培训，加强各地、市、州、县、乡、村人才市场的建设，促进复合型人才供给成为新的人才培养方向，如图 10-4 所示。

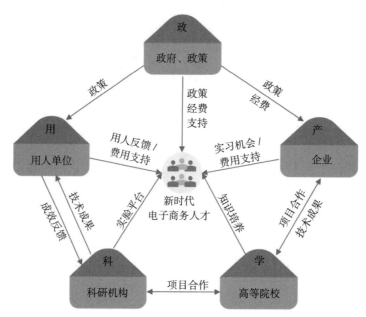

图 10-4　"政、产、学、研、用"五位一体的电子商务人才培养模式

（3）高标准优化载体资源。加快电子商务领域有关企业合作发展的重要途径就是发展电子商务产业服务载体。在国家多项政策的支持下，电子商务示范基地在我国各区域开始大规模搭建。由于示范基地对中小产业园区的发展进步具有重要带头意义，所以，只有提高示范基地的公共服务水平，做到更专业、更多元的运营服务，才能以遍布全国各地的电子商务基点形成覆盖全国的载体网络，推动电子商务进一步发展。

5. 多元共治营造持续发展环境

电子商务不断创造出新业态、新模式，以适应环境变化，这在带来巨大发展效益的同时，不可避免地会带来风险。面对新问题、新风险，深化电子商务治理，营造良好发展氛围不可忽视。我国电子商务的发展是由政府和市场共同作用的结果。因此，电子商务的治理应多方联合、多元共治。

市场电子商务平台经营者应加快数字技术的迭代升级与应用，不断完善平台规则，提升平台自治能力，提高平台的安全性、公平性、开放性，加快落实网络安全制度。

政府应与企业形成良性互动，加强对市场和企业的监督与引导，基于科学技术的发展，利用数据保障网络安全，并建立数据产权制度，完善市场规范。在电子商务领域，政府应当建立一套完善的治理标准，推动电子商务行业健康发展。在交易过程中，保护消费者权益，利用征信制度，建立信用体系，加大对企业和消费者双方的保护。

电子商务行业组织应该积极与各方联系，形成多方共同参与的电子商务治理体系，营造发展良好的数字经济环境。

10.2.2　电子商务打造国际竞争新优势

1.跨境电子商务开辟国际合作新局面

随着互联网技术的进步、全球物流网络的搭建、支付方式的多样化及我国的消费升级，我国跨境电子商务市场规模逐渐扩大，越来越多的中国产品打开国门走向海外。我国也因此获得更多国际合作，得到互利共赢的贸易合作机会。这是实现国内国际双循环相互促进，推动经济高质量发展的新动能。

我国始终坚持大力支持推动跨境电子商务高水平发展，持续颁布利好政策，鼓励电子商务平台企业全球化经营，在电子商务各环节进行完善，升级基础设施，优化行业布局，极大地提升了与各国贸易的安全性、便利性。同时，我国也通过出台各项政策刺激跨境电子商务配套服务企业的发展，加大力度建设跨境电子商务综试区，力求将中国产品、中国品牌带出中国，走向世界，实现全球产业链和供应链的数字化。此外，我国正积极探索跨境电子商务交易的全流程创新，推动形成适应跨境电子商务发展的国际贸易规则，构建国际框架。我国将"一带一路"倡议和跨境电子商务的发展相结合，以推动丝路电子商务的发展，现已与五大洲20 余个国家建立了双边电子商务合作机制，走出了具有中国特色的跨境电子商务发展之路。

我国 132 个跨境电子商务综试区的获批历程，如表 10-1 所示。

表 10-1　我国 132 个跨境电子商务综试区的获批历程

时间	数量	城市
2015 年 3 月	1	杭州市
2016 年 1 月	12	宁波市、天津市、上海市、重庆市、合肥市、郑州市、广州市、成都市、大连市、青岛市、深圳市、苏州市
2018 年 7 月	22	北京市、呼和浩特市、沈阳市、长春市、哈尔滨市、南京市、南昌市、武汉市、长沙市、南宁市、海口市、贵阳市、昆明市、西安市、兰州市、厦门市、唐山市、无锡市、威海市、珠海市、东莞市、义乌市
2019 年 12 月	24	石家庄市、太原市、赤峰市、抚顺市、璋春市、绥芬河市、徐州市、南通市、温州市、绍兴市、芜湖市、福州市、泉州市、赣州市、济南市、烟台市、洛阳市、黄石市、岳阳市、汕头市、佛山市、泸州市、海东市、银川市
2020 年 4 月	46	雄安新区、大同市、满洲里市、营口市、盘锦市、吉林市、黑河市、常州市、连云港市、淮安市、盐城市、宿迁市、湖州市、嘉兴市、衢州市、台州市、丽水市、安庆市、漳州市、莆田市、龙岩市、九江市、东营市、潍坊市、临沂市、南阳市、宜昌市、湘潭市、郴州市、梅州市、惠州市、中山市、江门市、湛江市、茂名市、肇庆市、崇左市、三亚市、德阳市、绵阳市、遵义市、德宏傣族景颇族自治州、延安市、天水市、西宁市、乌鲁木齐市

2. 进博会引领跨境电子商务新发展

中国国际进口博览会（China International Import Expo，CIIE），简称进口博览会、进博会等，由中华人民共和国商务部和上海市人民政府主办，中国国际进口博览局、国家会展中心（上海）承办，为世界上第一个以进口为主题的国家级展会。中国国际进口博览会的举办在我国对外开放进程中有着举足轻重的作用，是我国向世界主动开放市场的一项重要举措。从电子商务视角出发，进博会对电子商务尤其是跨境电子商务产生了巨大影响。

（1）进博会促进了跨境电子商务行业的转型、升级、重塑。世界各国的企业、品牌、商品均通过进博会拓展庞大的中国市场，为我国跨境电子商务提供了丰富资源和发展动力。正处于转折新时期的我国跨境电子商务借此契机，开始向精细化、品牌化、本土化及多元化发展，逐步走向全球电子商务舞台的中心。

（2）进博会搭建了跨境电子商务展销平台与生态体系。进博会不同于传统的世界商品展销和供需合作聚集，提供了包括高峰论坛、便利通关、金融综合服务等一体化的跨境电子商务综合服务，搭建了全球首个体系完整、功能完备、服务完善的跨境电子商务展销平台与生态体系。

（3）进博会促进跨境电子商务满足多元化消费需求。随着消费者需求扩张升级，消费者开始将消费目标从本土品牌商品转向世界品牌商品，更加注重商品品质和消费体验，进口消费趋于常态化。进博会在跨境电子商务平台和消费者之间进行沟通，对消费者多元化的需求进行满足，扩大了海外产品和海外品牌的引进，有利于促进我国国内各行业的转型升级、变革与重构。

10.3　新时代浪潮下的电子商务发展

10.3.1　大国崛起与我国电子商务发展

1. 2035 远景目标与电子商务发展

十三届全国人大四次会议审查的《中华人民共和国国民经济和社会发展第十四个五年规划和 2035 年远景目标纲要（草案）》提出，展望 2035 年，我国将基本实现社会主义现代化。该纲要是我国开启全面建设社会主义现代化国家新征程的宏伟蓝图，是全国各族人民共同的行动纲领。2035 年远景目标具体如下。

（1）经济实力、科技实力、综合国力将大幅跃升，经济总量和城乡居民人均收入将再迈上新的大台阶，关键核心技术实现重大突破，进入创新型国家前列。

（2）基本实现新型工业化、信息化、城镇化、农业现代化，建成现代化经济体系。

（3）基本实现国家治理体系和治理能力现代化，人民平等参与、平等发展权利得到充分保障，基本建成法治国家、法治政府、法治社会。

（4）建成文化强国、教育强国、人才强国、体育强国、健康中国，国民素质和社会文明程度达到新高度，国家文化软实力显著增强。

（5）广泛形成绿色生产生活方式，碳排放达峰后稳中有降，生态环境根本好转，美丽中国建设目标基本实现。

（6）形成对外开放新格局，参与国际经济合作和竞争新优势明显增强。

（7）人均国内生产总值达到中等发达国家水平，中等收入群体显著扩大，基本公共服务实现均等化，城乡区域发展差距和居民生活水平差距显著缩小。

（8）平安中国建设达到更高水平，基本实现国防和军队现代化。

（9）人民生活更加美好，人的全面发展、全体人民共同富裕取得更为明显的实质性进展。

为了实现 2035 年远景目标，按照党中央、国务院关于发展数字经济、建设数字中国的总体部署，为"十四五"时期电子商务发展作出全面安排，保证我国电子商务高质量发展。

进一步明确电子商务在新时代国民经济社会发展中的新使命。聚焦电子商务连接线上线下、衔接供需两端、对接国内国外市场的三个定位，赋予电子商务推动"数字经济高质量发展"和助力"实现共同富裕"的新使命，明确"十四五"时期电子商务发展目标和 2035 年远景目标。

电子商务新业态、新模式蓬勃发展，企业核心竞争力大幅增强，网络零售持续引领消费增长，高品质的数字化生活方式基本形成。电子商务与一、二、三产业加速融合，全面促进产业链、供应链的数字化改造，成为助力传统产业转型升级和乡村振兴的重要力量。电子商务深度链接国内国际市场，企业国际化水平显著提升，统筹全球资源能力进一步增强，电子商务法治化、精细化、智能化治理能力显著增强。电子商务成为经济社会全面数字化转型的重要引擎，成为就业创业的重要渠道，成为居民收入增长的重要来源，在更好满足人民美好生活需要方面发挥重要作用。

到 2035 年，电子商务将成为我国经济实力、科技实力和综合国力大幅跃升的重要驱动力，成为人民群众不可或缺的生产生活方式，成为推动产业链、供应链资源高效配置的重要引擎，成为我国现代化经济体系的重要组成，成为经济全球化的重要动力。

确立新时期电子商务发展的原则和政策导向。坚持以人民为中心的发展思想，把"坚持守正创新，规范发展"作为首要原则，秉持促进发展和监管规范双管齐下的原则，在强调创新驱动、鼓励新模式新业态蓬勃发展的同时，坚持底线思维，促进公平竞争，强化反垄断和防止资本无序扩张。

构建电子商务服务新发展格局的战略框架。从国内国际两个维度入手，推动电子商务更有效地服务构建新发展格局。在促进形成强大国内市场方面：提出培育高品质数字生活的理念，更好带动产业数字化；进一步强化数字技术创新和数据要素驱动对电子商务高质量发展的重要作用，推动数字化产业发展。在实现更高水平对外开放方面，充分发挥电子商务在数字经济国际合作和数字领域规则构建的主力军作用，推进跨境交付、个人隐私保护、跨境数据流动等数字领域国际规则构建，促进国际合作，倡导开放共赢。

2. 中国梦与电子商务发展

中国梦是中国共产党第十八次全国代表大会召开以来，习近平总书记所提出的重要指导思想和重要执政理念，正式提出于 2012 年 11 月 29 日。习总书记把"中国梦"定义为"实现中华民族伟大复兴，就是中华民族近代以来最伟大梦想"，并且表示这个梦"一定能实现"。"中国梦"的核心目标可以概括为"两个一百年"的目标，也就是：到 2021 年中国共产党成立 100 周年和 2049 年中华人民共和国成立 100 周年时，逐步并最终顺利实现中华民族的伟大复兴，具体表现是国家富强、民族振兴、人民幸福，实现途径是走中国特色的社会主义道路、坚持中国特色社会主义理论体系、弘扬民族精神、凝聚中国力量，实施手段是政治、经济、文化、社会、生态文明五位一体建设。

2017 年 10 月 18 日，习近平同志在十九大报告中指出，实现中华民族伟大复兴是近代以来中华民族最伟大的梦想。中国共产党一经成立，就把实现共产主义作为党的最高理想和最终目标，义无反顾肩负起实现中华民族伟大复兴的历史使命，团结带领人民进行艰苦卓绝的斗争，谱写气吞山河的壮丽史诗。习近平指出：实现伟大梦想，必须进行伟大斗争；必须建设伟大工程；必须推进伟大事业。

"中国梦"关乎着我国的未来发展方向，凝聚了我国人民对中华民族伟大复兴的憧憬和期待，它是整个中华民族不断追求的梦想，是亿万人民世代相传的夙愿。每个中国人都是"中国梦"的参与者、创造者。

众所周知，人类社会至今已历经了三次大规模的工业革命，每次工业革命都伴随着全球产业的大转移和国际格局的大调整。1840 年以前的数百年间，我国一直是全球制造业的领头羊。以蒸汽技术为代表的第一次工业革命（18 世纪 60 年代—19 世纪中叶）使英国一跃成为全球制造业中心；以电力技术为代表的第二次工业革命（19 世纪下半叶—20 世纪初）使西欧、美国、日本的工业得到飞速发展；以信息技术为代表的第三次工业革命（20 世纪中叶—至今）使美国异军突起，成为资本主义超级大国。

近年来，习近平主席多次强调，新科技革命和产业变革将是最难掌控但又必须面对的不确定性因素之一：抓住了就是机遇，抓不住就是挑战；不能等待、不能观望、不能懈怠；抓住实现国家现代化、民族复兴的历史机遇。幸运的是，我国不仅在 20 世纪末赶上了信息时代的"末班车"，而且已在全球互联网经济中后来居上。

我们常引以为豪的古代中国的"四大发明"，即造纸术、指南针、火药、活字印刷术，是为世界文明进步作出过突出贡献的先辈们的智慧结晶。如今，我国已进入"新四大发明"时代,即高速铁路、电子商务、移动支付、共享经济,它们大都基于网络与信息技术,是我们对世界的又一次突破性和创新性贡献。

"路漫漫其修远兮,吾将上下而求索。"如今的世界正处于第四次工业革命的初期,它将是数字技术、物理技术、生物技术的有机融合,涵盖可植入技术、数字化身份、物联网、3D打印、无人驾驶、人工智能、机器人、区块链、大数据、智慧城市等技术变革。这一波的技术革命在某种程度上仍可算是网络与信息技术的延展和深化。目前,我国在上述新科技的部分领域中已具备了一定的先发优势,应该继续改革创新,把握先机,争当领跑者。

未来,我国能否在第四次工业革命中实现"弯道超车",对于中华民族伟大复兴的"中国梦"的成败至关重要。我们不仅应适时并创新地对互联网技术加以充分应用,更应该抓住千载难逢的历史机遇期,积极主动地参与国际网络空间话语权和"游戏规则"的制定。唯有这样,我国未来才有可能成为互联网时代的真正强者和大赢家。

10.3.2　我国电子商务在世界格局巨变中探索前行

近年来,由于国际贸易摩擦加剧、地缘政治风险等因素,世界主要经济大国面临的下行压力越来越大。特别是2019年后,这一趋势更加明显,经济大国的GDP增长率大幅下降。

我国在疫情期间出色的电子商务表现使全球商业实体找到了恢复经济势头的新目标。这不仅体现在供应链、技术和物流网络的高效运作所发挥的巨大价值上,也体现在所有生产要素的快速实现上。"乘数效应"将深刻改变世界贸易的方式和模式,推动世界进入一个新的贸易时代。

在日益开放和包容的商业环境中,许多海外品牌都渴望尝试广阔的中国市场,电子商务已经成为海外品牌进入中国市场的重要平台。电子商务平台为外国品牌提供了一个高效、低风险的渠道。同时,电子商务平台还可以通过大规模引进国外品牌和品类,满足国内消费者个性化、多元化的消费需求。

业内人士表示,新型冠状病毒感染疫情对国际贸易的影响是显而易见的,但仔细观察不难发现,疫情下的电子商务发展为国际贸易带来了新的曙光,让全球商业实体找到了恢复经济发展的新焦点。在这个前所未有的互联时代,疫情限制了人们的出行,切断了互联互通,但电子商务平台凭借其强大的物流链发挥了重要作用。

推动电子商务特别是跨境贸易的发展，不仅是传统外贸转型和完善的大势所趋，也是积极应对疫情、有效应对外贸增长下行压力的必然步骤。疫情过后，全球电子商务将趋于正常化，原因在于电子商务不仅保证了交易过程的虚拟化，有效降低了交易双方的线下联系频率，而且扩大了交易对象的包容性范围，使无法开展基于传统商业模式的中小企业能够借助数字平台参与国际贸易，从而顺利克服危机。更重要的是，在经济一体化和贸易全球化的背景下，电子商务不仅克服了国家间的壁垒，将国际贸易转向了无国界贸易，还引发了世界贸易的变化。

传统贸易从区域到全球的发展主要是通过运输创新和通信技术革命来推动的。随着互联网技术的飞速发展，世界贸易在商业存在、商业管理和贸易模式上都发生了变化。电子商务平台最明显的作用是拉近企业和消费者之间的距离。随着信息越来越对称，消费者可以在互联网上看到来自不同国家的产品，企业可以通过平台快速了解用户偏好和其他反馈信息。简而言之，电子商务正在使世界变小，使市场变大。它总是能把世界上许多分散的、不规则的市场连接成一个大市场，让每个人都能进入这个大市场进行交易。

事实上，在电子商务的推动下，国际分工的全球化和虚拟化程度不断提高，推动全球市场资源配置优化，实现帕累托效率的提升。这一新变化引发了国际商业模式的变化，促进了国际商业模式的转变。原来，在国际贸易中占主导地位的工业产品已被信息产品所取代。

但这并不意味着在新的全球贸易体系面前有一条捷径。尽管它已经不能满足新商业时代的需求，但传统的贸易规则仍在继续。此外，跨境贸易产生了大量零散的个性化订单，其贸易路径与传统的"集装箱订单"有很大的不同。然而，政府尚未建立新的监管模式，许多规则，如相关税收征管标准和技术标准尚未确定。

10.4　本章小结

电子商务对我国经济发展有着重大作用，要使其成为连接我国工业化经济和信息化的一条重要纽带，进而促进我国工业化发展，就需要提高国民经济的运行质量和效率。我国电子商务发展的基础好、潜力大，开辟具有中国特色的电子商务发展路径，为国内乃至世界电子商务发展提供了中国智慧，也对实现 21 世纪中期的社会主义现代化和实现中华民族伟大复兴的"中国梦"有十分重要的意义。

参 考 文 献

[1] 埃里斯曼. 全球电子商务进化史：新零售浪潮中被裹挟还是崛起 [M]. 杭州：浙江大学出版社，2018.

[2] 聂林海. "互联网 +" 时代的电子商务 [J]. 中国流通经济，2015，29（6）：53-57.

[3] 国家互联网信息办公室，北京市互联网信息办公室. 中国互联网 20 年：网络大事记篇 [M]. 北京：电子工业出版社，2014.

[4] 张玉昕. 中日两国电子商务的比较研究 [J]. 品牌研究，2018（2）：194-195.

[5] 鞠雪楠，欧阳日辉. 中国电子商务发展二十年：阶段划分、典型特征与趋势研判 [J]. 新经济导刊，2019（3）：26-33.

[6] 方长平. 百年未有之大变局下中国发展战略机遇期的思考 [J]. 教学与研究，2020（12）：57-66.

[7] 贺登才. 现代物流发展的新方式及其路径：基于《"十四五"规划和 2035 年远景目标纲要》[J/OL]. 北京交通大学学报：社会科学版，2022（1）：6.

[8] 何哲. 虚拟化与元宇宙：人类文明演化的奇点与治理 [J]. 电子政务，2022（1）：41-53.

[9] 黄志，程翔，邓翔. 数字经济如何影响我国消费型经济增长水平 [J]. 山西财经大学学报，2022，44（4）：69-83.

[10] 王义桅，廖欢. 改变自己，影响世界 2.0：双循环战略背景下的中国与世界 [J/OL]. 新疆师范大学学报：哲学社会科学版，2022（1）：11.

[11] 陈曙光. 世界大变局与人类的未来 [J]. 求索，2021（6）：13-20.

[12] 张路娜，胡贝贝，王胜光. 数字经济演进机理及特征研究 [J]. 科学研究，2021，39（3）：406-414.

[13] LIN J Y. New Structural Economics：A Framework for Rethinking Development[R]. World Bank Research Observer，2011.

[14] 林毅夫 . 新结构经济学 [M]. 北京：北京大学出版社，2018.

[15] 中国政府网 . 中共中央关于党的百年奋斗重大成就和历史经验的决议 [R]. 2021.

[16] 商务部，中央网信办，发展改革委 . "十四五"电子商务发展规划 [R]. 2021.

[17] 中央财经大学中国互联网经济研究院 . 后浪更磅礴：中国电子商务发展二十年 [R]. 2019.

[18] 商务部电子商务和信息化司 . 中国电子商务报告（2020）[R]. 2021.

[19] 谢波峰 . 中国电子商务税收政策与管理的完善 [J]. 税务研究，2018（7）：115-119.

[20] 蓝志勇，吴件 . 电子商务时代的协同监管理论之探 [J]. 中国行政管理，2021（6）：37-43.

[21] 张仁汉 . 视听新媒体协同监管体系建设研究：以国家文化安全为视角 [J]. 社会科学战线，2016（6）：274-278.

[22] 中国市场监管报 . 准确把握《电子商务法》与其他法律法规的关系 [R]. 2019.

[23] 张钦昱 . 数字经济反垄断规制的嬗变："守门人"制度的突破 [J]. 社会科学，2021（10）：107-117.

[24] 曾晶 . 论互联网平台"二选一"行为法律规制的完善：以中国现行法律规范为视角 [J]. 政治与法律，2021（11）：135-149.

[25] 郭宇 . 平台"二选一"行为法律适用的完善论 [J]. 出版广角，2022（2）：89-92.

[26] 李京举 . 中美贸易争端中中国电子商务知识产权的保护 [J]. 当代经济，2019（11）：8-10.

[27] 克里斯·安德森 . 长尾理论 [M]. 乔江涛，译 . 北京：中信出版社，2006.

[28] 陈兴淋，纪顺洪 . O2O 模式下对长尾理论应用的思考 [J]. 商业经济研究，2017（3）：93-95.

[29] 赵艳 . 长尾理论视域下中国农村数字电子商务发展的影响因素分析：以"拼多多"为例 [J]. 商业经济研究，2021（16）：141-144.

[30] 刘武强 . 互联网 3.0 时代消费者行为理论创新 [J]. 商业经济研究，2017（21）：47-49.

[31] 邹剑峰，曾莉莉 . 基于消费者行为理论的商贸流通业发展分析 [J]. 商业经济研

究，2019（6）：26-29.

[32] 陈业晨，唐瑞，戴玉萌，潘燕.基于 AISAS 模型的支付宝"中国锦鲤"微博营销效果研究 [J].电子商务，2020（3）：31-32.

[33] 宋雁超，古勇.从受众需求谈媒体传播内容的变化：基于马斯洛"需求层次理论"的分析 [J].新闻战线，2016（22）：29-30.

[34] 张晨，吕本富，彭赓，等.电子商务平台企业边界的影响因素及规模评价指标体系研究 [J].管理现代化，2020，40（4）：101-104.

[35] 皇甫荣.商品销售中价格需求弹性的影响因素及应用办法 [J].中国商贸，2010（25）：245-246.

[36] 郭顺兰，贺红兵.跨境电子商务模式创新要素分析 [J].商业经济研究，2021（7）：94-97.

[37] 刘志迎，朱清钰.创新认知：西方经典创新理论发展历程 [J].科学学研究，2022：1-21.

[38] 谢德荪.源创新：转型期的中国企业创新之道 [M].北京：五洲传播出版社，2012.

[39] 黄栋，吴宸雨.中国风电发展的障碍与对策：基于"源创新"理论的分析 [J].科技管理研究，2014（13）：11-15.

[40] 钟耀广，唐元松.基于"源创新"理论的电子商务共同配送体系创新 [J].贵州社会科学，2016（1）：136-142.

[41] 林毅夫.新结构经济学的理论基础和发展方向 [J].经济评论，2017（3）：4-16.

[42] 林毅夫.自生能力、经济转型与新古典经济学的反思 [J].经济研究，2002，12：15-24 +90.

[43] 林毅夫.新结构经济学：重构发展经济学的框架 [J].经济学：季刊，2011，10（1）：1-32.

[44] 林毅夫.发展战略、自生能力和经济收敛 [J].经济学：季刊，2002，2：269-300.

[45] 姜磊，郭玉清，刘梦琰.比较优势与企业杠杆率：基于新结构经济学的研究视角 [J].经济社会体制比较，2020（6）：146-156.

[46] 林毅夫.比较优势、竞争优势与区域一体化 [J].河海大学学报：哲学社会科学

版，2021，23（5）：1-8.

[47] PETERAF M A，BARNEY J B. Unraveling the resource-based tangle[J]. Managerial and Decision Economics，2003，24（4）：309-323.

[48] 杨威 . 基于资源 - 能力理论的跨境电子商务与实体零售业融合发展 [J]. 商业经济研究，2019（18）：145-148.

[49] PRAHALAD C K，HAMEL G. The Core Competence of the Corporation[J].Harvard Business Review，1990.

[50] BARRET M，DAVIDSON E，PRABHU J，et al. Service innovation in the digital age：Key contributions and future directions [J].MIS Quarterly，2015，39（1）：135-154.

[51] 孟猛猛，雷家骕 . 基于集体主义的企业科技向善：逻辑框架与竞争优势 [J]. 科技进步与对策，2021，38（7）：76-84.

[52] KINZIG A P，KAMMEN M. National Trajectories of Carbon Emissions：Analysis of Proposals to Low-Carbon Economies?[J]. Global Environment Change,1998,8（3）：183-208.

[53] 陈素琴 . 低碳经济的理论基础及其经济学价值 [J]. 商业时代，2014（15）：29-30.

[54] 王梦夏 . 低碳经济理论研究综述 [J]. 首都经济贸易大学学报，2013，15（2）：106-111.

[55] 刘越 . 绿色产品设计技术与低碳经济 [J]. 天府新论，2010（5）：60.

[56] 刘倩 . 节能产品的节约性问题研究 [J]. 现代商业，2009（6）：279.

[57] 莫小泉 . 基于低碳经济理论的物流企业核心竞争力构建 [J]. 商业经济研究，2018（9）：118-120.

[58] 康梅生 . 双边市场环境中电子商务平台的竞争与合作研究 [J]. 商业经济研究，2019（5）：76-79.

[59] 徐慧 . O2O 电子商务平台研究现状及双边市场特征分析 [J]. 商业经济研究，2017（17）：69-71.

[60] 黄益平 . 平台经济的机会与挑战 [J]. 新金融，2022（1）：10-15.

[61] 马景昊，梁正瀚 . 平台经济赋能电子商务产业高质量发展的策略 [J]. 企业经济，2021，40（4）：106-112.

[62] 马丽. 共享经济模式产品供需匹配问题研究 [J]. 商业经济研究，2018（14）：187-189.

[63] 张孝荣，俞点. 共享经济在中国发展的趋势研究 [J]. 新疆师范大学学报：哲学社会科学版，2018，39（2）：132-146.

[64] 张彤. 基于共生理论的全渠道物流体系构建 [J]. 商业经济研究，2018（3）：112-115.

[65] 田刚，吴英琳，李治文. 线上线下企业共生演化与生鲜电子商务发展：易果生鲜生态系统的案例 [J]. 西北农林科技大学学报：社会科学版，2019，19（4）：105-112.

[66] 杨波，许丽娟，陈刚. 电子商务概论 [M]. 2 版. 北京：北京邮电大学出版社，2017.

[67] 孟庆伟，王涛. 电子商务基础与应用教程 [M]. 北京：中国铁道出版社，2016.

[68] 弭宝瞳，梁循，张树森. 社交物联网研究综述 [J]. 计算机学报. 2018（7）：1448-1475.

[69] 朱洪波，杨龙祥，于全. 物联网的技术思想与应用策略研究 [J]. 通信学报，2010，31（11）：2-9.

[70] 王磊. 物联网应用实践教程 [M]. 北京：中国铁道出版社，2021.

[71] 蔡晓晴，邓尧，张亮，等. 区块链原理及其核心技术 [J]. 计算机学报，2021，44（1）：84-131.

[72] 顾娟. 区块链 [M]. 北京：中国纺织出版社，2020.

[73] 田志宏，赵金东. 面向物联网的区块链共识机制综述 [J]. 计算机应用，2021，41（4）：917-929.

[74] 蔡婷，林晖，陈武辉，等. 区块链赋能的高效物联网数据激励共享方案 [J]. 软件学报，2021，32（4）：953-972.

[75] 吕云，王海泉，孙伟. 虚拟现实：理论、技术、开发与应用 [M]. 北京：清华大学出版社，2019.

[76] 李杨，王洪荣，邹军. 基于数字孪生技术的柔性制造系统 [M]. 上海：上海科学技术出版社，2020.

[77] 王文喜，周芳，万月亮，宁焕生. 元宇宙技术综述 [J]. 工程科学学报，2022，44（04）：744-756.

[78] 覃征，李旭，王卫红.软件体系结构 [M].北京：清华大学出版社，2018.

[79] 刘海平.信息安全技术 [M].北京：人民邮电出版社，2021.

[80] 白东蕊，岳云康.电子商务概论 [M].北京：人民邮电出版社，2016.

[81] 覃征.电子商务与国际贸易 [M].北京：人民邮电出版社，2002.

[82] 祁国宁，苏宝华，顾新建，韩永生，陈俊.产品标准化与规范化技术的研究 [J].中国机械工程，2000（5）：53-55+5.

[83] 魏文川.基于价值链视角的特色农产品品牌塑造模式探讨 [J].商业时代，2011（2）：25-26.

[84] 张铎.产品追溯系统 [M].北京：清华大学出版社，2013.

[85] 马士华.顾客化大量生产环境下生产管理的新问题及其对策研究 [J].管理工程学报，2000（3）：73-75+0.

[86] 孔繁森.生产计划与管控 [M].北京：清华大学出版社，2021.

[87] 董琦.基于需求量预测的生鲜电子商务企业中心仓与前置仓选址研究 [D].北京：北京交通大学，2020.

[88] 于胜博.考虑消费者体验感的生鲜农产品配送系统优化研究：以前置仓模式为例 [D].南昌：江西财经大学，2021.

[89] 赵鑫鑫.农产品电子商务供应链信息共享水平影响因素研究 [D].长春：吉林大学，2021.

[90] 王珊珊.电子商务企业物流模式研究：以京东商城为例 [D].哈尔滨：东北农业大学，2020.

[91] 鲍新中，谢文静，陈柏彤.B2B 电商平台供应链金融典型模式及其比较分析 [J].金融理论与实践，2020（3）：1-7.

[92] 覃凯.电子商务企业供应链集成与战略联盟采购模式运行研究 [J].商业经济研究，2016（15）：91-93.

[93] 陈德兴，张浩倩.电子商务下快递行业的"最后一公里"配送问题研究 [J].中国物流与采购，2020（5）：56.

[94] 张义博.国内外农产品电子商务主要模式比较及启示 [J].中国经贸导刊，2018（25）：50-53.

[95] 苏丹丹，秦小辉.基于大数据的电商快递企业末端配送模式决策优化研究 [J].科技与创新，2020（21）：51-52+55.

[96] 孙慧，高皓雪. 基于降本增效的农村快递物流最后一公里配送研究 [J]. 物流科技，2021，44（11）：41–44.

[97] 谢美娥，高倩，陈秀云. 基于京东冷链的生鲜冷链物流研究 [J]. 现代商贸工业，2021，42（11）：56–58.

[98] 潘玉焕，马思玮，回增赫，等. 快递行业最后一公里问题的现状与模式创新 [J]. 中国商论，2017（22）：142–143.

[99] 廖衡. 社区电商物流最后一公里的配送策略研究 [J]. 质量与市场，2022（3）：140–142.

[100] 张颖，胡晶. 生鲜农产品电子商务供应链采购管理研究 [J]. 全国流通经济，2021（18）：28–30.

[101] 袁安鑫，周春应. 我国 B2C 电子商务企业物流问题研究：以京东商城为例 [J]. 物流工程与管理，2020，42（5）：53–55.

[102] 郑浩昊，曹慧. 我国社交电商物流模式比较与选择 [J]. 江苏商论，2021（2）：41–43+71.

[103] 杜凌霄，刘自力，宋乐晨，郑俊涛，冷静，李冰冰. 无人化第三方物流企业创业的发展现状及其对策：以应急物流配送为例 [J]. 办公自动化，2021，26（1）：6–9.

[104] 张弛，杨孔雨. 自营物流配送的现状分析与改进 [J]. 中国储运，2020（01）：120–122.

[105] 习小琪. B2C 电子商务物流模式竞争力评价研究 [D]. 杭州：杭州电子科技大学，2019.

[106] 赵焜. 电子商务配送中心物流服务质量评价及改进研究 [D]. 北京：中国科学院大学，2019.

[107] 杨柳. 不同运营模式下电子商务企业物流配送中心选址和路径优化研究 [D]. 北京：北京交通大学，2019.

[108] 张译文. 成都市农产品流通体系的现状及对策研究 [D]. 成都：四川农业大学，2018.

[109] 刘波. 带时间窗的冷链物流配送动态车辆路径优化方法研究 [D]. 北京：北京交通大学，2018.

[110] 杨宴婷. 电子商务与商贸流通业的互动影响研究 [D]. 太原：山西财经大学，

2021.

[111] 董冬艳. 基于生鲜农产品的冷链物流配送路径优化研究 [D]. 沈阳：沈阳大学，2017.

[112] 王玮. 基于新型 B2B 工业电子商务平台的集中采购管理模式研究 [D]. 天津：天津大学，2016.

[113] 董琦. 基于需求量预测的生鲜电子商务企业中心仓与前置仓选址研究 [D]. 北京：北京交通大学，2020.

[114] 王志强. 基于用户满意度的 B2C 电子商务物流配送对策研究 [D]. 昆明：昆明理工大学，2017.

[115] 胡建. 江苏邮政仓配一体化管理规划研究 [D]. 南京：南京邮电大学，2018.

[116] 中国冷链物流行业市场前景及投资研究报告 [R]. 中商产业研究院，2021.

[117] 商务部等 17 部门. 关于加强县域商业体系建设促进农村消费的意见 [N]. 2020.

[118] 左秀平，张露. 数字经济背景下网络消费行为分析 [J]. 江苏商论，2021（8）：30-32.

[119] 马翎翔. 网络经济视角下基于消费心理变化的电子商务运营模式变革 [J]. 商业经济研究，2021（19）：100-103.

[120] 张曙光，陈慧敏. 技术、社会、心理互动形塑"新型消费社会" [N]. 中国社会科学报，2020.

[121] 翟金芝. 基于大数据的网络用户消费行为分析 [J]. 商业经济研究，2020（24）：46-49.

[122] 吕超. 互联网金融和电子商务融合发展探析 [J]. 商业经济研究，2020（21）：89-91.

[123] 孙凯，刘鲁川，刘承林. 情感视角下直播电子商务消费者冲动性购买意愿 [J]. 中国流通经济，2022，36（1）：33-42.

[124] 杨敬舒. 中国居民攀比性消费行为影响因素的实证研究 [J]. 西北大学学报：哲学社会科学版，2010，40（1）：106-110.

[125] 张凌洁，马立平. 数字经济、产业结构升级与全要素生产率 [J]. 统计与决策，2022，38（3）：5-10.

[126] 张潇化，赵云海，王琳. 逆向整合下"新零售"供应链场景化价值重构 [J]. 商业经济研究，2022（5）：41-44.

[127] 谢莹，崔芳，高鹏 . 网络直播情境下共在临场感与社会临场感对从众消费的影响 [J]. 商业经济与管理，2021（2）：68-79.

[128] 习明明 . 网络外部性、同伴效应与从众行为：基于不完美信息贝叶斯模型的实证研究 [J]. 当代财经，2020（11）：15-25.

[129] 李辉丽 . 基于"新消费"群体画像的网络营销策略研究 [J]. 商业经济研究，2022（6）：82-86.

[130] 任保平，杜宇翔，裴昂 . 数字经济背景下中国消费新变化：态势、特征及路径 [J]. 消费经济，2022，38（1）：3-10.

[131] 许一婷，林颖 . 网络直播营销驱动消费行为的内在机理：沉浸传播、身体媒介化与情感注入新视点 [J]. 福建论坛：人文社会科学版，2021（12）：111-117.

[132] 高振娟，赵景峰，张静，等 . 数字经济赋能消费升级的机制与路径选择 [J]. 西南金融，2021（10）：44-54.

[133] 王世进，胡一竑 . S2B2C 社交电商客户购买行为特征的实证分析研究 [J]. 工业工程与管理，2022，27（3）：8-14.

[134] 杨倩 . 拼购社交电子商务用户复购意愿影响因素研究：以拼多多为例 [J]. 物流科技，2021，44（12）：61-65.

[135] 王红春，陈杨，刘帅 . 社交电子商务供应链定价策略研究：基于平台销售努力的分析 [J]. 价格理论与实践，2021（3）：122-125.

[136] 王妍妍，常健聪 . "社交＋电子商务"式拼单营销与用户购买意愿：兼论数字化熟人经济的消费模式 [J]. 商业经济研究，2021（12）：84-87.

[137] 贺萌远，沙振权 . 社交电子商务中渠道特征对顾客消费意向的影响分析 [J]. 商业经济研究，2021（3）：78-81.

[138] 彭宇泓，韩欢，郝辽钢，等 . 直播营销中关系纽带、顾客承诺对消费者在线购买意愿的影响研究 [J]. 管理学报，2021，18（11）：1686-1694.

[139] 李钊阳，阳国亮，蒋凤 . 直播带货：新型电子商务的源起、特征及其运行机制 [J]. 中国商论，2021（17）：12-16.

[140] 张宝生，张庆普，赵辰光 . 电子商务直播模式下网络直播特征对消费者购买意愿的影响：消费者感知的中介作用 [J]. 中国流通经济，2021，35（6）：52-61.

[141] 魏华，高劲松，段菲菲.电子商务直播模式下信息交互对用户参与行为的影响 [J].情报科学，2021，39（4）：148-156.

[142] 成栋，王振山，孙永波.直播带货的本质：是颠覆式创新还是对传统电子商务模式的扩展 [J].商业经济研究，2021（5）：86-89.

[143] 张夏恒.跨境电子商务类型与运作模式 [J].中国流通经济，2017，31（1）：76-83.

[144] 覃征，等.电子商务学 [M].北京：清华大学出版社，2022.

[145] 齐萧苅.浅谈无形服务与有形产品的差异 [J].江苏商论，2021（1）：83-86.

[146] 陈怡茹.我国跨境消费电子商务平台模式比较分析 [J].中国商论，2022（6）：28-30.

[147] 刘培艳.O2O 电子商务模式下团购网站定价策略研究：以大众点评网为例 [J].商业经济研究，2017（17）：85-87.

[148] 曹元青.大众点评的创新服务商业模式浅析：基于 Osterwalder 模式 [J].经济研究导刊，2014（34）：189-190.

[149] 方观声.美团大众 O2O 电子商务模式的发展研究 [D].广州：暨南大学，2016.

[150] 姜榕融，王本旭.基于新零售下电子商务的与时俱进研究 [J].中国商论，2022（4）：4-6.

[151] 董洋溢，张震，刘昊东，等.基于 VR 技术虚实一体化的新生态电子商务系统设计 [J].现代信息科技，2020，4（22）：174-176.

[152] 付芳丽.我国电子商务营销的 VR 技术应用探析 [J].东西南北，2019（18）：248.

[153] 童忠梅，王明宇.VR 技术电子商务应用展望 [J].民营科技，2016（9）：81.

[154] 曹善文，李创硕，李雨涵，等.元宇宙生态下运营商机遇及布局策略分析 [J].通信世界，2022（2）：32-34.

[155] 郭燕，王玉平.基于 PEST 分析的中国跨境电子商务竞争环境研究 [J].情报探索，2020（1）：67-74.

[156] 孙琪.中国跨境电子商务发展现状与前景分析 [J].商业经济研究，2020（1）：113-115.

[157] 于丞.中国出口跨境电子商务现状、发展趋势及转型策略 [J].商业经济研究，2019（10）：67-70.

[158] 孟亮，孟京．中国跨境电子商务企业海外仓模式选择分析：基于消费品出口贸易视角 [J]. 中国流通经济，2017，31（6）：37-44.

[159] 王贵斌，何伟．自贸区背景下跨境电子商务发展策略研究：以浙江自贸区为例 [J]. 价格月刊，2018（2）：57-60.

[160] 郑豫晓，勾京成，王淑云，等．自贸区建设及其金融发展问题研究：基于郑州航空港经济综合实验区视角 [J]. 金融理论与实践，2015（5）：23-29.

[161] 龚柏华．论跨境电子商务 / 数字贸易的"eWTO"规制构建 [J]. 上海对外经贸大学学报，2016，23（6）：18-28.

[162] 王娟娟，杜佳麟．一带一路经济区跨境电子商务发展模式探索 [J]. 中国流通经济，2016，30（9）：100-107.

[163] 韦斐琼．"一带一路"战略红利下跨境电子商务发展对策 [J]. 中国流通经济，2017，31（3）：62-70.

[164] 朱妮娜，吴莉．"一带一路"战略背景下中国跨境电子商务发展潜力及趋势分析 [J]. 改革与战略，2015，31（12）：134-137.

[165] 刘小军，张滨．中国与"一带一路"沿线国家跨境电子商务物流的协作发展 [J]. 中国流通经济，2016，30（5）：115-120.

[166] 杨瑞，高启杰，王彦杰．农村电子商务发展对非农就业的影响 [J]. 商业经济研究，2021（20）：90-93.

[167] 张艳．新发展格局下跨境电子商务驱动经济高质量发展的动力机制与路径优化 [J]. 商业经济研究，2021（22）：84-88.

[168] 郭四维，张明昂，王庆，等．新常态下的"外贸新引擎"：我国跨境电子商务发展与传统外贸转型升级 [J]. 经济学家，2018（8）：42-49.

后　记

  《电子商务基本原理》作为教育部高等院校电子商务类专业教学指导委员会教材组规划的系列教材，是电子商务类专业和未来电子商务类学科的核心教材之一。

  西南财经大学"电子商务基本原理"课题组作为本书承研单位，在清华大学覃征老师团队的指导下，联合西南财经大学管理科学与工程学院、西南财经大学计算机与人工智能学院、四川农业大学信息工程学院、四川农业大学商旅学院、成都理工大学管理科学与工程学院的科研团队，通力合作完成了本书的编撰工作。

  本书由帅青红教授负责全书的整体设计、审稿与定稿。帅青红、李忠俊、吴敬花、张赟以及邓婉秋博士负责全书各章节的统稿。本书的分工如下：第 1 章由何欣悦、席星一、田亚林共同撰写完成，李文依参与校对与 PPT 制作；第 2 章由刘东平、钟颖共同撰写完成，李婧怡参与校对与 PPT 制作；第 3 章由吴敬花撰写完成，廖文森参与校对与 PPT 制作；第 4 章由孙名扬撰写完成，李文依参与校对与 PPT 制作；第 5 章由聂彦晨撰写完成，李婧怡参与校对与 PPT 制作；第 6 章由唐碧冉撰写完成，潘书玲参与校对与 PPT 制作；第 7 章由何欣悦、张一可共同撰写完成，张一可参与校对与 PPT 制作；第 8 章由陈玥熺撰写完成，张一可参与校对与 PPT 制作；第 9 章由邓婉秋、唐祺共同撰写完成，潘书玲参与校对与 PPT 制作；第 10 章由聂彦晨、孙名扬共同撰写完成，廖文森参与校对与 PPT 制作。

"电子商务基本原理"课题组

2022 年 10 月 20 日

于光华园

教师服务

感谢您选用清华大学出版社的教材！为了更好地服务教学，我们为授课教师提供本书的教学辅助资源，以及本学科重点教材信息。请您扫码获取。

>> 教辅获取

本书教辅资源，授课教师扫码获取

>> 样书赠送

电子商务类重点教材，教师扫码获取样书

 清华大学出版社

E-mail: tupfuwu@163.com
电话：010-83470332 / 83470142
地址：北京市海淀区双清路学研大厦 B 座 509

网址：http://www.tup.com.cn/
传真：8610-83470107
邮编：100084